자본주의 어른을 위한
경제기사 활용법

자본주의 어른을 위한
경제기사 활용법

초판 발행 | 2022년 5월 20일
초판 3쇄 발행 | 2023년 10월 13일

지은이 · 김경미, 이혜진, 박윤선, 도예리
발행인 · 이종원
발행처 · (주)도서출판 길벗
출판사 등록일 · 1990년 12월 24일
주소 · 서울시 마포구 월드컵로 10길 56(서교동)
대표전화 · 02) 332-0931 | **팩스** · 02) 322-0586
홈페이지 · www.gilbut.co.kr | **이메일** · gilbut@gilbut.co.kr

기획 및 책임편집 · 이재인(jlee@gilbut.co.kr) | **마케팅** · 정경원, 김진영, 최명주, 김도현
제작 · 이준호, 손일순, 이진혁, 김우식 | **영업관리** · 김명자, 심선숙, 정경화 | **독자지원** · 윤정아, 전희수

교정교열 · 정은아 | **디자인** · 霖design김희림
CTP 출력 및 인쇄 · 북토리 | **제본** · 신정문화사

ISBN 979-11-6521-970-3 03320
(길벗 도서번호 070479)

정가 17,500원

독자의 1초까지 아껴주는 정성 길벗출판사

㈜도서출판 길벗 | IT교육서, IT단행본, 경제경영서, 어학&실용서, 인문교양서, 자녀교육서 www.gilbut.co.kr
길벗스쿨 | 국어학습, 수학학습, 어린이교양, 주니어 어학학습, 학습단행본 www.gilbutschool.co.kr

자본주의 어른을 위한
경제기사 활용법

부와 성공을
가져다줄
경제를
읽는 힘!

김경미
이혜진
박윤선
도예리
지음

길벗

N년 차 신문기자들이 떠먹여 주는
경제기사 속으로

얼마 전 버스를 타고 가다가 진풍경을 목격했습니다. 젊은 직장인이 경제신문을 펼쳐 읽고 있었습니다. 종이신문을 읽는 독자를 대중교통 안에서 보니 멸종 위기의 동물을 내 눈으로 본 것 같은 생경한 느낌이었습니다. 예전에는 지하철 역에서 신문 폐지를 주워 생계를 유지하는 분들이 있을 정도로 종이신문이 사랑받던 시절이 있었습니다.

지금은 지하철에서 신문을 거의 읽지 않습니다만, 실은 신문 기사에 대한 소비는 예전보다 더 늘었습니다. 우리가 SNS, 유튜브, 포털 사이트에서 보는 정보의 상당 부분은 기사이거나 기사를 기반으로 가공한 것들입니다. "요즘 신문 누가 봐?"라고들 하지만, 여러분이 보고 있습니다. 종이에서 OLED 화면으로, 그릇은 바뀌었을지언정 그 안의 음식은 그대로입니다. 실은 '정보 과식'의 시대입니다.

그런데 여러분은 어떤 기사를 읽고 계신가요? 혹시 클릭이나 댓글이 많은 기사, SNS로 링크가 전해져 오는 기사를 편식 중이지는 않나요. MSG가 팍팍 쳐진 이런 기사들은 '순삭' 소비가 가능하지만 큰 영양가가 있다고 말씀드리긴 어렵습니다.

세상이, 경제가 어떻게 돌아가는지를 전달해주는 기사들은 섭취가 꼭 필요합니다. 실질적으로 내 삶에 도움이 되기 때문이죠. 매일 인터넷에서 점멸하는 기사에 수동적으로 자신을 노출시킨 이들과 전문가들이 팩트 체크(사실 검증)를 한 양질의 기사를 능동적으로 읽은 이들의 삶이 어떻게 달라지는지에 대한 간증은 인터넷에서 쉽게 찾아볼 수 있습니다.

그중에서도 경제기사는 요즘 시대에 꼭 봐야 하는 대상입니다. 누구나 꿈꾸는 경제적 자유를 얻기 위해서는 물론이고 경제가, 사회가 어떻게 돌아가는지를 알아야 삶에서 크고 작은 결정을 내릴 때 도움이 되기 때문입니다.

그런데 솔직히 경제기사, 기자인 저희가 봐도 어렵습니다. 그럴 수밖에 없는 것이 언론사는 그날그날 일어나는 소식을 압축적으로 전해야 하기 때문에 친절할 여유가 별로 없습니다. 기자들은 '효율의 동물'들이라 수식어를 빼고 가급적 명사와 동사로만 문장을 구성합니다. 글이 팍팍하죠. 그나마 정치 면이나 사회 면 기사는 상대적으로 쉽고, 재미있기도 합니다. 사건 사고, 그리고 인물들의 이야기가 담겨 있기 때문입니다. 그러나 경제기사는 불친절한 용어와 숫자로 채워져 있으니 더 '맛'이 없습니다.

저희가 이 책을 쓰게 된 이유는 경제기사를 조금 더 쉽게 읽을 수 있도록 문턱을 낮춰드리고 싶었기 때문입니다. 전반적인 맥락과 용어, 문법을 알면 기사 읽기가 쉬워집니다. 한번 이해되기 시작하면 기사 읽기가 재미있어지고 기사를 보는 안목을 키울 수 있습니다.

기사를 읽는 방법을 알려주는 안내서들이 여럿 나와 있지만, 이 책의 차이점은 이론편과 실전편으로 나눠, 실전편에 힘을 주어 구성했다는 점입니다. 간단하게 OT를 거친 후 기자들이 독자들과 함께 밑줄을 그으면서 기사를 읽고 해설해드리는 방식입니다. 특히 경제기사에는 패턴이 있습니다. 정기적인 통계, 이벤트가 있고, 경기에 사이클이 있듯 정책에도 사이클이 있기 때문입니다. 반복되는 패턴의 본질을 이해하고 이에 변주되는 상황만 대입하면 아무리 어려운 경제기사도 수월하게 읽을 수 있습니다.

이 책을 통해 간단한 기본기를 익힌 후 신문을, 기사를 자주 읽으시기를 바랍니다. 꼭 종이신문이 아니더라도 언론사나 포털 사이트에서는 신문 지면을 볼 수 있는 서비스를 제공하고 있습니다. 숙련된 에디터들이 매일 차려내는 '고퀄'의 기사 밥상들입니다. 모든 것을 소화해야겠다는 부담을 가질 필요는 없습니다. 일단 구미가 당기는 기사들부터 휘리릭 읽어가다 보면 뼈가 되고 살이 되는 정보가 쌓일 것입니다.

— 중학동에서 네 기자 올림

목차

PART

1

그럼에도 경제기사를 읽어야 하는 이유

CHAPTER

01

요즘
누가
신문
읽나요?

개인적으로 신문만큼 가성비 좋은 매체는 아직 세상에 없다고 생각합니다. 신문은 담고 있는 정보량이 그야말로 엄청납니다. 하루 치 신문에 들어가는 글의 양은 32면 기준으로 볼 때 200자 원고지 1,000장 분량에 달하는데요. 전날 세계 각지에서 일어난 주요 뉴스를 모조리 압축해 방대한 내용을 지면 구석구석에 실어 나르는 것이 바로 신문이라는 매체입니다.

흔히 신문을 읽으면 좋다고들 합니다. 온라인 기사보다는 종이신문을 읽는 게 좋고 하루 10분이라도 매일매일 꾸준히 읽는 것이 여러모로 도움이 된다고 하죠. 그런데 대체 뭐가 그렇게 좋다는 걸까요? 이 바쁜 세상에 할 일도 많고 공부할 것도 많은데, 굳이 시간을 내서 머리 아프게 신문까지 읽어야 할 이유를 도통 모르겠다는 분들을 위해 '왜 신문을 읽어야 하는가'에 대한 몇 가지 질의응답을 해보았습니다.

요즘 신문 누가 봐요?
유튜브나 블로그를 보지

클릭 한 번이면 원하는 정보를 손쉽게 얻을 수 있는 요즘, 신문을 보는 사람들은 계속 줄어들고 있습니다. 특히 재미와 정보를 함께 갖춘 유튜브나 블로그 콘텐츠들이 인기를 끌면서 '올드 미디어'인 신문은 더욱 매력을 잃었죠. 하지만 그럼에도 불구하고 신문을 읽을 것을 강력히 권하는데요. 이유는 크게 두 가지가 있습니다.

첫 번째는 바로 신문이 전달하는 기사가 유튜브나 블로그 등에서 생성되는 콘텐츠와 비교해 훨씬 믿을 만한 '신뢰성' 높은 정보라는 점입니다. 기사를 100% 완벽하게 믿을 만하다고 할 수는 없지만 기사의 신뢰도는 다른 정보와 비교해 월등히 높습니다. 애당초 기사라는 것 자체가 객관성과 공정성을 전제로 탄생했으니까요.

〔기사 발행의 과정〕

실제로 하나의 기사가 신문에 실리기까지는 상당히 까다로운 검증 과정을 거칩니다. 일단 기사를 작성한 기자가 한 차례 검증하고 그 기사를 지면에 신겠다고 결정하는 데스크(취재부장)가 두 번째 검증을 하죠. 또 기사를 지면에 게재하면서 편집기자가 한 번 더 체크하고, 문서나 원고를 읽으며 잘못된 곳을 고쳐나가는 작업을 하는 교열기자가 또 한 차례 기사를 확인합니다. 아직 끝이 아닙니다. 일단 만들어진 신문 지면은 부장단 회의에서 공개돼 다른 데스크들의 눈을 통과한 후 최종적으로 국장과 발행인의 오케이 사인까지 받아야 실제로 인쇄되는 단계로 넘어갈 수 있습니다.

이제는 진짜 끝일까요? 이렇게 초판이 인쇄된 신문은 이후 잘못된 부분을 교정하거나 새로운 뉴스를 더하는 '판갈이' 과정을 서너 차례 거칩니다. 이런 모든 과정을 통과한 후에야 다음 날 새벽에 독자들의 손으로 전달되는 거죠.

물론 블로그나 유튜브도 콘텐츠를 발행하기에 앞서 자체적으로 정보 오류 등의 검증 과정을 거칠 것이라고 생각합니다. 하지만 신문 기사처럼 체계적으로 오류를 검증하는 시스템은 없을 것입니다. 유튜버나 블로거에게 객관적이고 공정해야 한다는 기자의 직업윤리를 강요할 수 없으니 자칫 잘못된 정보를 믿고 손해를 보더라도 책임 소재를 묻기 어렵겠죠.

두 번째는 효율성입니다. 개인적으로 신문만큼 가성비가 좋은 매체는 아직 세상에 없다고 생각하는데요. 우선 신문은 담고 있는 정보량이 그야말로 엄청납니다. 하루 치 신문에 들어가는 글의 양은 32면 기준으로 200자 원고지 1,000장 분량에 달하는데요. 웬만한 소설책 한 권과 맞먹는 분량이죠. 전날 세계 각지에서 일어난 주요 사건들을 모조리 압축해 방대한 내용을 지면 구석구석에 실어 나르는 것이 바로 신문이라는 매체입니다. 이 정도 정보량을 유튜브 콘텐츠나 블로그 포스트를 통해 얻는다고 가정한다면 검색하고 읽는 시간을 다 합쳐 하루는 족히 걸릴 겁니다.

덧붙여 신문에는 지면의 한계가 있습니다. 세상만사를 다 담아내는 인터넷과는 다르죠. 그렇기에 신문에는 꼭 필요한 정보만 들어갑니다. 그 자체로 일종의 '정보 큐레이터' 역할을 하는 셈입니다.

게다가 신문은 이렇게 모은 각종 정보들 가운데 특히 중요한 정보가 무엇인지 한눈에 알아볼 수 있도록 친절하게 배치도 해줍니다. 이 정도면 신문을 '가성비 갑' 매체라고 불러도 되지 않을까요.

끝으로 하나 더. 블로그나 유튜브 콘텐츠 상당수가 기사를 토대로 만들어진다는 사실을 아시나요? 신문을 매일 읽는다면 다른 블로그나 유튜브의 콘텐츠를 소비하는 데 그치지 않고 직접 콘텐츠를 만들어내는 사람이 될 수도 있을 겁니다.

신문에 실린 기사는
다 믿어도 되나요?

그렇지는 않습니다. 원론적으로 말해 기사를 작성하는 기자도 인간입니다. 아무리 여러 명이 달라붙어 팩트 체크를 한다고 해도 오보의 가능성은 언제나 존재하죠. 덧붙여 객관적이고 공정한 기사를 쓰기 위해 노력하는 기자가 대다수입니다만, 때때로 작은 일을 크게 부풀리거나 사실을 왜곡하는 경우도 있습니다. 입맛에 맞는 팩트만을 취사선택해 기사를 작성한다거나 통계를 유리하게 해석하는 경우도 있죠. 그래서 독자들 역시 다양한 매체에서 발송되는 메시지를 읽고 쓰고 분석하는 능력, 즉 '미디어 리터러시(Media Literacy)'를 길러야 합니다.

특히 신문에는 '애드버토리얼(Advertorial)'이라고 하는 기사형 광고가 종종 실립니다. 기사처럼 작성돼 있지만 사실은 광고 글이죠. 신문법은 애드버토리얼을 지면에 실을 때 반드시 '전면 광고'라는 문구를 삽입해 독자들이 광고라는 사실을 인지하도록 규정하고 있습니다. 하지만 신문에 익숙하지 않은 상당수의 독자가 광고를 기사로 착각해 피해를 입는 경우가 아직도 많이 일어나고 있습니다. 특히 온라인상에서는 기사형 광고가 마치 실제 기사처럼 떠다니는 경우도 많습니다. 포털 등에서는 기사형 광고를 기사로 송출하는 일을 금지하고 있기 때문에 조회수 등을 올리기 위해 광고를 아예 기사로 둔갑시키는 경우도 있죠. 그러므로 온라인 기사에서 특정 기업을 과도하게 추켜세운다거나 특정 사업을 지나치게 칭찬하는 듯 보인다면 이 기사가 지면에도 실렸는지 확인해보는 것이 좋습니다. 만약 온라인에만 송출된 기사라면 지면과 온라인 양쪽 모두에서 발견할 수 있는 기사보다 신뢰도는 낮아집니다.

더불어 가끔은 기사형 광고가 아니라 실제 기사지만, 취재 과정에서 특정 기업의 협찬을 받아 유리하게 작성한 지면 기사들도 종종 발견됩니다. 혹은 특정 기업을 아주 좋게 평가한 기자가 자신의 시각을 담아 칭찬하는 기사를 작성한 경우도 있겠죠. 신문 기사는 다른 정보들에 비해 비교적 양질의 정보를 담고 있지만, 그렇다고 모든 정보를 주는 대로 그대로 믿어서는 안 됩니다. 신문이 던져주는 정보 가운데서도 질 높은 정보를 골라 잘 활용하려면 독자 역시 기사를 제대로 보는 눈을 갖춰야 합니다.

그럼 왜 '경제기사'를 읽어야 하나요?

신문을 '잘' 활용하는 사람들은 대부분 한 매체의 신문만 보지 않고 여러 매체의 신문을 함께 봅니다. 신문을 읽는 주된 목적이 다양한 의견을 두루 확인해 세상을 보는 균형 있는 시각을 기르는 데 있다는 점을 고려하면 아무래도 하나보다는 둘, 둘보다는 셋이 낫다는 것입니다. 기사도 마찬가지입니다. 한 매체에서 싣지 않은 정보를 다른 매체의 기사를 보며 습득할 수 있죠.

종합신문과 경제신문을 굳이 비교해보자면 경제신문은 독자의 경제 활동에 실제로 도움이 되는 정보를 풍성하게 담기 위해 노력합니다. 예를 들어 연말정산 꿀팁이라거나 절세법 등은 경제지가 빠뜨리지 않고 다루는 기사입니다. 또한 전세난이 심해질 경우 어느 지역으로 가면 전세 매물이 풍부하다는 등의 기사도 자주 다루죠. 카드회사들이 새로운 카드를 출시했을 때 다른 카드와 비교 분석하는 기사나, 전문가들이 추천하는 주식 등을 소개하는 기사도 자주 실립니다. 기업이 출시한 신제품이나 히트 상품에 대한 정보와 주요 기업들의 동향에 대한 뉴스도 자주 등장하므로 최근의 트렌드를 파악하는 데도 유용합니다.

경제신문은 특히 경제·산업·금융 등에 할애하는 비중이 종합신문에 비해 월등히 크고, 다루는 기사의 종류도 다채롭습니다. 조직만 하더라도 종합신문에서는 경제부, 산업1부, 산업2부 정도로만 구분하지만 경제신문의 경우 경제부, 금융부, 증권부, 건설부동산부, 산업부, 생활산업부, 성장산업부, 바이오산업부, 디지털산업부 등 경제·산업 전반을 세세하고 다채롭게 구분해 심층 취재합니다. 그래서 주식투자를 한다거나 부동산 투자에 관심이 많다면 경제기사는 반드시 읽는 편이 좋습니다.

재테크를 안 하면
경제기사 안 봐도 되나요?

아무리 장점이 많지만 매일 경제기사를 읽기란 쉬운 일이 아닙니다. 특히 투자나 재테크에 관심이 없는 사람이라면 굳이 시간을 들여 기사를 읽어야 하느냐는 의문이 생길 수 있죠. 하지만 투자자가 아니더라도 경제기사를 읽고 이해하는 능력은 꼭 필요합니다. 매일 기사 읽기를 통해 세상의 변화를 놓치지 않고 따라갈 수 있다면 직업적 전문성이 높아지는 것은 물론, 다양한 사람들과의 질 높은 의사 소통도 가능해지기 때문입니다.

고작 경제기사 읽기 하나로 너무 과장하는 게 아니냐고 묻는다면 방송인 유재석 씨의 사례를 들고 싶습니다. 유재석 씨는 예능 프로그램 '유 퀴즈 온 더 블록'을 통해 다양한 직업군의 전문가들을 두루 만나면서도 언제나 막힘 없는 대화를 이끌어가 많은 주목을 받고 있는데요. 예컨대 방위산업체 엔지니어와의 자리에서는 자주포, F-22 랩터 등 무기 이름을 줄줄 외며 상대의 긴장을 풀어줬고, 자산운용사 펀드매니저와의 만남에서도 사모펀드, 주가연계증권(ELS) 등 복잡한 금융 상품을 거침없이 말하며 대화에 활기를 더했습니다. 언제 이렇게 다양한 상식을 갖추게 됐느냐는 질문에 유재석 씨는 그 비결을 꾸준한 경제신문 읽기라고 언급했습니다. 경제신문을 통해 다양한 분야의 지식을 접하고, 새로운 소식을 발 빠르게 캐치하며 쌓아온 상식이 생각지도 못한 순간에 힘을 발휘한 셈입니다.

비슷하게 방송인 장도연 씨도 한 예능 프로그램을 통해 직업적인 이유로 매일 경제신문을 읽는다고 말한 적이 있습니다. 말을 하는 직업을 가진 사람으로서 자신의 무지함에서 비롯한 말실수가 다른 사람에게 상처를 주는 일을 피하고 싶어서라는 겁니다. 그러기 위해 매일 경제신문을 보고 세상을 공부한다는 것이었죠.

이 밖에도 경제를 안다는 그 자체로 이득이 되는 경우도 있습니다. 취업준비생에게는 사회가 돌아가는 흐름을, 사람을 상대하는 직업을 가진 분에게는 가벼운 대화의 시작을, 사업가에게는 사업체 운영의 방향성을 제시해줄 수도 있죠. 마트에서 물건을 사고파는 소소한 일부터 기업 운영, 국제 관계까지 우리의 삶에 경제가 관여하지 않는 부분은 없답니다.

경제의 사전적 의미는 인간의 생활에 필요한 재화나 용역을 생산·분배·소비하는 모든 활동, 또는 이런 활동을 통해 이뤄지는 사회적 관계를 뜻하는데요. 즉 우리가 생활하는 데 필요한 모든 활동을 경제 활동이라고 했을 때 이런 활동의 흐름과 변화를 실시간으로 알려주는 매체가 바로 경제기사인 겁니다. 그러니 재테크를 하지 않더라도 경제기사와는 친해지는 편이 좋지 않을까요.

온라인으로 기사를 보면
안 되나요?

물론 온라인으로 봐도 좋습니다. 펼치려면 넉넉한 공간이 필요한 종이신문과 달리 온라인 기사는 접근성이나 비용 면에서 훨씬 유리합니다. 게다가 온라인 기사는 사건을 실시간으로 전달하므로 무척 빠르고, 내용 업데이트도 수시로 이뤄지죠. 하루 한 차례 발행되는 신문으로서는 도무지 따라갈 수가 없을 정도입니다.

하지만 기사 읽는 게 아직 익숙지 않은 초보라면 지면을 확인해가며 읽는 방법을 추천합니다. 온라인의 세계는 너무나도 방대해 제대로 확인되지 않은 정보를 담은 '가짜 뉴스'나 조회수를 높이기 위한 낚시성 기사처럼 '질 낮은 뉴스'가 상당히 많기 때문이죠. 사실 온라인 미디어에 익숙해져 있는 요즘 독자들은 포털이 추천해주는 기사를 소비하며 '기사를 읽었다'고 생각하기도 할 텐데요. 포털은 중요한 기사를 소개하기도 하지만 본질적으로 조회수가 많이 나오는 기사를 전면에 배치하는 경우가 많습니다. 중대한 내용을 담고 있어도 사람들의 흥미를 끌 수 없다고 판단되는 기사는 오히려 뒤로 밀리기도 한다는 거죠. 즉 온라인 미디어만으로 세상을 본다면 그 세상은 조금 왜곡될 수도 있다는 말입니다.

실제로 온라인으로 기사를 소비하다 보면 결국 흥미 있는 기사 위주로만 읽게 되는 '편식' 현상이 일어나곤 합니다. 극단적인 예로 자신이 좋아하는 연예 기사나 가십성 기사들만 읽게 되는 경우도 있을 텐데요. 분명히 많은 기사를 소비하고 있는데도 요즘 기름값은 왜 이렇게 오르는 건지, 대출금리는 갑자기 왜 치솟는 건지 전혀 몰라 곤란한 상황에 놓일 수 있습니다.

또 온라인 신문의 장점이 속도감이라고 했지만 이 같은 속보 기사는 충분한 취재 과정을 거치지 못한 경우가 많습니다. 정확도가 떨어지는 동시에 오보의 가능성도 상당하다는 거죠. 넓디넓은 온라인 세상에서 시간 낭비 없이 알짜 정보만을 쏙쏙 취득하려면 이런 가짜 뉴스나 저질 뉴스를 걸러내는 눈을 먼저 갖춰야 합니다. 그리고 기사 보는 눈을 갖추는 훈련을 하는 도구로는 신문 지면만한 게 없습니다.

신문의 지면은 여러분이 생각하는 것보다 훨씬 많은 정보를 담고 있습니다. 제목의 크기나 기사의 사이즈, 기사의 위치 등 지면을 구성하고 있는 모든 것이 독자에게 알리는 일종의 정보인 셈이죠. 예를 들어 오늘 아침 가장 중요한 뉴스가 무엇인지를 알아보려면 고민할 것 없이 신문의 1면을 보면 됩니다. 그중에서도 가장 눈에 띄게 배치된 톱기사가 그날 이 신문사가 결정한 가장 중요한 기사인 거죠. 또 신문을 휘휘 넘기다가 일반 기사보다 사이즈가 크고 제목이 굵고 진한 기사를 발견한다면 그 기사 또한 해당 신문사에서 중요하다고 판단한 기사라고 생각하면 됩니다. 독자가 알아야 할 중요한 기사는 크게, 덜 중요한 기사는 비교적 작게, 누구나 알아볼 수 있도록 직관적으로 기사를 배치하는 것이죠. 이렇게 신문을 통해 중요한 뉴스들을 차례차례 습관적으로 접하다 보면 어느 순간 온라인에서도 알짜 정보만을 골라 취득하는 자신을 발견하게 될 겁니다.

지면을 통한 정보 습득의 또 다른 장점은 사건을 좀 더 확장해서 바라볼 수 있는 시야를 제공한다는 겁니다. 궁금한 일이 있을 때마다 온라인 뉴스를 검색해 정보를 얻는 방법은 어떤 사안에 대해 단편적이고 얕은 지식만이 남기 쉽습니다. 가령 러시아가 왜 우크라이나와 전쟁을 벌이는지 궁금한 사람이 있다고 해볼게요. 이 사람이 검색을 통해 뉴스를 소비하면 '우크라이나가 나토(NATO; North Atlantic Treaty Organization)에 가입하려는 걸 러시아가 반대해서 벌어진 일'이라는 이유를 금세 알게 될 겁니다. 하지만 이런 식으로 궁금증을 해소한 후 "기름값 폭등에 화물업계 울상"이라는 기사를 봤을 때 이 상황이 '러시아-우크라이나 전쟁'과 관련 있다는 것을 알 수 있을까요. 또 "중국과 미국, 대만 문제 두고 관계 악화"라는 뉴스 헤드라인이 이번 러·우의 충돌에서 비롯했다는 것을 짐작할 수 있을까요. 이렇듯 온라인을 통해 단편적인 지식만을 습득한다면 어떤 사건을 입체적으로 생각하기 어려울 뿐 아니라 사회·경제를 거시적으로 바라보기 어렵습니다.

하지만 신문으로 기사를 접하면 분야별로 큰 제목들만 읽더라도 세상에 어떤 일들이 일어나고 있는지 쉽게 파악할 수 있게 됩니다. 신문은 한 사건이 사회 전반에 어떤 파장을 일으키고 있는지도 연계해서 생각할 수 있도록 구성돼 있기에 여러분이 점과 점, 선과 선을 연결하는 사고에 익숙해지도록 도와줄 겁니다.

디지털 신문 이용하기

혹시 오해하실 수도 있는데 반드시 종이신문을 구독해야 한다는 뜻은 아닙니다. 그저 신문 지면 구성에 익숙해지는 것이 양적·질적으로 수준 높은 정보를 차곡차곡 쌓기에 훨씬 유리하다는 거죠. 요즘은 시절이 좋아 신문사마다 '디지털 신문'을 발행합니다. 종이신문의 휴대성을 보완한 방법이죠. 디지털 신문은 실제 신문을 그대로 PDF로 옮겨둔 것인만큼 지면 구성을 한눈에 파악하기에 좋습니다.

〔서울경제 디지털 신문 페이지〕 〔디지털 신문의 1면〕

네이버 뉴스 이용하기

이번에는 네이버 포털 사이트의 뉴스판을 활용하는 방법인데요. 네이버는 계약된 일부 언론사들에게 각 신문사가 원하는 뉴스를 골라 송출할 수 있는 공간을 제공하고 독자들이 마음에 드는 언론을 골라 구독할 수 있는 코너를 마련해뒀습니다. 그리고 언론사들은 이 공간에서 온라인 기사만을 송출하는 게 아니라 신문 지면에 어떤 기사가 실렸는지도 확인할 수 있게 정리하여 송출하고 있습니다. 이런 기사들은 각 언론사 페이지의 '신문보기'란에서 확인할 수 있는데요. 백문이 불여일견, 각 신문사의 지면 기사를 만날 수 있는 방법을 서울경제신문을 사례로 같이 확인해보시죠.

〔PC에서 볼 때〕

〔모바일에서 볼 때〕

어떻게
읽는
건데요?

신문의 1면은 그날의 정수를 담고 있다고 할 수 있습니다. 기사 읽기가 지겹게 느껴지는 날에도 1면만은 빠뜨리지 않고 보셨으면 좋겠습니다. 오늘은 도무지 한 글자도 못 읽겠다고 생각되는 날이면 1면 기사의 제목만이라도 보세요.

앞에서 기사 배치에도 많은 정보가 담겨 있기 때문에 그 정보를 직관적으로 확인할 수 있는 지면으로 기사를 읽는 것이 좋다고 했습니다. 이번 챕터에서는 경제기사를 잘 읽기 위해 먼저 지면을 보고, 그 안에서 어떤 정보를 어떻게 읽어내야 하는지를 지면의 구성을 통해 알아볼게요.

1면이
핵심이다

신문에 익숙하지 않은 많은 분이 어떻게 기사를 읽으면 좋을지, 어디부터 읽어야 할지, 꼼꼼히 읽어야 할지, 대충 읽어야 할지 모르겠다며 신문 읽는 방법을 알려달라고 합니다.

하지만 읽는 방법에 정답이 있을까요? 각자가 마음에 드는 방법을 찾아 내키는 대로 읽으면 됩니다. 그럼에도 굳이 '잘 읽는 방법'을 알고 싶다면 아주 간단한 팁 하나를 알려드리겠습니다. 바로 1면 기사부터 읽는 것입니다. 너무 뻔한 조언처럼 들리겠지만 기자 N년 차인 제가 볼 때 이 명제는 진짜 진리입니다. 왜냐하면 대다수 언론사는 독자들이 1면부터 읽을 것을 전제로 신문을 제작하기 때문입니다. 즉 뒤로 갈수록 독자들의 피로감이 쌓일 수 있다는 점을 감안해 중요한 기사일수록 앞으로, 더 앞으로 배치합니다. 그러니까 신문의 1면은 그날의 정수를 담고 있다고 해도 과언이 아닙니다.

기사 읽기가 지겹게 느껴지는 날에도 1면만은 빠뜨리지 않고 보셨으면 좋겠습니다. 오늘은 도무지 한 글자도 못 읽겠다고 생각되는 날이면 1면 기사의 제목만이라도 꼭 훑어보세요.

1면에 실린 기사가 그날의 정수라고 했지만 그렇다고 나머지 기사가 쓸모없다는 의미는 아닙니다. 일반적으로 신문은 1면부터 6면 혹은 8면까지 '누구나 알아야 할' 중요한 기사를 깊이 있게 다루는 종합 면으로 구성합니다. 그리고 그 뒤부터는 정치·경제·사회·산업·문화 등 다양한 분야에 집중하는 개별 지면으로 만듭니다. 각 언론사는 그날 사건사고가 많을 경우 지면을 늘리는 증면을 하기도 하고, 여름휴가 시즌이나 공휴일에는 지면을 줄이는 감면을 하기도 합니다. 그럼에도 섹션별 순서, 그러니까 정치를 다룬 후 금융 면이 나오고 이후 국제, 산업 순으로 지면이 나온다는 것은 대체로 바뀌지 않고 유지됩니다. 그러니 우선 종합 면을 본 후 관심 있는 지면을 보는 식으로도 신문을 읽어나갈 수 있습니다.

TIP

▶ 신문을 더 풍부하게 만드는 별지와 오피니언 면

종이신문을 구독하면 얇은 신문이 함께 따라오는데, 이걸 본지와 구분하기 위해 별지라고 부릅니다. 별지는 말하자면 스페셜 지면인 셈입니다. 애당초 만들어진 목적은 풍성하고 차별화된 콘텐츠를 제공하기 위해서였습니다. 실제 대표적인 별지는 주말 섹션입니다. 예를 들어 조선일보는 '위클리비즈' 등을 별지로 제작합니다. 또 요즘 경제나 재테크에 대한 관심이 높아지며 종합지에서 경제 섹션을 별지로 제작하는 경우도 늘었답니다.

신문 본지의 마지막 페이지를 장식하는 오피니언 면은 기사가 아니라 칼럼과 사설로 구성된다는 점이 특징입니다. 회사별로 풍성하면서도 차별화된 읽을거리와 생각거리를 제공하기 위해 각고의 노력을 기울이는데요. 매일 비슷한 듯 보이지만 필진이나 칼럼이 날마다 다르게 구성되고 있다는 점을 알고 본다면 좀 더 흥미로울 겁니다.

지면은
이렇게 구성된다

그럼 이제는 실제 신문을 통해 지면이 어떻게 구성되어 있는지 보시죠. 다음 이미지는 여러 번 강조했던 신문 1면입니다. 맨 위에 제호(서울경제)가 보이고요. 왼쪽으로는 전날의 시황 정보(코스피·코스닥지수, 국고채 5년물 금리, 환율)가 간단한 그래픽으로 보이네요.

이날 1면에는 사진기사를 포함해 총 5개의 기사가 실렸습니다. 기사의 중요도 등에 따라 1면에는 5~7개의 기사가 실리는데요. 이날은 기준금리 인상이라는 중대한 뉴스가 있어서 1면 톱기사에 공간을 넉넉하게 할애한 결과 5개의 기사만이 들어갔습니다. 계속 언급했던 것처럼 가장 눈에 잘 띄는 기사가 중요한 기사인데요. 그런 기준을 가지고 1면에 실린 기사를 중요도 순으로 배열해본다면 ①>②=③>④번 순이 되겠네요.

참고로 신문에서 세로로 구분된 단락을 '단'이라고 부릅니다. 이런 기준을 따르면 이날 톱기사는 '5단 톱'이고, 오른쪽에 위치한 ③번 사이드 기사는 '1단 사이드'라고 하죠. LG·롯데그룹의 인사를 다룬 ②번 기사는 '하단 2단', 서울

서울경제

SAMSUNG
Galaxy Z Fold3 | Flip3

KB증권　　　중개형 ISA

2021년 11월 26일 금요일　제9008호　25판

sedaily.com

1960년 8월 1일 창간　대표전화 : 02-724-8600

① 5단 톱

주담대 6% 초읽기…대출자 '혹독한 겨울' 온다

(금리)

한은, 기준금리 1%로 인상·20개월만에 '제로금리' 마침표

신용대출도 5% 진입 시간문제

기준금리 추이

결국 탈원전 비용 전기료로 메꾼다

정부, 초기매몰·예지원 원전 전력기금 활용해 손실 보전

탈원전에 따른 손실비용

의 손실액는 6,699억 원이고 신규는 3·4분기를 포함하면 1조 4,556억 원으로 추정된다.

★관련 기사 4면

Consumer & Company----- 01-08

② 하단 2단

세대교체 바람 LG 순혈주의 깬 롯데

연말 임원인사 스타트

⑤ 사진기자

베일 벗은 기아 친환경 SUV '신형 니로'

'완전 자율주행' 아이오닉5, 내년 서울 도심 '질주'

서울모빌리티쇼 오늘 개막

모빌리티쇼를 취재한 ④번 기사는 '하단 3단' 기사라고 부릅니다. 요즘 네이버 등 포털 사이트에서는 지면 기사의 경우 어느 면, 몇 단으로 실렸는지에 대한 정보도 주더라고요. 그러니 알아두면 나쁠 건 없겠죠.

서울경제 PiCK 📰 1면 -1단 2021.11.25. 네이버뉴스
결국 탈원전 비용 전기료로 메꾼다
탈원전 정책으로 조기 폐쇄됐거나 백지화된 원전 사업 **비용을 결국** 국민이 낸 전기요금으로 보전하는 방안이 확정됐다. 손실 보전 대상은 문재인 정부의 **탈원전** ...

또 ⑤번 사진기사에도 관심을 가져볼 필요가 있습니다. 언론사는 당일 촬영된 보도 사진 중에서 비중이 큰 기사의 사진을 1면에 싣는데요. 보도국장과 편집국장, 사진부장, 정치·경제 선임 에디터 등이 회의를 열어 고민에 고민을 거쳐 골라낸 한 장의 사진입니다.

기사에도
종류가 있다

기사는 작성되는 스타일에 따라 크게 스트레이트(Straight) 기사와 피처(Feature) 기사로 나뉩니다. 스트레이트 기사는 팩트 위주로 간결하게 작성된 객관적인 성격의 기사입니다. 피처 기사는 기자의 관점에 따라 정보를 취사선택하고 독자에게 사실 이상의 의미를 전달하기 위해 작성되는 심층적인 보도를 의미합니다. 기사를 통해 세상을 제대로 이해하기 위해서는 두 스타일의 기사에 모두 익숙해지는 것이 좋습니다. 특히 어떤 기사가 객관성과 공정성을 담보한 스트레이트 기사이고, 어떤 기사가 기자의 주관이 포함된 피처 기사인지를 구분하는 능력을 길러야 합니다. 피처 기사를 스트레이트 기사로 착각한다면 기자의 개인적 의견을 객관적 사실로 잘못 받아들일 수도 있으니까요.

실제 지면에 적용해보면 일반적으로 1면에 실리는 기사는 스트레이트 기사입니다. 언급했다시피 1면 기사는 모든 지면을 통틀어 가장 중요하다고 생각하는 기사를 배치하기 때문에 핵심만 간결하게 전달하고 상세한 해설은 다른 지면으로 넘기는 경우가 많습니다. 일반적으로 1면 톱기사의 해설 기사(피처 기사)가 배치되는 곳은 3면 톱기사 자리인 경우가 많은데요. 그래서 기자들은 이런 기사를 '1톱 3박(1면 톱기사와 3면 박스기사)'이라고 부르기도 합니다. 1면에 스트레이트 기사를 싣고, 그에 대한 상세한 해설은 3면에서 하는 식인 거죠. 여기서 잠깐! 그렇다면 왜 3면일까요? 지면을 넘기면 자연스럽게 홀수 면부터

〔1면 스트레이트 기사를 다룬 3면의 톱(피처)기사〕

1면

3면

눈이 가기 때문입니다.

과거에는 1면과 3면을 연결해서 읽는 것을 가정해 1면에서 언급한 사실은 3면에서 굳이 다시 언급하지 않는 식으로 기사를 작성하는 경우가 많았습니다. 하지만 요즘은 주로 온라인으로 기사를 소비하다 보니 핵심 사실은 개별 기사마다 언급하는 식으로 기사를 쓰는 경향이 많아졌습니다.

TIP

▶ 알아두면 좋을 기사의 종류

스트레이트 기사
육하원칙에 따라 작성한 객관적인 성격의 기사입니다. '뉴스(News)'라는 이름에 가장 걸맞은 형식의 보도로, 최근에 발생한 사건 등을 대중에게 빠르게 알리는 역할을 합니다. 어떤 사안에 대한 분석과 시각을 제공하기보다는 정보를 명확하게 제공하는 것이 주된 목적이므로 객관성과 공정성, 균형 있는 시각을 가질 것을 요구받습니다. 중요한 정보를 서두에 배치하는 역피라미드 구조로 간결하게 작성됩니다.

피처 기사
일반적으로 스트레이트 기사를 제외한 모든 기사를 통칭합니다. 독자나 시청자의 감정을 자극하고 행동 변화를 요구하는 데 주안점을 두고 있습니다. 스트레이트 기사보다 심층적인 내용을 구체적으로 서술하며, 독자의 흥미를 끌기 위해 사례를 든다거나 창의적인 스타일로 작성되는 경우도 많습니다. 길이 역시 스트레이트 기사보다 길고 때로는 시리즈로 작성되기도 합니다.
- **기획 기사:** 사회 구성원들에게 도움을 주고 사람들의 관심을 끄는 사실과 중요한 정보를 전달하기 위해 언론사 내에서 기자가 주도적으로 아이디어를 내고 고민해 기획하는 기사입니다. 언론의 기능 중 하나인 의제 설정(아젠다 세팅·이슈화)을 위해 각 언론사가 힘을 실어 다루는 기사입니다. 흔히 정치·경제·사회 분야에서 발생하는 큰 사안 중 전체 사회에 영향을 주거나 장기간

문제가 되고 있는 사안을 다룹니다. 그리고 신년이나 특별한 사안이 발생할 경우 국민들의 환기 차원에서 기획 기사를 구성합니다.

- **르포 기사:** 르포는 '보고'라는 뜻을 지닌 프랑스어 르포르타주(Reportage)의 줄임말입니다. 기자가 현장을 직접 방문해서 보고 느낀 감정을 객관적으로 기술하는 현장감 있는 기사를 말합니다. 육하원칙이나 역피라미드형 구성 등의 형식에 얽매이지 않고, 독자가 마치 현장을 영상처럼 떠올릴 수 있도록 생생하게 전달하는 것을 목적으로 합니다.

- **스케치 기사:** 사건 현장의 모습을 그림이나 사진을 보듯 묘사하는 스타일의 기사입니다. 수능일 풍경이나 선거일 투표소, 대규모 집회 모습 등 뉴스가 있는 현장의 분위기를 생생하게 전달하기 위한 목적으로 활용됩니다. 최근에는 사진이나 동영상 뉴스가 많이 제작되면서 르포와 스케치 기사는 비교적 줄어들었습니다.

- **인터뷰 기사:** 한 명의 취재원 혹은 소수의 취재원을 대상으로 독자가 궁금해할 만한 내용을 기자가 대신 묻고 답하는 식의 능동적인 취재 활동을 통해 작성되는 기사입니다. 취재원을 주인공으로 삼아 기자의 시각과 평가까지 글로 녹이는 일반 기사형 인터뷰 기사, 혹은 실제로 진행된 질문과 답변을 그대로 정리하는 일문일답 형식으로 작성되곤 합니다.

- **사설:** 국제적·국내적 시사 문제에 대해 각 신문사가 그 사(社)의 책임으로 표명하는 의견이나 주장으로, 논설이라고도 합니다. 각각의 전문 분야에서 식견이 높은 기자로 구성되는 논설위원회가 집필을 담당하며, 국내 일간지 대다수는 익명으로 게재합니다.

- **칼럼:** 사론(社論)을 대표하는 사설과 달리 정치·사회 등의 영역부터 사소한 일상에 이르기까지 모든 것을 소재로 삼아 한 사람의 필자가 정기적으로 싣는 주관적인 글을 의미합니다. 사설과 달리 이름을 써넣는 기명으로 연재됩니다.

- **애드버토리얼:** 언뜻 보기에 신문 기사나 잡지 기사처럼 보이도록 만들어진 형식의 광고로, 기사형 광고라고도 합니다. 기사가 광고주에게 유리하게 구성되므로 객관성·공정성을 약속하는 기사와는 다릅니다. 일반 기사와 동일하게 헤드라인, 부제, 소제목, 본문의 형식을 갖추고 있어 착각할 수도 있지만, 기사 상단이나 제목에 '전면광고' 혹은 '애드버토리얼' 문구를 삽입하도록 규정하고 있으므로 자세히 살펴보면 구분할 수 있습니다.

기사문은
이렇게 작성된다

기사는 독자에게 사실이나 의견을 쉽고 빠르게 전달하기 위한 목적으로 작성되는 글입니다. 소설처럼 필자의 개성이 발휘되기보다는 딱딱하고 건조하지만 규칙적인 글이죠. 그렇기에 규칙만 안다면 기사문을 이해하기가 한결 수월해집니다.

기사문은 표제(메인 제목)와 소제목(문패), 부제, 전문(리드, Lead), 본문으로 구성됩니다. 표제는 내용 전체를 간결하게 나타내는 제목이고, 부제는 내용을 구체적으로 알리는 작은 제목입니다. 전문은 기사 내용을 육하원칙에 따라 짧게 요약한 문장입니다. 본문은 기사의 구체적인 내용을 서술하는 부분입니다.

기자들은 독자들이 표제나 부제, 전문만을 읽고도 대략의 기사 내용을 파악하는 것을 목표로 기사를 씁니다. 직관적이고 이해하기 쉬운 표제, 부제를 달기 위해 많은 기자가 고민에 고민을 거듭하는데요. 표제, 부제만 읽어도 기사의 70~80%는 이해할 수 있습니다. 실제 기사를 보며 한번 연습해볼까요?

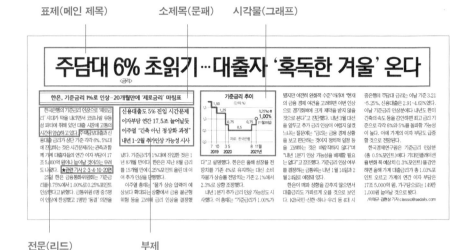

표제(메인 제목) · 소제목(문패) · 시각물(그래프) · 전문(리드) · 부제

1면 톱기사
- **표제:** 주담대 6% 초읽기…대출자 '혹독한 겨울' 온다
- **소제목:** 한은, 기준금리 1%로 인상…20개월 만에 '제로금리' 마침표
- **부제:** 신용대출도 5% 진입 시간문제 / 이자부담 연간 17.5조 늘어날 듯 / 이주열 "긴축 아닌 정상화 과정" / 내년 1~2월 추가 인상 가능성 시사

표제와 소제목을 봤을 때 한국은행이 기준금리를 1%로 인상해서 주담대, 즉 주택담보대출 금리가 조만간 6%에 이를 것이라는 내용을 이해할 수 있습니다. 이처럼 금리가 오르면 대출자들의 이자부담이 높아져 '혹독한 겨울'이 찾아올 수 있다는 점도 언급하죠. 또 한은의 이번 기준금리 인상 전까지 약 20개월 동안 기준금리가 0.x% 수준인 '제로금리'였다는 사실을 알 수 있습니다.

부제도 가볍게 보겠습니다. 표제에서 주담대 금리가 곧 6%에 달할 것이라고 하더니 부제에서는 신용대출 금리도 5% 진입이 시간문제라고 합니다. 기준금리가 올랐으니 다른 대출금리도 줄줄이 오를 수 있다는 경고네요. 그리고 가계의 이자부담이 연간 17조 5,000억 원 정도 늘어날 것 같다고 예상하지만 이주열 한국은행 총재는 '긴축이 아니라 정상화 과정'이라며 내년 1~2월에도 기준금리를 추가 인상할 가능성을 시사했습니다. 이로써 1면 톱기사는 기준금리가 1%로 인상됐고, 주담대 금리 역시 곧 6%까지 진입할 것으로 관측되기에 대출자들로서는 대출이자 부담이 커질 수 있겠다는 내용이 담길 것으로 예상해볼 수 있습니다.

덧붙여 기사에 포함된 시각물도 한번 보겠습니다. 2019년부터 2021년 11월까지 약 2년간의 기준금리 추이를 선으로 연결한 그래프인데요. 2020년 5월 기준금리가 0.5%까지 내려간 후 1년 이상 유지되다가 2021년 8월 0.75%로 오르고 3개월 뒤인 11월 1%로 올라섰다는 사실이 쉽게 이해됩니다. 코로나 이전인 2019년의 기준금리가

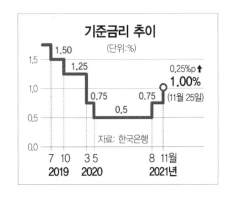

1.5%였다는 점에서 앞으로 금리 인상이 더 있을 수 있다는 생각도 듭니다.

참고로 기사에 포함되는 그래픽이나 표도 제목과 마찬가지로 기자들의 심사숙고를 거쳐 선택되는데요. 문장으로는 쉽게 묘사하기 어려운 정보를 한눈에 이해할 수 있도록 돕거나 글로는 다 설명해내지 못한 부가 정보를 담기 위한 수단으로 표나 그래픽을 활용하는 경우가 많습니다. 그래서 대부분 언론사는 이런 인포그래픽 제작에 특화된 디자인부서를 별도로 두고 있답니다.

1면 톱기사의 첫 번째 문단 마지막을 보면 '★관련 기사 2·3·4·10·20면'을 볼 수 있습니다. 이번 1면 톱기사는 총 5면에서 해설 기사를 다루고 있네요. 이 중 4면의 해설 기사를 살펴보겠습니다.

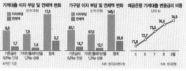

"올 가구당 이자부담 150만원 급증"…빚투·영끌시대 저문다

4면 톱기사

- **표제**: "올 가구당 이자부담 150만 원 급증"…빚투·영끌시대 저문다
- **소제목**: 신용대출 5%·주담대 6% 임박
- **부제**: 가계대출 75%가 변동금리 / 금리 상승 위험에 직접 노출 / 연체액도 3.2조 불어날 듯 / 자영업 이자부담 2.9조 쑥 / 中소도 3.6조나 늘어 '비상'
- **중간제목(◇)**: 더 혹독한 금리 고통이 기다린다 / 은행 대출 75%가 변동금리…7년 5개월래 최고 / "자영업 이자부담 2.9조↑, 음식숙박업 취약"

4면에서는 기준금리 인상에 따른 파급 효과를 보다 상세하게 기술합니다. 4면 톱기사의 표제는 〈"올 가구당 이자부담 150만 원 급증"…빚투·영끌시대 저문다〉이고 [신용대출 5%, 주담대 6% 임박]이라는 소제목이 달렸습니다.

1면 톱기사 부제에서는 이자부담이 17조 5,000억 원 늘어난다고 했는데 여기서는 가계별로 계산해보니 한 가구당 연 150만 원 정도의 이자부담이 늘어날 수 있다는 내용을 알려줍니다. 이렇게 이자부담이 늘어나면 빚투(빚내서 투자)라거나 영끌(영혼까지 끌어모은 대출)하기가 쉽지 않겠죠.

　이어서 부제를 보면 우리나라 가계대출의 75%가 변동금리, 즉 시장금리를 반영해 일정 주기별로 약정금리가 변하는 금리를 채택하고 있어 금리 인상기에 위험이 더 커질 수 있다는 점이 언급됩니다. 변동금리의 반대는 고정금리인데요. 최초 약정한 금리가 만기 때까지 그대로 유지되는 금리를 의미합니다. 일반적으로 변동금리는 금리 인하기에 유리하고, 고정금리는 금리 인상기에 유리하다고 하죠. 또 자영업자들의 이자부담도 2조 9,000억 원가량 늘어나고, 중소기업(中企)들의 부담도 3조 6,000억 원 늘어날 것이라고 하네요. 기준금리를 0.25% 올린 것만으로도 이렇게 이자부담이 커지다니, 기준금리의 변화에 왜 이토록 경제계가 주목하는지 확 와닿는 대목입니다.

　덧붙여 해당 기사는 200자 원고지로 12매, 총 2,400자나 되는 호흡이 긴 기사입니다. 또 기준금리 인상이 우리 사회에 미치는 파급 효과를 개인(가계)의 시선뿐 아니라 자영업자 및 기업인들의 관점에서도 바라보는 기사인데요. 이처럼 다양한 시각을 담고 있고 호흡이 긴 기사의 경우 중간제목(◇)을 달아 단락을 구분하기도 합니다. 독자가 좀 더 쉽게 읽을 수 있도록 도와주는 것이죠. 구체적으로 살펴보면 우선 개인에 미치는 영향을 '더 혹독한 금리 고통이 기다린다'라는 제목으로 표현했고, 그 이유를 '은행 대출 75%가 변동금리…7년 5개월래 최고'라는 중간제목으로 설명해주네요. 그리고 개인뿐 아니라 자영업자 등의 피해도 크다는 점을 마지막 중간제목인 '자영업 이자부담 2.9조↑, 음식숙박업 취약'으로 지적해줍니다.

기사 읽기의 핵심은
'대충'이다

지금까지 신문을 어떻게 읽어야 할지에 대한 몇 가지 궁금증들을 살펴봤는데요. 아직 풀리지 않은 질문이 하나 있을 것 같습니다. 바로 "신문을 잘 읽으려면 처음부터 끝까지 꼼꼼히 읽어야 하느냐"는 것이죠.

그렇게 읽어준다면 신문을 열심히 만든 기자들은 기쁘겠지만 결코 쉽지 않을 겁니다. 솔직히 말씀드리면 신문을 만드는 기자들조차 지면 곳곳에 있는 작은 기사의 본문을 끝까지 꼼꼼히 읽는 경우는 드뭅니다. 아무리 기사에 익숙한 기자들도 그런 식으로 신문을 통독한다면 최소 1~2시간은 할애해야 합니다. 그런데 기사에 익숙하지 않은 독자들이라면 몇 페이지만 집중해 읽어도 한두 시간은 훌쩍 넘기게 될 겁니다. 물론 얼마간 이런 시간을 거치면 분명 어느 순간부터 기사가 한눈에 쏙 들어오고 대충 읽어도 문장 하나하나가 술술 읽히는 경험을 하게 될 것입니다. 하지만 이 경지에 이르기 전에 기사 읽기를 아예 포기해버리는 독자들이 더 많을 것 같아 걱정됩니다.

그래서 추천하는 방법은 '대충' 읽는 겁니다. 대신 신문 1면부터 마지막 면까지 넘기는 주세요. 1면에는 어떤 기사가 실렸고 2면은 이런 구성이고, 21면은 주로 증권 기사가 실리고, 30면은 칼럼이 있다는 정도로 이해하는 것만 해도 좋습니다. 그런 과정에서 흥미로운 기사를 발견하면 가볍게 한번 읽어주고요.

지면에 조금 익숙해졌다면 그때부터는 각 지면에서 가장 눈에 띄는 톱기사에 주목하면 좋습니다. 끝까지 다 읽지 않아도 됩니다. 제목과 부제, 전문 정도만 읽으면서 어떤 기사인지 파악하는 연습을 해보는 것입니다. 시간이 허락한다면 신문의 첫 페이지를 장식한 1면 톱기사 및 그와 관련된 3면과 4면의 해설 기사 정도는 꼼꼼히 읽는 것도 좋습니다. 흥미롭지 않더라도 중요한 기사이기 때문에 이렇게 배치한 것이니까요. 개인적으로는 관심이 없더라도 대다수 사람이 관심을 갖는 기사라고 생각하면 될 것 같습니다.

> **경제기사와 친해지는 법**
> ① 1면부터 32면까지 대충 넘겨만 보자.
> ② 지면별 톱기사만 보자.
> ③ 1면 톱기사와 관련된 기사만 보자.
> ④ 전체 기사 중 새롭게 등장한 뉴스만 보자.

이런 식으로 확장하며 신문과 친해지다 보면 어느 순간 지면 구석에 있는 작은 기사들이나 사진 등에도 눈길이 가게 됩니다. 바로 지금이 꼼꼼히 읽을 단계입니다. 큰 기사, 작은 기사 구분하지 말고 한번 전체적으로 읽어보세요. 이제는 모르는 단어보다 아는 단어가 많을 것이고, 몇 달 전에 스쳐 지나갔던 기사가 업데이트되어 다시 중요하게 다뤄지는 경우도 발견하게 되면서 읽기도 한결 수월하고 읽는 속도도 빨라질 겁니다. 이렇게 속도를 내서 전체적으로 읽다 보면 어느 순간 지면이 한눈에 들어오게 될 겁니다. 지금 읽어야 할 기사와 나중에 읽어도 될 기사, 제목만 봐도 이해가 되는 기사와 시간을 들여 찬찬히 읽고 이해해봐야 할 기사 등이 구분되기 시작하는 거죠.

이 정도 되면 TV에서 나오듯 모닝커피를 마시며 신문을 술술 넘기는 것만으로도 기사들이 중요도 순으로 대략 정리되는 경지에 이르게 됩니다. 이제는 다시 '대충' 읽어도 되는 시간입니다. 기사를 처음부터 끝까지 다 읽을 필요 없이 제목만 보고도 사회·경제의 흐름을 파악할 수 있게 되는 거죠. 아주 새롭게 등장한 기사들만 정독해서 읽어도 되니 이제 신문 읽기는 하루 30분이면 충분할 겁니다.

어떻게
정리하는
건데요?

날마다 쏟아지는 경제기사, 그냥 읽기만 하면 이해도 되지 않을뿐더러
나중엔 기억도 나지 않습니다. 바쁜 와중에 짬을 내 열심히 읽었는데
기왕이면 완전히 내 것으로 만드는 게 좋겠죠. 경제기사를 더 의미 있
게 읽기 위해 자신만의 '스크랩 루틴'을 만들어보길 추천합니다. 스크
랩의 정석대로 기사를 자르고 붙이는 방식도 있지만 스마트폰으로 사
진을 찍거나 소셜네트워크서비스(SNS)를 활용해 단순하고 쉽게 나
만의 경제기사 아카이브를 꾸밀 수 있습니다. 이번 챕터에서는 경제
기사를 내 것으로 만드는 스크랩 노하우에 대해 이야기해보겠습니다.

어떤 기사를
스크랩해야 할까

그날그날 관심 가는 기사를 무작위로 스크랩하는 것도 좋지만, 특정 주제를 잡아서 기사를 모으면 해당 주제의 맥락을 파악하는 데 유리합니다. 주제별로 정리돼 있으면 나중에 찾아보기도 편하죠. 그럼 어떤 주제를 고르는 게 좋을까요? 당연히 본인이 관심 있는 주제를 선택하면 됩니다. 재테크에 관심이 있다면 증권, 부동산, 산업, 세금 등의 카테고리를 만들어 각각 기사를 스크랩하면 되겠죠. 경제 전반의 흐름을 알고 싶다면 거시경제를, 글로벌 경제 동향이 궁금하다면 국제경제 등으로 주제를 설정할 수 있습니다. 기사의 위치나 형식에 따른 분류도 가능합니다. 예를 들면 경제신문 1면 기사 모음이나 각 지면의 톱기사 모음, 사설 모음처럼요.

무엇을
기록해야 할까

주제를 선택한 후 기사를 오려 노트에 붙였다고 생각해봅시다. 이제 스크랩북에 무엇을 적는 게 좋을까요?

첫 번째, 기사의 정보를 표기합니다. 언제, 어느 신문의 몇 면에 게재된 기사인지 적는 것입니다. 이게 은근히 중요한데, 기사에는 날짜만 적혀 있고 연도나 월은 기재돼 있지 않기 때문에 나중에 언제 나온 기사인지 헷갈리는 경우가 많거든요. 그리고 추후 해당 주제로 새 기사가 나오면 이전과 얼마나 어떻게 달라졌는지 바로 파악되기도 하고요. 예를 들어 2022년 1월 한은 기준금리가 1.25%라는 기사가 새로 나왔다면 그전에 같은 주제로 스크랩해둔 기사를 보면 2021년 11월에는 1%였다는 사실을 자연스럽게 알게 되겠죠.

두 번째, 모르는 단어를 정리합니다. 모르는 단어에 밑줄을 긋고 옆에 뜻을 찾아서 적어줍니다. 인터넷으로 단어를 검색하면 사전적 의미만 나오는 경우가 많습니다. 이런 사전적 의미로는 기사를 완벽히 이해하기 어렵죠. 다른 기사도 찾아보고, 지식백과도 찾아보면서 해당 단어가 어떤 의미와 히스토리를 갖고 있는지 종합적으로 파악해 적는 것이 좋습니다.

세 번째, 기사의 핵심 내용이 나온 부분에 밑줄을 긋거나 한 줄로 정리해보세요. 단어나 수치 등 세부적인 내용만 보다가 정작 핵심을 놓치는 일이 없도록 하기 위함입니다.

네 번째, 이 기사 속 사건이 일어난 배경을 적어줍니다. 왜 이런 일이 발생하게 됐는지 그 이유를 간단하게 설명해주세요.

다섯 번째, 이 기사가 어떤 영향을 미칠지, 즉 앞으로 어떤 일이 벌어질지 적습니다. 기사에 나온 내용을 적어도 좋고, 본인이 논리적으로 생각해 써보는 것도 좋습니다. 이 방법은 특히 국제 면 기사를 읽을 때 큰 도움이 됩니다. 해외 국가들의 동향이 우리나라 경제, 나아가 내 생활에 어떤 영향을 미치는지 생각해보면 기사의 진정한 의도를 파악할 수 있습니다. 시간이 흐른 후 자신이 예상한 변화와 실제 변화가 얼마나 맞아떨어졌는지 비교해보는 것도 하나의 재미입니다.

　물론 모든 기사를 이렇게 정리할 필요는 없습니다. 본인이 중요하다고 판단한 기사에 대해서는 이렇게 다각도로 분석해보고, 일반 기사들은 단어와 핵심 내용 정리만 해도 충분합니다.

어떻게
기록해야 할까

스크랩할 기사를 고르고, 어떤 것들을 기록해야 할지 알았다면 이제 어떻게 기록해야 하는지 그 방법을 배울 차례입니다. 간단한 스크랩 형식과 실제 기사를 활용한 예시를 보여드릴게요.

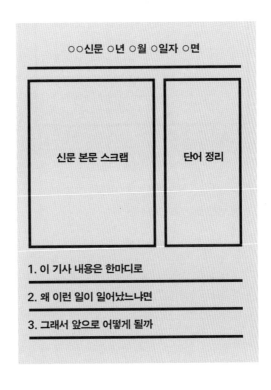

"성장률 쇼크는 일시적"
美 금리인상 빨라진다

소비 살아나 4분기 반등 점쳐
월가 "내년 6월 첫 인상" 65%
"많으면 세차례까지" 전망도

파월 연준 의장

미국의 3분기 경제성장률 쇼크에도 기준금리 인상 시점은 빨라지고 횟수도 늘어날 것이라는 관측이 나오고 있다. 인플레이션 우려가 감수록 커지는 데다 강한 수요 속에 경기 전망도 나쁘지 않다는 분석이 우세하기 때문이다.

28일(현지 시간) 미 경제 방송 CNBC에 따르면 미국의 3분기 국내총생산(GDP)은 시장 추정치(2.8%)를 크게 밑돌았지만 4분기부터 반등한 뒤 내년에도 탄탄한 성장을 이어갈 가능성이 제기된다.

월가에서는 공급난에도 소비 수요 균형, 델타 변이 바이러스 확산세 감소, 자동차 판매 회복 등을 이유로 3분기 경기 둔화가 단기에 그칠 것으로 보고 있다. 당장 개인저축률이 8.9%로 소비 수요가 탄탄하다. 실제 이달 호텔과 식당 이용료가 크게 올라가고 있다. 크레디트유니언의 데이비드 케페타 선임이코노미스트는 "델타 변이가 진정되면서 소비자들이 서비스에 더 많은 지출을 할 것"이라며 "4분기에는 더욱 큰 성장이 있을 수 있다"고 강조했다.

'소프트 패치'가 아니라는 해석도 있다. 소프트 패치는 경기가 본격적으로

침체 국면으로 들어서는 것은 아니지만 일시적으로 성장세가 주춤해지면서 어려움을 겪는 상황을 뜻한다. 폴에사우스케 피털이코노믹스 수석미국이코노미스트는 "4분기에는 반등을 기대한다"며 "자동차가 3분기만큼 발목을 잡지 않을 것이고 델타 변이의 악영향이 심해지지 않을 것으로 보기 때문"이라고 전했다.

이렇다 보니 시장도 더 이른 시기, 더 많은 금리 인상을 점치고 있다. CME페드워치에 따르면 내년 6월 첫 기준금리 인상 가능성은 65%, 9월 두 번째 인상 확률이 51%다. 오는 2023년 2월 세 번째 인상 가능성도 51%다.

중요한 것은 이날 오전 2022년 12월 금리 인상 확률이 현재 50%를 넘겼다는 점이다. 이는 투자자들이 내년에 최대 세 차례의 금리 인상이 있을 수 있을 것으로 본다는 뜻이다. CNBC는 "시장이 연방준비제도(Fed·연준)보다 더 많은 금리 인상을 예상하고 있다"며 "2022년에 적어도 두 차례, 어쩌면 세 차례 인상을 생각하고 있다"고 분석했다. 즉 9월에 나온 연준의 점도표는 내년에 1회 금리 인상을 예측했다.

/뉴욕=김영필 특파원 susopa@sedaily.com

〔단어 정리〕

1. 국내총생산(GDP)

한 나라에서 일정 기간 생산된 최종 생산물 가치의 총합. 원자재값이나 상속, 물물교환 등의 가격은 포함되지 않는다. 국가 경제 규모를 파악하는 데 사용하는 중요한 지표

2. 소프트패치

경기 회복이나 성장 국면에서 일시적으로 성장세가 주춤하는 것

3. 연방준비제도(Fed)

미국의 중앙은행 시스템. 미국의 통화 정책과 금융기관 감독 및 규제를 담당한다. 통칭 FRB라고 불리는 연방준비제도위원회가 연준의 최고 의사결정 기구이며 2021년 11월 20일 제롬 파월 의장 연임이 확정됐다.

---

1. 이 기사 내용은 한마디로

미국의 3분기 경제 성장률이 예상치를 밑돌았음에도 경제 전문가들은 경기 회복을 예상하면서 연준이 금리 인상을 앞당길 가능성이 커졌다.

2. 왜 이런 일이 일어났느냐면

델타 바이러스 확산세가 감소하고 있고(21. 10. 30 기준) 식당과 호텔 등에서 소비도 증가하면서 경제 회복이 빨라지고 있다. 경제 회복은 좋지만 문제는 지금까지 미국 정부가 계속해서 돈줄을 풀어왔기 때문에 인플레이션 우려가 있다는 점이다. 실제로 최근 연준이 경기 회복세가 뚜렷하지 않음에도 금리 인상을 고민한다는 기사가 계속 나왔다.

3. 그래서 앞으로 어떻게 될까

미국 금리 인상 전후로 국내 금리도 따라 오를 수밖에 없다. 즉 예·적금 금리도 높아질 것이다. 금리가 오르면 금리와 일반적으로 반대로 움직이는 주식이 약세로 바뀔 가능성이 크다. 주식투자 비중을 계속 늘리기보다는 추후 고금리 예·적금 상품을 하나 가입하는 것도 좋겠다.

하지만 진짜 델타 변이 확산세가 잡힐 수 있을까? 코로나19 추가 변이가 나온다면 이런 분위기는 언제든 반전될 수 있다. 미국 등 다른 나라의 코로나19 기사도 관심을 갖고 읽어봐야겠다.

실제로 기사를 잘라서 붙이고 손글씨까지 쓰는 스크랩 방법, 또는 PDF 파일을 다운로드받아 PC상에서 스크랩하는 방법 모두 사실 꾸준히 하기엔 다소 번거로운 방식입니다. 자신에게 부담스러운 수준으로 스크랩을 하다가 제풀에 지치기보다는 가볍게, 지속적으로 할 수 있는 나만의 스크랩 방법을 찾아보세요. 중요한 건 멈추지 않고 계속 경제기사를 읽어나가는 것이니까요.

인스타그램 활용하기

기사 스크랩용 인스타그램 계정을 별도로 만들어서 기사 사진을 찍거나 캡처해 올리면 끝입니다. 가장 단순하고 간단한 스크랩 방법이죠. 게시글로 기사

출처: @selfimprovement_1014

에 대한 자신의 생각도 짧게 적을 수 있고요. 사진을 찍어 올릴 때마다 늘어나는 게시물을 쉽게 눈으로 확인할 수 있어 성취감도 있습니다. 실제로 인스타그램에서 신문스크랩, 경제신문스크랩, 신문읽기 등의 키워드를 검색하면 기사를 스크랩한 다양한 게시물을 볼 수 있습니다. 다른 사람들은 어떤 기사에 관심을 갖고 있는지, 어떻게 스크랩하고 있는지 보고 마음에 드는 방법이 있다면 따라 해보세요.

네이버 'Keep' 활용하기

모바일로 네이버를 통해 뉴스를 접하는 분들이 많을 텐데요. 네이버 앱의 'Keep' 기능을 이용하면 기사를 손쉽게 스크랩하고 분류할 수 있습니다. 스크랩이 매우 간단하고, 숨 쉬듯 켜보는 네이버 앱에서 내 스크랩을 언제든 만나볼 수 있다는 게 가장 큰 장점입니다. 기사를 어떻게 Keep에 저장하는지 이미지로 보여드릴게요.

1. 네이버 뉴스에서 원하는 기사를 선택한 후 화면 오른쪽 하단의 툴바(•••)를 눌러 'Keep에 저장'을 선택합니다.

2. 저장 표시와 함께 뜨는 '편집'을 누르면 제목, 코멘트 입력이 가능합니다. 원하는 태그도 선택할 수 있습니다. 주식기사, 부동산, 사설 등의 태그를 선택하면 해당 태그에 연결된 기사들만 따로 볼 수도 있습니다.

3. 네이버 앱의 왼쪽 상단의 메뉴바(☰)를 클릭하고 보이는 'Keep' 메뉴를 클릭하면 스크랩한 기사 목록을 볼 수 있습니다. 만약 'Keep' 메뉴가 보이지 않는다면 스크롤을 내려 '전체서비스 〉 내 도구 〉 Keep'의 오른쪽

즐겨찾기(★)를 클릭해 추가하세요.

노션(Notion) 활용하기

요새 업무 툴로 많이 사용하는 노션도 스크랩하기에 효과적입니다. 모바일 노션 앱을 사용하는 경우 네이버 앱으로 기사를 읽다가 공유 버튼을 눌러 노션으로 공유하면 스크랩할 수 있습니다. PC로 노션에 스크랩할 때는 '노션 웹클리퍼' 기능을 사용하면 편리합니다. 크롬이나 파이어폭스 브라우저에 노션 웹클리퍼를 설치하면 사용할 수 있습니다. 스크랩을 원하는 기사 창을 띄워놓고 노션 아이콘을 클릭한 후 'Save page'를 누르면 기사 내용은 물론 사진까지 나의 노션 페이지에 그대로 복붙됩니다.

노션은 템플릿 선택에 따라 표, 갤러리 형태 등 다양한 서식으로 스크랩을 볼 수 있습니다. 또 태그를 지정해 선택한 태그에 관련된 기사만 따로 볼 수 있는 기능도 제공됩니다. 사용자가 활용하기에 따라 무궁무진한 기능을 제공하지만, 기능이 많은 만큼 초보자가 사용하기에는 다소 어렵다는 게 단점입니다.

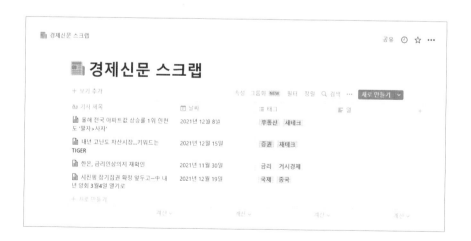

그 외에도 패드가 있다면 굿노트, 노트쉘프 등의 앱을 통해 기사를 스크랩할 수 있습니다. 스크랩은 꾸준히 하는 게 가장 중요하므로 본인이 자주 사용하는, 가장 편한 방식을 찾아 스크랩하는 습관을 만들어보세요.

여기까지 경제기사를 왜, 어떻게 읽어야 하는지 그리고 기사를 정리하는 방법을 알아봤습니다. 다음 Part 2에서는 지금까지 익힌 내용을 바탕으로 실제 기사를 한 문장씩 함께 읽어볼게요.

PART

2

핵심 키워드로
읽는
경제기사

거시경제

04

매월 발표되는 복잡한 경제지표! 다양한 경제지표로 표현되는 거시경제는 우리 실생활을 수치로 표현한 경제의 큰 그림입니다. 국가 혹은 세계 경제의 흐름을 이해하기 위해서 거시경제는 조금 어렵지만 반드시 알아두는 편이 좋습니다.

🔑 GDP

3분기 경제 성장률 0.3%…
올해 4% 성장 빨간불

① 우리나라 3분기 경제 성장률이 0.3%에 그쳤다. 상반기까지 양호한 회복세를 나타냈던 한국 경제는 코로나19 재확산과 글로벌 공급망 차질 여파로 성장이 주춤했다. 변이 바이러스 변수까지 커지고 있어 정부가 목표로 하는 올해 연간 4%대의 성장률 달성에 적신호가 켜졌다.

한국은행이 26일 발표한 '2021년 3분기 실질 국내총생산(속보치)'을 보면 지난 3분기 실질 국내총생산(GDP)은 전 분기 대비 0.3% 성장했다. ② 올해 1분기와 2분기에 각각 기록했던 1.7%와 0.8% 성장률에 비해서는 크게 못 미쳤다. 한국은행은 올해 연 4%의 경제 성장률을 전망한다고 지난 8월 밝힌 바 있다.

코로나19의 재유행이 경제 성장에 부정적인 영향을 미쳤다. ③ 민간소비는 3분기에 전 분기보다 0.3% 줄었다. 지난 2분기에 민간소비가 3.6% 뛰었던 것과는 대조적이다. 민간소비는 음식숙박, 오락문화 등 서비스업종이 4차 대유행으로 인한 타격을 입었다.

글로벌 공급망 차질도 경제에 부담이 됐다. ④ 차량용 반도체 부족으로 설비투자가 전 분기 대비 2.3% 감소했다. 건설 자재가 공급 부족으로 가격이 뛰면서 건설투자 또한 3.0% 줄었다.

반면, 수출이 경제의 버팀목 역할을 했다. ⑤ 수출은 전 분기보다 1.5% 증가했다. 전체 경제 성장률 0.3% 중 순수출 기여도는 0.8% 포인트로, 성장률을 0.5%나 깎아내렸던 내수(소비+투자)의 충격을 보완했다.

⑥ 경제 활동별로 살펴보면, 전 분기 대비 건설업 감소폭이 확대되고 서비스업 증가세가 둔화됐지만, 제조업은 증가 전환했다. / 2021년 10월 27일

용어 설명

- **분기:** 1년을 4등분한 것으로 1분기는 1~3월, 2분기는 4~6월, 3분기는 7~9월, 4분기는 10~12월입니다. 1년을 2등분한 반기는 상반기(1~6월)와 하반기(7월~12월)로 나뉩니다.
- **국내총생산(GDP):** 일정 기간 동안 한 나라의 경제주체들이 생산해낸 서비스와 상품의 부가가치의 합을 말합니다. GDP는 또 경제주체들의 소비의 합으로도 구할 수 있습니다. 이른바 등가의 법칙이죠. 다만 총소비 측면에서 GDP를 이해하는 것이 좀 더 직관적이어서 기사에서는 소비 요소별로 우선 분석합니다. 총소비는 가계 소비, 기업 투자, 정부 지출 그리고 순수출을 더해 산출합니다. 참고로, 국민총생산(GNP)은 영토와 관계없이 그 나라 국민들이 생산한 상품과 서비스의 합입니다. 전 세계적으로 경제 교류가 활발해지면서 GNP보다 주로 GDP를 국민소득의 지표로 씁니다. 예컨대 GNP를 쓸 경우 외국인들이 국내에 들어와서 경제 성장에 기여하는 부문을 파악할 수 없기 때문입니다.

$$\text{국내총생산(GDP)} = \text{경제 활동별 부가가치} + \text{순생산물세}$$
$$\|$$
$$\text{국내총소비} = \text{가계 소비} + \text{기업 투자} + \text{정부 지출} + \text{순수출}$$

- **내수:** 한 국가 안에서 일어나는 생산 활동으로, 소비와 투자를 합쳐서 내수라고 합니다.

이 기사는 왜 중요할까?

경제 성장률은 한 나라의 경제 규모가 얼마나 성장했는지를 보여주는 종합 성적표라고 할 수 있습니다. 경제의 중요 주체인 가계와 기업의 살림살이가 얼마나 나아졌는지를 압축적으로 보여주는 지표이기 때문에 경제신문에서도 가장 중요하게 다루는 기사입니다.

경제 성장률을 보여주는 대표적인 지표가 GDP 성장률입니다. 이는 한 국가 안에서 모든 경제주체가 만들어낸 부가가치를 합쳐 국내총생산액을 계산하고, 이 금액이 과거 대비 얼마나 늘었는지 혹은 줄었는지를 나타냅니다.

예를 들어 지난해 우리나라에서 100억 원어치의 자동차가 생산되고 50억 원어치의 여행 가이드 수입이 발생했다면 GDP는 150억 원입니다. 올해는 자동차와 여행 가이드 수입으로 165억 원을 벌었다면 GDP 성장률은 전년 대비 10%가 됩니다.

다만, 여기서 주의할 점이 있습니다. 지난해에 비해 올해 늘어난 15억 원(10%)의 부가가치는 물가 상승률을 감안하지 않고 단순 계산한 것입니다. 만약 물가가 그사이 10% 올랐다면 '명목상'으로는 경제가 성장했지만 '실질적'으로는 성장하지 못한 것이죠. 그래서 명목 GDP 상승률에서 물가 상승 요인을 제외하고 나온 숫자가 실질 GDP 상승률입니다. 만약 내 월급이 10% 올랐지만 물가도 10% 올랐다면 명목 임금 상승률은 10%이지만, 실질 임금 상승률은 0%입니다. 월급이 올랐다고 좋아할 일이 아니죠.

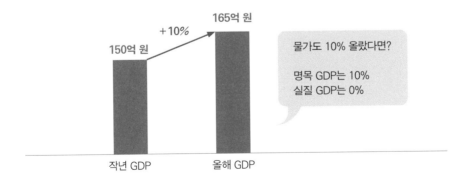

'실질'과 '명목'은 경제에서 자주 나오는 개념이므로 알아두면 도움이 됩니다. 우리가 신문에서 보는 GDP 상승률은 일반적으로 실질 상승률을 의미합니다. 물론 기사 어디에도 그렇게 써 있지 않지만, GDP 상승률은 '명목'이라고 따로 표시하지 않는 한 '실질'을 의미한다는 점을 알아두세요.

기사 함께 읽기

우리나라의 경제 성장률은 누가 측정해서 발표할까요? 바로 한국은행입니다. 이는 다른 나라도 마찬가지입니다. 중앙은행들이 정기적으로 GDP 성장률, 성장률 전망치, 물가 상승률 등 경제의 큰 흐름을 나타내는 거시경제 지표들을 발표합니다.

발표 주기는 3개월에 한 번씩, 즉 분기별입니다. 집계하는 데 시간이 꽤 소요되다 보니 해당 분기가 끝나고 일정 시간 후에 나오는데, 이 발표 시점에 따라 속보치, 잠정치, 확정치로 나눠집니다. 속보치는 분기가 끝나고 약 한 달 뒤, 잠정치는 두 달이 조금 넘은 시점에서 내놓습니다. 그리고 확정치는 2년 후에 연간 기준으로 공표합니다.

〔2022년 1분기 GDP 발표 일정〕

셋 중에서 가장 신문에서 크게 보도하는 숫자는 속보치입니다. 속보치는 기존에 확보된 데이터를 기반으로 서둘러 발표하는 것이다 보니 정확성은 다소 떨어지지만, 신속하게 경제 상황을 파악할 수 있다는 장점이 큽니다. 실제로 속보치와 잠정치의 차이는 0.1% 안팎에 불과해 아주 크지는 않습니다.

이 기사도 3분기 GDP 성장률 속보치를 다뤘습니다. '0.3%에 그쳤다'①라는 첫 문장에서부터 경제 성장률이 기대보다 저조했다는 점이 여실히 드러나죠? 그런데 도대체 어느 정도 성장을 해야 '잘했다'라는 평가를 받을 수 있을까요? 0.3%대의 성장률이 항상 나쁜 것일까요? 정답은 '그때그때 달라요'입니다. 경제가 뒷걸음질 칠 것이라는 예상이 많았는데 이를 뒤집고 조금이라도 앞으로 나아갔다면 '0.3%나 성장했다'라고 썼을 것입니다.

그런데 2021년 1분기와 2분기에 성장률이 제법 괜찮았으니 이 추세대로라면 연간 4% 성장이 가능할 것으로 예상되는 상황에서 3분기가 영 기대치에 못 미쳤기에 기사 전반에 다소 부정적인 뉘앙스가 깔려 있습니다. 이런 식으로 가다가는 경제 목표 달성이 힘들기② 때문입니다.

원래 전교 10등을 할 것으로 예상됐던 우등생의 성적이 20등이면 실망이 큰 것과 마찬가지라고 할까요. 20등도 참 훌륭한 성적인데 말이죠. 경제에서는 항상 기대치 대비 실제 성적이 중요하다는 점, 기억해두세요.

그렇다면 이제 왜 성장률이 부진했는지를 따져볼 필요가 있습니다. GDP는 앞서 설명했듯이 총지출과 총생산, 이 두 가지 측면으로 파악할 수 있습니다. 총지출과 총생산은 동전의 양면과 같다고 보면 됩니다. 기사에서는 우선 총지출 면에서 성장을 따져봤습니다③. ④. 가계 소비, 기업 투자, 정부 지출 그리고 순수출로 구성됩니다. 3분기에는 소비와 투자가 모두 좋지 않았습니다. 민간소비가 0.3% 줄었고, 설비투자와 건설투자가 각각 2.3%, 3%나 쪼그라들었습니다. 이유는 코로나 방역 단계 강화로 소비가 위축된 데다 반도체 부족과 건설 자재 가격 상승으로 인해 기업들이 투자를 줄였기 때문입니다. 다행히도 수출은 선방하면서 소비와 투자, 즉 내수의 부진을 상쇄했네요⑤.

그다음으로는 총생산의 측면에서도 성장의 속내를 들여다봤습니다⑥. 어떤 생산 영역이 열심히 해줬고 부진했는지는 '경제 활동별 생산'을 보면 알 수 있습니다. 건설업과 서비스업이 줄었고, 제조업이 좋았네요.

이같이 성장의 내용을 살펴보는 것은 굉장히 중요합니다. 만약 어느 해에 성장률이 엄청 좋게 나왔는데 내용을 뜯어 보니 아파트를 많이 지어서 건설투자가 급증했다면 사실 질 좋은 성장이라고 평가할 수는 없습니다. 건설투자는 투자 완료 이후에 추가적인 부가가치를 생산하는 데 한계가 있기 때문입니다. 미래를 위해 기업들이 설비투자를 늘리거나 소비자들의 지갑이 두둑해져서 지출을 확대한 것이 성장을 견인한다면 좀 더 균형잡힌 경제 발달이 되겠죠. 예를 들어 아파트는 짓고 나면 더 이상 추가적인 부가가치를 창출할 수 없지만, 반도체 공장은 지어두면 앞으로 꾸준히 반도체를 생산해낼 수 있습니다. 또 소비가 늘면 기업들이 돈을 벌어서 다시 생산에 투자하는 선순환 구조가 만들어지는 점을 생각하면, 왜 건설투자보다는 설비투자나 소비에 의한 성장에 후한 점수를 주는지 이해하기 쉽겠죠?

TIP

▶ 잠재 경제 성장률

잠재 경제 성장률은 물가 상승을 초래하지 않으면서 달성할 수 있는 최대 성장률을 의미합니다. 잠재 경제 성장률은 경제 상황 등을 고려해 추정하는 지표입니다. 원래 100m를 20초에 뛸 정도의 기초체력을 가진 사람이라도 일시적으로 무리를 한다면 16, 17초에 뛸 수 있습니다. 하지만 뒤탈이 나겠죠. 마찬가지로 부동산 경기 부양 등을 통해 한 나라의 적정 성장률보다 일시적으로 더 성장할 수 있습니다. 그러나 이는 과도한 물가 상승 등의 뒤탈이 날 확률이 높겠죠.

기초체력을 올리는 것이 중요한 만큼 잠재 경제 성장률 자체를 끌어올리는 것도 중요한 과제입니다. 이를 위해서는 인구 증가, 노동생산성 증가 등이 필요하고요. 반면, 100m를 20

초에 뛸 수 있는 능력이 있음에도 그렇게 뛰지 못한다면 그것도 문제입니다. 잠재 경제 성장률만큼도 성장하지 못하는 경우가 바로 이에 해당합니다.

▶ 전년 동기 대비 vs. 전 분기 대비

경제기사에서 증가율이나 감소율을 표시할 때 눈여겨봐야 하는 게 있습니다. 바로 기준점입니다. 기준이 전년 동기 대비(YoY, Year on Year)인지, 전월 대비 혹은 전 분기 대비(QoQ, Quarter on Quarter)인지가 중요합니다.

계절성이 강한 지표는 전년 동기 대비 지표를, 최근 흐름이 중요한 지표는 전 분기 혹은 전월 대비를 중시합니다. 예컨대 계절에 따라 영업 실적이 크게 달라지는 기업의 실적이나 소비자물가지수는 전년 동기 대비 지표를 눈여겨봐야 합니다. 한편, 미국 중앙은행이 경기 판단의 주요 지표로 보는 미국의 고용 관련 지표들은 최근의 흐름이 중요하기 때문에 전월 대비 증감률에 맞춰 의미를 분석합니다.

 기자의 한마디

GDP는 경제 종합 성적표! 얼마나 성장했는지도 중요하지만 '어떻게' 성장했는지도 중요해요.

○━🔑 가계부채

가계 빚 1년 만에 163兆 증가…
부동산 구입에 '영끌'

① 우리나라 가계대출이 1년 만에 163조 원 증가한 것으로 집계됐다. 집값이 지속적으로 오르자 내집 마련을 위해 '영끌(영혼까지 끌어모은 대출)'이 지속되면서 주택담보대출을 중심으로 대출이 폭증한 영향이다.

② 한국은행은 23일 올해 3분기 가계 신용 잔액이 1,844조 9,000억 원으로 전 분기 대비 36조 7,000억 원 증가했다고 밝혔다. ③ 다만 정부의 '대출 옥죄기'로 3분기 증가 폭은 지난 2분기(43조 5,000억 원)보다 다소 축소됐다. 지난해 3분기 말 대비로는 163조 1,000억 원 증가했다. ④ 전년 동기 대비 증가율은 9.7%로 8분기 만에 상승세가 꺾였다.

가계 신용의 94% 이상을 차지하는 가계대출 잔액은 1,744조 7,000억 원으로 3개월 만에 37조 원 증가했다. ⑤ 주택담보대출이 969조 원으로 전 분기 대비 20조 8,000억 원 늘어나 2분기(17조 3,000억 원)보다 더 큰 폭으로 증가했다. 주택 매매와 전세 거래가 지속적으로 늘어나면서 부동산 관련 자금 수요가 나타났고, 집단대출 취급도 늘어난 영향이다.

다만 금융기관의 가계대출 관리가 강화되면서 신용대출 증가세는 한풀 꺾였다. 일반 신용대출을 포함한 기타 대출은 775조 7,000억 원으로 전 분기 말 대비 16조 2,000억 원 늘었다. 가계부채와 함께 가계 신용을 구성하고 있는 판매신용은 100조 2,000억 원으로 전 분기 대비 2,000억 원 줄었다. 지난 7월부터 코로나19 4차 대유행이 발생하면서 대면서비스 소비가 부진한 영향이 나타났다.

한국은행은 가계부채 증가 등 금융 불균형 위험이 확대되는 것을 막기 위해 지난 8월 기준금리를 한 차례 올렸고 오는 25일 추가 인상에 나설 것으로 예상된다. / 2021년 11월 24일

용어 설명

- **가계 신용:** 우리나라 가계, 즉 개인들이 금융기관과 카드사 등에 진 모든 빚을 더한 금액입니다. 은행, 보험사, 대부 업체 등에서 받은 주택담보대출, 마이너스통장 대출, 신용대출 등을 합한 가계대출이 가계 신용의 대부분을 차지합니다. 이외에도 가계 신용에는 통장에서 돈이 빠져나가기 전(결제 전) 신용카드사에 진 일시적인 빚(판매신용)도 포함됩니다.
- **집단대출:** 아파트 중도금 대출과 같이 개별적인 심사 과정 없이 한꺼번에 이뤄지는 대출을 말합니다.

이 기사는 왜 중요할까?

택시를 타고 가던 어느 날이었습니다. 기사 아저씨가 "○○○○조 원이나 되는 우리나라 가계부채가 정말 문제다"라면서 네 자릿수를 정확히 기억하고 있는 것이었습니다. 경제신문 기자인 저도 대충 천 몇백조 원 정도라고만 알고 있었는데 말이죠. 물론 택시 기사 아저씨 중에는 '뉴스 덕후', '우국지사(憂國之士)'들이 워낙 많아서 그럴 수도 있겠습니다만, 경제에서 중요한 숫자 몇 개는 외우고 다닐 필요가 있다는 점을 느꼈습니다.

우리나라 경제의 최대 걱정거리를 꼽자면 가계부채입니다. 국제통화기금(IMF)을 비롯한 여러 국제기구에서 한국 가계부채의 위험성을 경고해왔습니다. 가계 빚은 왜 문제일까요? 한때 기준금리가 1% 이하로 떨어진 적도 있었지만 마냥 초저금리 시대가 이어질 수는 없습니다. 경기가 회복되면 물가를 잡기 위해 금리를 올려야 하고, 이 경우 대출이 많은 개인들은 소득의 상당 부분을 이자 갚는 데 써야 합니다. 행여나 소득이 줄거나 실직할 경우 파산에 내몰릴 수도 있고요. 가뜩이나 한국은 개인들의 가처분소득이 많지 않습니다. 준조세 성격의 부과금이 많은 데다 사교육비 지출 비중이 높기 때문입니다. 그런 와중에 대출 원리금 상환 부담까지 높아지면 소비는 더욱 위축될 것입니다.

그만큼 가계 빚 동향은 우리 경제에서 중요한 이슈입니다. 우리나라 가계 빚은 2021년 1,800조 원을 넘었습니다. 경제신문 좀 읽는 여러분이라면 우리나라 가계 빚이 어느 정도인지 외워두면 주위에서 "오~ 그런 것도 알아?"라며 여러분을 조금 달리 보지 않을까요?

기사 함께 읽기

가계부채 기사의 핵심은 '얼마나 증가했느냐'입니다. 3분기 동안, 즉 3개월 동안 36조 7,000억 원, 1년간 163조 원이 증가했습니다(①, ②). 분기별로 발표되는 통계의 증가율이나 하락률을 따질 때는 전 분기와 전년 동기 대비, 이 두 가지를 항상 같이 살펴봐야 합니다. 전 분기 대비는 최근 상황을, 전년 동기 대비는 1년 단위의 추세를 볼 수 있습니다. 여기서 전년 동기라고 하는 것은 지난해 3분기를 의미합니다.

우리나라의 가계 빚을 집계하는 곳은 한국은행입니다. 개인들에게 대출을 내주는 은행, 보험사, 카드사와 같은 금융기관들로부터 한국은행이 정기적으로 통계를 제출받아 합산합니다. '가계 신용'은 다소 어려운 명칭이긴 하지만 결국 주택담보대출, 마이너스통장 대출 등 개인들이 지고 있는 각종 빚을 뭉뚱그린 것입니다.

이 기사에서 다룬 3분기 수치는 그래도 증가폭이 2분기에 비해서는 둔화됐는데, 그 이유는 정부에서 각종 규제를 도입해 '대출 옥죄기'에 나섰기 때문입니다(③). 정부는 눈덩이처럼 불어나는 빚을 가만히 두고만 볼 수 없기 때문에 금융기관들로 하여금 대출 총량이 늘어나지 못하게 하고, 개인들에게도 대출 문턱을 높였습니다.

그런데도 가계대출에서 가장 큰 비중을 차지하는 주택담보대출은 2분기보다 더 늘었습니다(⑤). 정부의 대출 옥죄기 정책이 반쪽밖에 효과가 없었다는 의미죠. 그 이유로는 주택 거래가 늘었고, 집단대출 영향도 있었다고 기사에서는 설명합니다. 집을 100% 현금을 주고 사는 사람은 드물기 때문에 주택 거래가 늘면 주택담보대출은 자연스레 늘어날 수밖에 없고, 아파트 분양이 늘어나면 일괄적으로 중도금 대출도 불어납니다.

다만, 가계나 정부 부채와 관련한 기사에서 유의할 점이 있습니다. 바로 '사상 최대'라는 표현입니다. 원래 성장하는 경제라면 가계, 정부의 부채도 같이 늘어나는 게 자연스러운 현상입니다. 경제 생활이 활발해지면 전체적으로 소득도 늘고 빚도 조금은 늘어날 수밖에 없기 때문입니다. 우리의 몸이 성장하면 근육, 지방, 뼈가 동시에 늘어나는 것과 마찬가지라고 보면 되겠죠. 그래서 명목상의 숫자도 항상 '최대'일 수밖에 없습니다. 핵심은 빚이 늘어난다는 사실 자체보다는 증가 속도입니다. 이와 함께 소득의 증가도 중요합니다. 근육이나 지방 둘 중 하나만 급격히 늘어나면 건강하지 못한 것과 같은 이치입니다. 다행히 증가율은 8개 분기 만에 꺾였습니다(④). 앞으로도 가계부채가 더 늘어날지 아니면 줄어들지 그 열쇠는 주택담보대출이 얼마나 빨리 늘어나는지에 달려 있다고 볼 수 있습니다.

💬 **기자의 한마디**

미래 소비를 좌우하는 가계 빚! 전 분기는 최근 상황을, 전년 동기 대비는 1년간의 추세를 볼 수 있어요. 단, '사상 최대'에 속지 말기!

⚷ 물가

11월 소비자물가 3.7% 올라···
10년여 만에 최대 상승

① 지난달 소비자물가가 3.7% 올라 10년여 만에 가장 높은 상승률을 기록한 것으로 나타났다. 지난 10월 물가가 3.2%가 상승한 데 이어 2개월째 3%대 상승률이다. 유류세 인하 조치에도 불구하고 석유류 가격 또한 전월 대비 5.1% 올라 물가 오름세를 견인했다.

2일 통계청에 따르면 11월 소비자물가지수는 109.41(2015년=100)로 지난해 같은 달보다 3.7% 상승했다. 이는 2011년 12월(4.2%) 이후 가장 높은 수준이며 올해 들어 최고 상승폭이다. 물가 상승률이 두 달 연속 3%대를 기록한 것도 2012년 1월(3.3%)과 2월(3.0%) 이후 처음으로 파악된다.

② 지난 10월 소비자물가 상승률을 끌어올린 통신비 지원 기저효과가 사라졌음에도 석유류 등 공업 제품, 농·축·수산물, 개인서비스 가격 모두 오르며 물가 오름폭이 더욱 확대됐다는 것이 통계청의 설명이다.

③ 전체 조사 품목 460개 가운데 구입 빈도와 지출 비중이 높아 소비자 생활과 맞닿아 있는 141개 품목으로 구성된 생활물가지수는 전년 동월 대비 5.2% 상승, 2011년 8월(5.2%) 이후 가장 높았다. 지난 10월 통신비 지원 기저효과로 2.4% 치솟은 점을 제외하면 꾸준히 상승세를 이어가고 있다. 휘발유(33.4%), 경유(39.7%) 등 석유류(35.5%) 가격 상승률은 여전히 높았다. 집세 또한 전년 동월 대비 1.9% 올라 소비자물가 상승에 적잖은 영향을 미쳤다. ④ 근원물가 또한 1.9% 상승했다.

어운선 경제동향통계심의관은 "개인서비스 가격은 방역체계 전환·소비심리 회복 등으로 인해 다음 달에도 상당한 오름세를 지속할 가능성이 크다"면서도 "유류세 인하 조치가 본격적으로 효과를 내면 석유류 가격은 조금 둔화될 수 있지 않을까 기대된다"고 말했다. / 2021년 12월 3일

용어 설명

- **물가 상승률:** 소비자들이 가장 많이 구입하는 품목들의 가격 변동률입니다. 여러 품목으로 소비자물가지수를 구성하고, 그 지수의 변화율을 조사해 측정합니다.
- **근원물가:** 식료품 및 에너지를 제외한 물가를 말합니다.
- **유류세:** 세법상 유류세란 용어는 없지만 휘발유, 경우 등에 붙는 교통·에너지·환경세(교통세), 교육세, 주행세 등을 뭉뚱그려 기사에서 흔히 '유류세'라고 부릅니다. 교통세는 단일 세목으로는 소득세, 법인세, 부가세에 이어 규모가 클 정도로 국민 부담이 큰 세금입니다.

이 기사는 왜 중요할까?

물가는 우리가 가장 예민하게 체감하는 분야입니다. 물가가 하나둘씩 오르면 나는 가만히 있어도 호주머니가 저절로 얇아지기 때문이죠. 물가의 종류에는 소비자물가, 생산자물가, 수출입물가가 있는데 이 중에서도 소비자물가가 가장 대표적인 인플레이션 지표입니다. 전 국민의 생계에 직결되고, 정책에도 크게 영향을 미치기 때문이죠. 임금협상, 최저생계비 산정, 국민연금 산정 등도 소비자물가지수에 근거해 조정됩니다.

그런데 물가 기사는 독자들이 괴리감을 크게 느끼는 기사 중 하나입니다. 소비자물가가 최근에야 10년 만에 가장 많이 올라서 3.7% 상승률을 찍었다는 점에 선뜻 공감하기 힘들 수 있습니다. 한 개에 1,000원 하던 애호박이 3,000원으로 뛰고, 달걀 한 판 가격이 1만 원을 넘어설 때도 뉴스에 나오는 물가 상승률은 고작 2~3%대에 머물기 일쑤입니다. 체감물가와 기사에서 보는 소비자물가 상승률의 '갭 차이'에는 이유가 있습니다. 소비자물가지수는 사람들이 가장 많이 구매하는 약 450~500개의 품목을 선정하고 중요도에 따라 가중치를 부여해 산출합니다. 식료품 및 비주류 음료를 비롯해 전세, 월세, 통신비, 교육비, 음식비, 숙박료 등이 두루두루 포함돼 있습니다. 그중 몇몇 품목의 가격이 두세 배 뛴다 한들 전체 물가 상승률에 미치는 영향은 미미하기에 개인별 상황에 따라 체감하는 물가와 전체 물가지수는 차이가 날 수밖에 없습니다.

기사 함께 읽기

물가 기사의 구성은 대체적으로 얼마나 올랐나, 왜 올랐나, 앞으로는 어떻게 될 것인가 순으로 구성됩니다. 이 기사 역시 마찬가지입니다.

물가 집계기관인 통계청은 매달 초 지난달 물가를 발표합니다. 2021년 12월 초에 쓰인 이 기사도 전월인 11월 물가에 대해 다뤘습니다. 그렇다고 매달 나오는 물가지표를 매번 신문에서 전달하지는 않고, 상승률이나 하락률에 눈에 띄는 변동이 있을 때 집중적으로 보도합니다.

이 기사가 나온 시기에는 소비자물가가 3.7%나 오르며 10년 만에 최대폭을 기록했기 때문에 주목을 받았습니다(①). 여기서 3.7%라는 상승률은 전년 동기, 즉 지난해 11월 소비자물가지수에 비해 올해 11월 소비자물가지수가 그만큼 올랐다는 의미입니다. 물가 상승률 역시 계절성이 있는 지표이기 때문에 전월이 아닌 전년 동기 대비로 비교합니다. '계절성이 있다'라는 얘기는 계절 특성상 자연스레 물가가 오르기도 내리기도 한다는 뜻이죠. 예컨대 겨울에는 농사짓기가 힘들기 때문에 채소 값이 여름보다 비싼 것은 당연합니다. 이런 계절적인 특성을 배제하고 물가 수준을 판단하기 위해 지난해 같은 시기를 비교 시점으로 삼는 것입니다.

이제 왜 올랐는지를 살펴볼까요? 바로 석유류 가격이 뛰었기 때문입니다(②). 특히 2020년의 경우 코로나19로 국제 유가가 한때 마이너스를 기록할 정도로 약세였는데요. 2021년에는 전년도에 비해 국제 원유 가격이 상당 부분 정상화되면서 국내 휘발유, 경유 등 석유류 가격을 끌어올렸습니다.

앞서 말씀드린 것처럼 통계청이 발표하는 물가 상승률과 체감하는 물가 간 괴리가 커지자 정부는 전체 약 460개 항목 중 우리 생활에 좀 더 밀접한 항목 141개를 뽑아서 생활물가지수(③)를 만들어서 별도로 발표하고 있습니다. 장바구니 물가라고 할 수 있겠죠. 쌀, 라면, 돼지고기 등 한 달에 한 번 이상 사는 품목들 위주로 구성되었습니다. 생활물가지수는 민감도가 더 높기 때문에 이 기사에서도 소비자물가 3.7%보다 훨씬 높은 5.2%나 오른 것을 알 수 있습니다. 그러나 생활물가지수는 편의상 만든 지수이기 때문에 실제 정책에 반영되는 지표가 아닌 보조적인 역할을 합니다.

또 중요한 물가지표는 근원물가인데요. 소비자물가 구성 항목 중에서 에너지와 농산물 가격을 제외하고 산출합니다. 이 두 가지를 빼는 이유는 일시적인 외부 충격에 의해 변동폭이 큰 항목이기 때문입니다. 특히 국제 유가의 경우 중동의 지정학적 불안 요인이 부각되면 급등했다가, 해소되면 쉽게 가라앉기도 합니다. 농산물도 날씨나 자연재해에 따라 작황이 크게 달라져 가격이 널 뛰는 경우가 많습니다. 근원물가는 장기적이고 기초적인 물가 흐름을 나타내기 때문에 금리 정책 결정에 중요한 지표입니다. 이 기사에서도 에너지 가격이 크게 영향을 주면서 물가가 10여 년 만에 가장 높은 수준으로 올랐지만 에너지 가격을 제외한 근원물가는 1.9%로 상대적으로는 안정적인 모습이었습니다(④).

일반적으로 물가 기사 마지막 부분에는 향후 물가 전망을 첨부합니다. 여기서는 유류세 인하 효과가 있을 것이라는 긍정적인 전망과 소비심리 회복으로 인해 물가 강세가 이어질 것이라는 부정적인 전망이 혼재돼 있다는 당국자의 코멘트로 전망을 갈음했군요.

TIP

▶ 생산자물가지수와 수출입물가지수

생산자물가지수는 기업이 다른 기업이나 소비자에게 공급하는 상품과 서비스의 가격을 종합한 지수를 말합니다. 기업이 다른 기업에 공급하는 원재료나 중간재, 기업용 서비스가 주로 포함됩니다.

수출입물가지수는 수입과 수출 상품의 종합적인 가격 수준을 측정해 지수화한 것입니다. 수입물가지수는 국내 수입 비중이 높은 원유와 농산물 가격 그리고 환율의 영향을 크게 받는데, 수입물가가 오르면 시차를 두고 생산자물가가 오르고, 이는 결국 소비자물가를 끌어올리게 됩니다.

▶ 인플레이션 vs. 디플레이션 vs. 스태그플레이션

인플레이션은 물가가 상승하는 상황을, 디플레이션은 물가가 하락하는 상황을 말합니다. 인플레이션을 기사에서는 줄여서 '인플레'라고도 씁니다. 경제가 전반적으로 호전될 때 소비도 늘고 상품과 서비스의 가격도 오르는 인플레이션이 나타나기 때문에 인플레이션 자체가 나쁜 것은 아닙니다. 오히려 소비가 줄고 기업들의 투자도 위축되는 디플레이션을 정부나 중앙은행은 더 걱정하죠. 최악의 상황은 스태그플레이션으로 물가는 오르는 데 불경기인 상태입니다.

▶ 소비자물가지수 개편

통계청은 5년에 한 번씩 소비자물가지수의 품목과 비중을 조정합니다. 달라진 소비 패턴을 물가 상승률에 반영하기 위해서인데요. 2021년 12월 이뤄진 정기 변경에서는 전기차와 마스크, 의류건조기, 식기세척기, 아보카도 등이 새롭게 편입됐습니다. 대신 더 이상 소비자들이 자주 사지 않는 연탄, 교복값, 카메라는 빠졌지요.

💬 기자의 한마디

소비자물가는 수백 개 품목을 아우르기 때문에 우리가 평소 접하는 생활물가와는 차이가 날수밖에 없어요.

환율 1,209원 5개월來 최고치,
금도 최고가 랠리

코로나19 확진자가 국내에서 대거 나오면서 금융시장이 또다시 크게 흔들렸다. 주가가 1% 넘게 급락한 가운데 원/달러 환율과 금값이 이틀째 치솟고 채권금리는 올 들어 최저로 떨어지는 등 극심한 변동성을 보였다.

21일 서울외환시장에서 ① 원/달러 환율은 전날보다 10원 50전 오른 1,209원 20전에 거래를 마치며 5개월여 만에 최고치를 기록했다. 환율은 개장과 동시에 1,200원선으로 뛰어오른 뒤 코로나19 확진자가 추가됐다는 소식이 전해지면서 상승폭을 키웠다. 종가 기준으로 지난해 9월 3일(1,215원 60전) 이후 최고 수준으로 이틀간 19원 90전이나 급등했다.

② 코스피지수는 전날보다 1.49%(32.66포인트) 급락한 2,162.84로 마감했다. 기관이 5,348억 원어치를 내다 팔며 지수를 큰 폭으로 끌어내렸다. ③ 채권금리도 급락해 전일 기록했던 연중 최저금리를 하루 만에 다시 갈아치웠다. 이 중 국고채 3년물 금리는 연 1.182%로 마감하며 전일 대비 5.2bp(1bp=0.01%포인트) 하락했다. 이는 한국은행 기준금리 1.25%보다 6.8bp 아래에 있는 수준이다. ④ 한국거래소에 따르면 이날 KRX 금시장에서 금 현물의 1g 가격은 전 거래일 대비 2.21% 오른 6만 2,860원에 마감했다. 금값은 지난 2014년 3월 KRX 금시장 개장 이후 역대 최고가(종가 기준) 기록을 이틀 연속 새로 썼다. / 2020년 2월 23일

용어 설명

- **원/달러 환율:** 미국 달러화 대비 원화의 가치를 말합니다. 원/달러 환율이 1,209.20이면 1달러에 1,209원 20전이라는 뜻이죠.
- **서울외환시장:** 외국환 업무 자격을 받은 은행들과 수출, 수입 업체, 개인, 중앙은행이 달러와 원화를 거래하는 시장입니다. 주식시장과 마찬가지로 오전 9시에 열리고 오후 3시 30분에 닫지만, 그 이후 오후 6시까지 시간 외거래가 이뤄집니다. 국내 외환시장이 완전히 마감된 후에도 국제 금융시장에서는 지속적으로 거래되며 이를 '역외시장'이라고 부릅니다.

이 기사는 왜 중요할까?

환율은 한 나라 경제의 체력을 가늠하게 하는 아주 중요한 지표입니다. 환율은 두 나라 간 화폐의 교환비율을 말합니다. 종이에 불과한 화폐가 실질적인 가치가 있다고 '보증'해주는 것은 그 나라의 중앙은행입니다. 중앙은행의 보증 능력을 믿을 수 있느냐 없느냐는 결국 그 나라의 경제력에 대한 국제사회의 신뢰를 말해주죠. 그래서 한 나라의 경제력에 대한 신뢰가 강해질수록 화폐의 가치는 올라가고 이는 환율에 반영됩니다. 그 반대라면 화폐의 가치가 떨어지겠죠.

국제 금융시장이나 정세의 급격한 변화에 가장 민감하게 반응하는 숫자가 바로 환율입니다. 국가에 어떤 일이 벌어졌을 때 환율시장부터 보면 사태의 심각성에 대한 감을 잡을 수 있습니다.

예컨대 북한에서 핵 실험을 했다는 뉴스가 나왔을 때 원/달러 환율이 안정적으로 움직인다면 무력 충돌이나 더 큰 갈등으로 가지 않을 것이라고 국제사회에서는 본다는 의미이고, 환율이 요동친다면 심각하게 받아들여야 하는 상황이죠. 국제 환시장에는 가장 첨단의 정보를 가진 투자자들이 참여하고 있기 때문에 환시장은 마치 탄광 속의 카나리아처럼 위험의 바로미터 역할을 합니다.

또 환율은 우리 실생활과 기업들에 큰 영향을 줍니다. 해외여행을 가거나 직구를 할 때 원화의 가치가 높아질수록 우리는 저렴하게 해외 서비스나 물건을 구매할 수 있죠. 더 나아가 기업들의 실적에도 큰 영향을 끼칩니다. 해외에서 원자재 구매를 많이 하는 기업은 환율이 10원만 올라도 수십억, 수백억 원씩 원가 부담이 늘어나고, 반대로 수출 기업은 달러화 기준 같은 가격에 팔아도 원화로 환산한 이익은 커질 수 있습니다. 때문에 환율 기사가 뉴스에 등장할 정도로 변동할 때는 관심을 갖고 읽어둘 필요가 있습니다.

기사 함께 읽기

경제신문에서 환율 기사를 읽을 때 초보자들이 가장 헷갈리는 것이 바로 '환율'과 '원화의 가치'가 반대로 움직인다는 점입니다. 원/달러 환율이 뛰었다는 의미는 원화의 가치는 떨어졌다는 뜻입니다. 반대로 원화의 가치가 오르면 환율은 떨어집니다.

이 기사가 나온 날 서울외환시장에서 원/달러 환율이 전날보다 10원 50전 올랐다는 것은 전날에는 1달러를 1,198원 70전에 살 수 있었지만 이날은 1,209원 20전을 줘야 1달러를 받을 수 있다는 의미입니다(①). 만약 1만 달러를 환전할 경우 어제보다 오늘 10만 5,000원을 더 줘야 한다는 의미입니다. 그만큼 달러는 비싸지고 원화는 싸진 셈이죠. 참, 언론사에 따라 '전'이라는 화폐단위 대신 소수점을 쓰기도 합니다. 예컨대 1,000원 50전 대신, 1,000.5원이라고 말이죠.

이렇게 환율이 뛴 이유는 코로나 확진자가 늘었다는 소식 때문입니다. 이 기사가 나온 2020년 초는 코로나바이러스 감염증(코로나19)의 공포가 막 시작된 시점입니다. 원/달러 환율은 이렇게 국내 또는 국제적으로 위험한 상황이 발생하면 뛰는데요(원화 가치는 하락). 그 이유는 국제 금융시장의 참가자들이 위험을 회피하려고 하기 때문입니다. 국제 금융시장에서 안전한 자산이라고 여겨지는 달러를 사고, 대신 신흥국 통화 중 하나인 원화는 파는 것입니다. 원화 가격이 계속 떨어질 때 원화를 계속 들고 있으면 앉아서 재산을 까먹는 셈이기 때문입니다.

환율이 너무 급등하면 정부가 개입하기도 합니다. 기획재정부 관계자가 "환 시장을 유심히 지켜보고 있다"거나 "환율 급등이 지나치다"라는 식의 말을 언론에 흘려서 먼저 '구두 개입'을 하고, 그마저 잘 통하지 않으면 한국은행을 통해 서울외환시장에서 달러를 팔고 원화를 사들여 환율 급등세를 진정시킵니다. 그러나 이 같은 행위는 미국으로부터 '환율 조작'이라는 지적을 받아왔습니다. 이에 정부는 외환시장 개입 내역을 6개월마다 공개하고 있습니다. 외부에서 의심하는 것만큼 잦은 개입은 하지 않고, 비상 상황에만 제한적으로 개입하고 있으니 너무 우리나라 정부를 나무라지 말라는 취지입니다.

또 국제 금융시장에 위험 신호가 떴을 때, 환율과 함께 주식, 채권, 금 가격도 동시에 요동을 칩니다. 상대적으로 위험한 자산으로 여겨지는 주식은 떨어지고(②), 안전자산으로 여겨지는 채권과 금은 가격이 오릅니다(③, ④). 채권금리의 급락은 채권의 가격이 올랐다는 의미입니다. 헷갈리는 채권금리와 가격의 관계는 채권 기사편에서 더 자세히 다룰게요. 그래서 금융시장이 요동칠 때, 이 기사와 같이 환율과 함께 코스피지수, 국채 금리, 금 가격이 동시에 등장하는 경우가 많습니다.

TIP

▶ 환율 표시법

미국 달러는 전 세계 환시장의 기준이 되는 통화, 즉 '기축통화'입니다. 유로화와 엔화도 기축통화에 해당하죠. 환율을 표시하는 국제적인 기준은 기축통화를 앞에 쓰고, 뒤에 비교할 통화를 써서 두 통화의 상대적 가치를 나타냅니다. 예컨대 달러/위안 환율이라고 하면 달러 대비 중국 위안화의 가치를 말하며, 1달러로 몇 위안을 받을 수 있는지 나타내는 것이죠. 2021년 말 기준으로 달러/위안 환율은 6.3위안쯤 되네요. 달러/엔, 달러/루블, 달러/헤알 등도 마찬가지입니다. 그래서 국제 금융시장에서는 달러/원(USD/KRW)이라고 표시합니다. 단, 유로화의 경우에는 유로/달러로 표시합니다. 즉 1유로를 기준으로 달러를 얼마나 받을 수 있는지 나타내는 것이죠.

그런데 유독 국내에서만 원/달러 환율이라고 말합니다. '국룰'이라고나 할까요. 환율의 정식 표기에 따르면 원/달러(KRW/USD) 환율은 1원 대비 달러의 환율을 의미하기 때문에 0.001달러 정도 됩니다. 국제 뉴스를 읽을 때 통용되는 환율 표기법과 다르다는 점, 헷갈리지 마세요.

▶ 고시환율과 스프레드

원/달러 환율이 1,209원 20전이라는 기사를 보고 은행에 가면 실제로 1달러를 1,209.20원에 살 수 있을까요? 아닙니다. 실제로는 훨씬 비싼데요. 이유는 은행들이 원가에 일정 부분의 마진을 붙여서 달러화를 팔고 있기 때문입니다. 은행이 환전 서비스를 제공하는 대가를 받고 있는 것이죠. 이때 원가가 바로 고시환율이고 마진을 스프레드라고 부릅니다. 이 스프레드는 현찰의 경우 보통은 1.75%선이지만 은행별로 차이가 있습니다. 환전 우대는 이 스프레드를 깎아준다는 의미인데요. 환전 우대 50%라는 뜻은 1.75%의 절반인 0.875%만 받는다는 뜻입니다. 환전할 때 스프레드와 환전 우대, 꼭 챙겨보세요!

- 고시환율: 1,200원/달러
- 스프레드: 1.75%
- 1달러 구매 시 지불해야 하는 금액: 1,221원
- 50% 환율 우대로 1달러 구매 시 지불해야 하는 금액: 1,210.5원

 기자의 한마디

환율은 그 나라 경제의 기초 체력을 의미해요. 원화 가치가 올라가면, 즉 원/달러 환율이 내려가면 한국 경제가 튼튼하다고 믿는 사람들이 국제 금융시장에 많다는 뜻이랍니다.

⊶ 채권

연일 전고점 뚫은 채권금리…
3년물 3년 만에 2% 넘어

국내 채권금리가 연일 고공 행진하는 가운데 3년 만기 국고채 금리가 3년 만에 연 2%를 넘어섰다. 10년 만기물도 2.5%에 근접하는 등 연고점을 경신했다.

27일 ① 서울 채권시장에서 국고채 3년물 금리는 전일보다 9.7bp(1bp=0.01%포인트) 오른 2.044%로 마감했다. 지난 2018년 10월 이후 처음으로 2%를 상회했다. 10년물 금리는 3.0bp 오른 2.487%로 마감했다. ② 전 세계에서 긴축 우려가 확산한 데다 한국은행이 기준금리를 재차 올릴 것이라는 전망까지 가세해 금리 상승이 이어지고 있는 것으로 풀이된다.

이주열 한은 총재는 15일 열린 국회 기획재정위원회 국정감사에서도 "11월 금리 인상을 충분히 고려할 수 있다"며 "지금 경기 흐름이라면 금리를 올려도 큰 어려움이 없을 것"이라며 금리 인상을 시사했다. 기준금리가 내년 말 연 1.5~2.0%까지 오를 수 있다는 전망도 나온다. 특히 ③ 국고채 금리는 미 국채 금리 상승과 인플레이션 우려, 대출 수요에 대응하기 위한 일부 금융기관들의 채권 매도 등이 금리를 끌어올리고 있는 것으로 풀이된다.

④ 전문가들은 채권시장이 최악의 국면을 지남에 따라 다음 달부터 다소 안정을 찾을 것으로 내다보고 있다. 김지만 삼성증권 연구원은 "금리가 기대 이상으로 상승하게 된 것은 기관들이 관리 모드에 들어가며 채권 포지션을 조정한 것과 대출 규제 강화와도 관련이 있다"며 "향후 기준금리 인상이 서너 차례 더 이어진다고 해도 현재 금리 수준이 상당 부분 선반영하고 있다고 볼 수 있어 미국 연방공개시장위원회 (FOMC) 회의 등 이벤트를 거치며 다소 안정을 찾을 것"이라고 말했다. / 2021년 10월 28일

용어 설명

- **채권:** 채권은 돈을 빌렸다는 차용증서인데 기업, 정부, 공공기관이 자금을 빌리기 위해 발행합니다. 나라가 발행하면 국채, 회사가 발행하면 회사채라고 합니다.

- **국고채:** 국채 중에서도 각종 정책에 쓰기 위한 돈을 마련하기 위해 발행하는 채권을 국고채라고 합니다. 국고채는 2년, 3년, 5년, 10년 등 다양한 만기로 발행되는데, 예를 들어 3년 만기 국고채는 3년 후에 대한민국 정부가 이자와 원금을 갚는다고 보증한 것입니다.

- **포지션:** 어떤 자산을 매입하거나 매도한 상태를 말합니다. 예컨대 채권 매수 포지션은 채권을 사뒀다는 의미입니다. 기사에서 애널리스트들이 "포지션을 조정했다"라고 말하는 것은 자산을 팔았다는 뜻이고, "포지션을 확대했다"라는 것은 자산을 더 사들였다는 뜻으로 사용됩니다.

이 기사는 왜 중요할까?

경제기사 중에 가장 두렵고 머리 아픈 기사는 채권 기사가 아닐까 싶습니다. 기자들도 처음에 쓰기 어려워하는 기사이기도 합니다. 제일 큰 이유는 채권 가격과 채권금리가 반대로 움직인다는 점 때문입니다. "채권금리가 올랐다"라는 말은 "채권 가격이 떨어졌다"라는 뜻입니다. 반대로 채권금리가 내렸다는 의미는 채권 가격이 올랐다는 의미입니다.

왜 그럴까요? 이는 금리를 할인율로 이해하면 납득이 될 겁니다. 1년 만기 채권의 금리가 10%라는 말은 1년 후 110원짜리인 채권이 현재 10% 할인된 가격인 100원이라는 뜻입니다. 똑같이 1년 후 110원을 받을 수 있는 채권의 금리가 5%라면 현재 이 채권의 가격은 110원짜리를 5% 할인한 가격인 104.76원(110원÷105%)이라는 뜻입니다.

예컨대 똑같은 정가의 옷을 10% 할인했을 때와 5% 할인했을 때, 어느 것이 더 쌀까요? 10% 할인한 옷이 더 싸죠. 할인을 더 해줄수록 옷값도 떨어집니다. 마찬가지로 채권의 금리가 높아졌다는 뜻은 그 채권의 할인율이 높아졌다는 의미이고, 채권의 가격은 더 싸졌다는 의미입니다. 반대로 채권의 금리가 낮아지면 할인율도 낮아지고 채권 가격도 비싸졌다는 의미입니다.

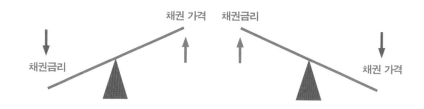

금리의 종류에 대해서도 잠깐 설명해드리겠습니다. '기준금리'는 중앙은행이 결정하는 금리입니다. 정책적으로 결정하기 때문에 '정책금리'적인 성격이 있습니다. 이와 대비되는 개념으로 '시중금리' 혹은 '시장금리'가 있습니다. 무수한 참여자가 사고팔면서 형성되는 국채나 회사채의 금리를 말합니다. 시장의 참여자들이란 금융기관의 채권 트레이더나 대형 운용사의 투자자, 기업에서 자금을 운용하는 사람들까지 다양합니다.

이 중에서 중앙은행의 기준금리 영향력이 가장 큽니다. 기준금리를 올리면 다른 금리도 모두 따라서 오르고, 기준금리를 내리면 다른 금리도 따라서 내립니다.

만약 한국은행이 기준금리를 올릴 것으로 예상하는 시장참여자들이 많다면 투자자들은 기존에 보유하고 있던 국채를 처분한다든가, 아니면 사야 할 채권의 매입 시기를 늦춥니다. 기준금리가 실제로 인상되면 시중금리도 오르고 이는 채권 가격을 떨어뜨리기 때문입니다. 채권 보유자들이 손 놓고 있다가 기준금리가 결정되면 그때 가서 더 싼값이나 비싼 값에 파는 것이 아니라, 기준금리가 변동될 것을 미리 예측하고 움직입니다. 그래야 돈을 벌거나 잃지 않을 수 있겠죠.

마치 아파트 가격이 떨어질 것으로 예상되면 매수세가 주춤하고 매도하려는 사람이 늘어나는 것과 마찬가지입니다. 만약 기준금리를 내릴 분위기가 감지되면 반대로 국채 가격이 비싸질 것으로 보고 채권의 금리는 하락, 즉 채권 가격은 오르게 됩니다.

기사 함께 읽기

일반적으로 국고채 금리 기사는 3년물(3년 만기)을 기준으로 합니다. 3년물은 중기 금리 전망을 반영하기 때문입니다. 일반적으로 우리가 돈을 빌려줄 때 몇 개월 단위로 빌려주면 이자를 적게 붙이고, 1년이면 더 많이, 2년이면 더 많이 붙이는 게 당연하죠. 마찬가지로 금리도 단기물일수록 낮고, 장기물일수록 높습니다. 기준금리는 초단기 금리이기 때문에 금리 자체는 낮습니다.

〔2021년 채권 종류별 10~11월 평균 금리〕

구분	10월	11월
기준금리	0.75%	1.00%
국고채 3년	1.84%	1.95%
국고채 5년	2.15%	2.17%
회사채 3년	2.30%	2.49%

출처: 금융투자협회

3년 만기 국고채 금리가 연일 뜀박질을 했다는 것은 중기적으로 기준금리가 계속 오를 것이라는 전망을 반영했기 때문입니다.

채권도 주식과 마찬가지로 시장에서 거래되면서 매일매일 금리가 결정됩니다. 주식은 한국거래소를 통해 거래가 이뤄지기 때문에 가격과 수량이 실시간으로 집계되지만, 국채는 거래소 밖에서 당사자들끼리 거래하는 경우가 많습니다. 수많은 거래를 종합해 그날의 국채 금리가 집계됩니다. 이 기사에서 3년물 금리가 3년 만에 처음으로 2%를 넘은 것을 알 수 있군요(①).

이렇게 금리가 연일 오르는 이유는 전 세계 중앙은행을 비롯해 한국은행도 기준금리를 올릴 것이라는 전망이 시장에 퍼지고 있기 때문입니다. 한국은행 총재가 국회에 나와서 기준금리 인상을 시사했는데요. 이 기사 작성 시점 기준(2021년 10월 28일)으로 0.75%였던 기준금리는 실제로 11월 1%로 인상됐습니다(②).

전 세계에서 긴축 우려, 즉 돈줄을 조이기 위해 금리를 올릴 것이라는 우려가 커지는 이유는 미국의 영향이 큽니다. 미국의 인플레이션 상황이 악화될수록 미국의 중앙은행인 연준(FED, 연방준비제도이사회)이 금리를 올릴 가능성이 커지고, 우리나라를 비롯한 전 세계 중앙은행들은 따라서 금리를 올리지 않을 수 없는 상황입니다. 여기에 더해 국내 은행, 보험사들이 대출을 해주기 위해 원래 갖고 있는 국고채를 팔아서 현금화하는 것도 채권 가격을 떨어뜨려 채권의 금리를 올리는 요인으로 작용하고 있다고 기사에서는 분석하고 있습니다(③).

현재 요동치는 국고채 금리가 앞으로는 다소 잠잠해질 것이라는 향후 금리 전망(④)도 담았는데요. 그 이유로는 기관투자자들이 금리 인상을 선반영해 미리 채권을 팔았다는 증권사 애널리스트의 분석을 제시했습니다.

채권 포지션을 조정했다는 것은 채권을 이미 팔았다는 의미입니다. 또 미국 중앙은행인 FOMC(연방공개시장위원회)에서 다음 달에 좀 더 명확한 입장이 나오면 오히려 급변동했던 금리가 안정될 수 있다는 예측도 곁들였습니다. 이 기사를 읽는 분들이 '앞으로 대출 규제 상황, 한국은행의 금융통화위원회, 미국

FOMC 등의 전개 방향을 보면 추가적인 국고채 금리 동향을 알 수 있겠구나'
라고 생각하도록 기사를 마무리했습니다.

 기자의 한마디

**채권금리는 채권의 할인율! 할인율이 높을수록 물건값이 떨어지듯이 채권의 금리가 오르면
채권 가격이 떨어지고, 채권금리가 내리면 채권 가격이 올라요. 금리와 가격의 방향은 반대
네요.**

⟬⟭ 기준금리

"1%도 완화적"이라는 이주열…
3번 더 올려 내년 말 1.75% 갈 수도

① 지난달 기준금리 동결 이후 11월 인상을 사실화했던 이주열 한국은행 총재가 이 제는 내년 1분기를 가리켰다. 석 달 간격으로 기준금리를 두 차례 인상해 연 1.0%까지 올렸지만 여전히 완화적이라는 평가를 내린 이 총재는 내년 1분기까지 인상에 나서겠다는 의지를 분명히 했다. 코로나19에 이례적으로 낮췄던 기준금리를 다시 정상화하는 과정인 만큼 금리를 올렸더라도 소비/제약 등 경기에 미치는 악영향이 크지 않다며 일각에서 제기하고 있는 속도 조절론의 싹도 제거했다. ② 이 총재는 25일 금융통화위원회의 통화정책 방향 결정 회의 직후 열린 간담회에서 "경제 상황을 보고 판단해야겠지만 내년 1분기 인상을 배제할 필요가 없다"고 밝혔다. 이날 금통위는 기준금리를 1.0%로 0.25%포인트 인상했다.

내년 1분기 금통위 회의는 1월 14일과 2월 24일 단 두 차례뿐이다. 이날 이 총재가 "기준금리는 금융 경제 상황을 보고 판단하는 것이지 정치적 고려를 하지 않는다"고 수차례 선을 그었지만 ③ 시장에서는 대통령 선거 등 주요 정치 일정이 몰려 있는 내년 3월과 시차를 두기 위해 1월에 인상할 것이라는 관측이 지배적이다. 지난 10월 통화정책 방향 의결문 문구를 '점진적'에서 '적절히'로 수정해 '금리는 연속해서 올리지 않는다'는 도식적 사고를 의도적으로 깨뜨리면서 이달과 내년 1월 연속 인상 가능성도 열어뒀다. 전문가들과 시장은 한은이 내년 1월 금통위에서 기준금리를 0.25%포인트 올리고, 히반기에도 한두 차례 추가 인상할 수 있다고 보고 있다. ④ 내년에 0.25%포인트씩 세 번의 금리 인상이 이뤄진다면 기준금리는 1.75%로 코로나19 직전 (1.25%)보다도 0.5%포인트 높아지게 된다. 실제로 자본시장연구원은 한은이 내년 말까지 기준금리를 1.75%까지 올릴 것으로 내다봤다.

경기, 물가, 금융 불균형 등 각종 요인도 내년까지 기준금리를 올릴 수 있는 환경이 이어질 것으로 보고 있다. ⑤ 특히 내년 소비자물가 상승률을 1.5%에서 2.0%로 대폭 상향 조정하면서 금리 인상의 명분을 강화했다. 국제 유가를 포함한 원자재 가격 상승, 일부 품목의 수요 측 물가 압력, 글로벌 공급 병목 영향, 일반인 기대인플레이션 상승 등 각종 물가 상방 요인이 자리하고 있다는 것이다.

⑥ 9월 말 가계신용 잔액이 1,844조 9,000억 원으로 3개월 만에 36조 7,000억 원 늘었고 9월 광의통화(M2)도 3,512조 1,000억 원으로 전월 대비 17조 4,000억 원 증가하는 등 시중 유동성도 여전히 풍부한 상태다. ⑦ 미국연방준비제도(Fed, 연준)가 내년 하반기부터 금리 인상에 나설 것으로 예상되는 등 주요국의 통화정책 변화도 감지되고 있다. 한은은 선제적으로 금리를 올린 만큼 연준이 본격적인 긴축에 나서더라도 영향을 덜 받을 것으로 기대하고 있다.

⑧ 다만 이 총재가 떠나더라도 금통위는 매파(통화 긴축 선호)가 다수를 차지해 금리 인상이 어렵지 않을 것으로 전망된다. 특히 10월 금통위에 처음 합류한 박기영 금통위원이 이번 회의에서 긴축 의견을 내면서 매파 진영이 더욱 공고해졌다. 박 위원은 10월 금통위에서 다수 의견인 금리 동결을 선택해 성향을 짐작하기 어려웠으나 이번에는 기준금리 인상 의견을 내면서 발톱을 처음 드러냈다. / 2021년 11월 26일

용어 설명

- **금융통화정책위원회(금통위):** 기준금리를 비롯해 한국은행의 통화신용정책에 관한 주요 사항을 심의·의결하는 기구입니다. 한국은행 총재 및 부총재를 포함해 총 7인의 위원으로 구성됩니다. 1년에 24회의 정기 회의를 개최하고 이 중 6주 간격으로 총 8번의 회의에서 기준금리를 논의합니다.
- **광의통화(M2):** 현금과 언제든 인출이 가능한 저축과 예금을 의미하는 협의통화(M1)에, 협의통화처럼 당장 꺼내 쓸 순 없어도 비교적 단기간 내에 현금화할 수 있는 자산(정기 예·적금, 외화예금 등)을 합친 개념입니다. 시중에 풀린 현금, 즉 유동성이 얼마나 큰지 알 수 있는 지표입니다.
- **매파:** 금리 인상을 주장하는 것을 매의 공격적인 이미지에 빗대 '매파', 반대로 금리 인하를 선호하는 온건파들을 '비둘기파'라고 합니다. 우리나라만 이렇게 부르는 게 아니라 미국에서도 정책 성향에 따라 매를 뜻하는 'Hawks', 비둘기를 뜻하는 'Doves'로 표현합니다.

이 기사는 왜 중요할까?

이 기사는 챕터 2에 소개한 기준금리 인상 스트레이트 기사 내용을 조금 더 다각도로 풀어낸 해설 기사입니다. 특히 앞으로 기준금리가 어떻게 움직일지에 초점을 맞추고 있습니다. 사실 스트레이트 기사에는 금리가 오를 가능성이 크다는 언급만 돼 있을 뿐 횟수나 인상폭 등은 나와 있지 않았습니다. 하지만 금리 인상 발표 다음 날 이 기사를 읽게 될 독자 입장에서는 이미 발표가 난 금리 인상 사실 그 자체보다는 앞으로의 전망이 더 궁금할 겁니다. 해설 기사에는 예상되는 금리 인상에 대한 내용을 자세히 다루고 있을 뿐 아니라, 지면의 한계로 미처 다루지 못한 금통위원들의 중요한 발언이나 분위기 등도 소개하고 있어 금리 인상이라는 사건을 더욱 입체적이고 생생하게 느낄 수 있습니다.

기사 함께 읽기

모든 기사가 그렇듯 이 기사의 전문에 기사의 핵심 내용이 나와 있습니다. 내년 1분기에도 금리가 인상될 수 있다는 전망(①)이 바로 그것입니다. 그다음부터는 왜 이런 예상을 하는지 다양한 근거를 대며 기사의 신빙성을 더합니다.

가장 먼저 든 것은 이주열 총재가 기자 간담회에서 "1분기 인상을 배제할 필요가 없다"라고 직접적으로 언급한 것입니다(②). 추가 금리 인상 가능성을 이보다 더 명확하게 보여주는 건 없겠죠. 특히 2022년 3월 9일에는 대통령 선거라는 빅 이벤트가 있습니다. 금리는 정치와 상관없는 분야라고는 하지만 금리에 따라 민심이 바뀌는 것이 현실입니다. 대출이 있는 서민들 입장에서는 자꾸만 금리를 올리는 정부가 야속할 수밖에 없으니까요. 이렇듯 금리는 경기와 직결돼 있고 경기는 여론에 지대한 영향을 미칩니다. 대선 직전인 2022년 2월보다는 1월에 금리를 올릴 가능성이 크다는 해석(③)이 등장하는 이유입니다.

기사 속에 등장하는 금통위는 2021년의 마지막 회의였고, 1월에는 새해 첫 금통위가 열립니다. 정말로 1월에 금리를 올리게 된다면 두 번의 금통위에서 연달아 금리를 올리게 되는 겁니다. 금통위에서 연속으로 금리를 올리거나 낮추는 것은 그렇게 일반적인 일은 아닙니다. 금리가 워낙 다양한 분야에 영향을 주다 보니 적응할 시간을 충분히 두는 게 좋기 때문입니다.

그런데 금통위는 2021년 10월 금통위 회의록 격인 통화정책 방향 의결문의 문구 하나를 고쳤습니다. '점진적'이라는 단어를 '적절히'로 바꾼 것이죠. 점진적은 천천히, 단계적으로라는 의미를 갖고 있죠? 이 단어 대신 '적절히'를 선택했다는 건 필요할 경우 연달아서 금리 변동이 이뤄질 수도 있다는 금통위의 의지가 담겨 있다고 볼 수 있습니다.

무엇보다 우리나라 경제를 둘러싼 상황이 금리 인상의 강력한 근거가 되고 있습니다. 한은은 2022년 소비자물가 상승률 예상치를 1.5%에서 2%로 올렸습니다⑤. 최근 들어 국제 유가가 불안정하고 전 세계 원자재 가격도 급등하고 있어 물가 상승은 전 세계적으로 일어나고 있습니다. 여기서 우리나라만 예외가 될 수는 없겠죠.

이런 분위기 속에서 우리나라의 유동성 현황은 어떤가요? 대출금리가 워낙 싸다 보니 신용대출이 확 늘었습니다⑥. 여기서 '광의통화(M2)'라는 표현이 등장합니다. 현금 그리고 비교적 단기간 내에 현금화할 수 있는 자산(정기 예·적금, 외화예금 등)을 합친 개념인 광의통화 액수를 보면 유동성이 풍부한지 부족한지 짐작할 수 있는데요. 이 광의통화도 전월 대비 17조 4,000억 원이나 늘어난 상태입니다. 즉 유동성이 넘쳐나는 상황인 거죠. 과도한 유동성은 물가를 자극합니다. 치솟는 물가를 잡는 가장 강력한 수단은 금리 인상이고요.

또한 우리나라 금리에 직접적인 영향을 미치는 미국 금리도 2022년 하반기에 본격적으로 오를 것이라는 전망이 나오고 있습니다⑦. 이뿐만이 아닙니다. 금통위의 구성원 중 통화 긴축, 즉 금리 인상을 선호하는 위원이 다수이기까지 합니다⑧. 금통위를 이끄는 이주열 한은 총재의 성향도 매파입니다. 그의 임기가 2022년 4월까지이지만 새로 금통위에서 활동할 위원이 매파 성향을 갖고 있으므로 금통위는 계속해서 매파 성향, 즉 금리 인상을 주장할 가능성이 커졌습니다. 이쯤 되면 금리를 올리지 않으면 안 될 것 같은 압박감마저 느껴집니다. 그만큼 국제경제, 국내 경기, 금통위의 상황 등 모든 것이 금리 인상을 향하고 있음을 전하고 있습니다.

결론적으로 기사는 상반기에는 1회, 하반기 2회 정도의 인상을 통해 2022년에는 기준금리가 1.75%까지 오를 것이라는 예상을 내놓았습니다④. 바로 뒤에 자본시장연구원에서도 이러한 전망을 내놓았다는 점을 밝혀 기자 개인의 예상이 아닌, 전문가의 전망임을 밝혀두고 있습니다.

 기자의 한마디

경제기사를 읽을 땐 항상 내 경제 상황에 어떤 영향을 미칠 것인지 생각해보세요. 기준금리 인상 전후로는 예·적금 및 대출금리가 오릅니다. 특히 대출을 받을 거라면 조금이라도 금리가 낮을 때 발 빠르게 받는 것이 좋겠죠. 이미 대출이 있다면 금리 부담이 커질 것으로 예상되므로 주식 등 다른 투자에 여유 자금을 쓰기보다는 대출 상환을 우선적으로 해야 합니다.

⚬━🔑 세금, 연말정산

연말정산 미리보기 서비스 시작…
13월의 보너스 꼭 챙기세요

국세청은 근로자가 연말정산 예상 결과를 알아볼 수 있는 '연말정산 미리보기 서비스'를 시작한다고 29일 밝혔다.

연말정산이 '세금 고지서'가 아닌 '13월의 보너스'가 되려면 남은 두 달간 맞춤형 절세 전략을 수립할 필요가 있다. ① 홈택스의 '연말정산 미리보기 서비스'에서 사전 제공하는 신용카드 사용 금액(1~9월)에 사용 예정 금액(10~12월)을 합산하면 연말정산 예상 세액을 확인할 수 있다. 또 항목별 절세 도움말(Tip)과 최근 3년간 세액 증감 추이 및 실제 부담하는 세율 정보도 제공받는다.

② 올해는 신용카드 혜택이 확대됐다. 지난해보다 5% 이상 더 사용하면 증가분의 10%를 추가로 소득공제해준다. 소득 증가분 공제 한도 100만 원이 새로 생겼다.

또 ③ 올해 도입된 연말정산 '간소화 자료 일괄 제공 서비스'를 통해 근로자는 간소화 자료를 회사에 제출하지 않고 국세청이 회사에 직접 제공함으로써 연말정산이 더욱 간편해진다. 근로자는 자료 제공 동의만 하면 된다. 기존에는 근로자가 일일이 홈택스에 접속하거나 세무서를 방문해 개인별 간소화 자료를 발급받아 회사에 제출해야 했다. 단, 의료기록 등 민감한 정보는 회사에 제공하지 않도록 삭제할 수 있다. / 2021년 10월 30일

용어 설명

- **연말정산:** 급여소득에서 원천징수한 세액의 과부족을 연말에 한 번에 정산하는 일입니다.
- **소득공제:** 소득세를 계산할 때 특정 지출을 제외함으로써 세금을 부과하는 소득, 즉 과세대상 소득을 낮춰주는 것입니다. 반면 세액공제란 계산된 세금에서 일정 금액을 차감해주는 것입니다.
- **홈택스:** 국세청에서 운영하는 국세 종합 인터넷 사이트로, 세금 신고, 납부, 민원증명 발급, 과거 납세 내역 조회 등을 한 번에 할 수 있습니다.

이 기사는 왜 중요할까?

연말정산 미리보기 서비스 기사는 매년 10월 말이면 어김없이 나오는 국세청의 보도자료를 기반으로 기자들이 작성합니다. 어차피 낼 세금, 이왕이면 한 푼이라도 더 아끼는 방법을 알려주기 때문에 독자들에게도 도움이 많이 돼서 가독률이 좋습니다.

직장인들은 회사에서 매달 급여명세서를 받아보는데요. 우리가 받는 월급은 이미 근로소득세가 빠진 금액입니다. 이때의 근로소득세는 간이세액을 근거로 임시로 떼간 것(원천징수)이죠. 이렇게 임시로 떼어간 세금과 실제 소득, 각종 공제 등을 따져 계산한 세금은 다를 수 있기 때문에 1년에 한 번 그 차이를 따져 환수(토해냄), 환급(돌려받음)하는 것이 바로 연말정산입니다.

- 연간 근로소득금액 - 각종 소득공제 = 과세표준
- 과세표준 × 구간별 소득세율 = 산출세액
- 산출세액 - 세액공제 = 결정세액 → 내가 내야 할 세금

소득세를 매기기 위해서는 세금을 매길 소득액을 확정해야 하는데, 이를 과세표준이라고 합니다. 실제로 회사에서 받은 급여가 연 5,000만 원이고 이 중 부양가족, 의료비 등 각종 공제액이 1,000만 원이라면 과세표준은 4,000만 원이 됩니다. 그리고 이 과세표준에 소득세율을 곱해서 세금을 내게 되는데, 세율은 소득 수준에 따라 달라집니다. 소득이 높을수록 세율이 높은 구조를 누진세라고 합니다.

〔소득세 과세표준과 세율〕

과세표준	세율	누진공제액
1,200만 원 이하	6%	–
1,200만 원 초과~4,600만 원 이하	15%	108만 원
4,600만 원 초과~8,800만 원 이하	24%	522만 원
8,800만 원 초과~1억 5,000만 원 이하	35%	1,490만 원
1억 5,000만 원 초과~3억 원 이하	38%	1,940만 원
3억 원 초과~5억 원 이하	40%	2,540만 원
5억 원 초과~10억 원 이하	42%	3,540만 원
10억 원 초과	45%	6,540만 원

세금을 최대한 줄이기 위해서는 소득공제액을 최대한 늘려야 하는데요. 연말정산 관련 기사에서는 이렇게 소득공제를 늘릴 수 있는 각종 팁을 제공합니다.

세액공제라는 개념도 있습니다. 소득공제는 소득 금액을 줄여주는 것이고, 세액공제는 세금 자체를 줄여주는 것입니다. 대표적인 세액공제 대상은 연금저축 및 개인형퇴직연금(IRP)에 넣은 돈입니다. 이렇게 세액공제를 하는 이유는 소득공제 혜택을 늘릴수록 세율이 높은 고소득자에게 유리하기 때문입니다. 소득이 낮을수록 절세 혜택을 더 주기 위해 2014년부터 연금저축과 IRP는 세액공제로 전환됐습니다.

매년 반복되는 연말정산 기사이지만 정부가 정책 목적을 위해 매년 소득공제나 세액공제 대상을 조정하기 때문에 유심히 볼 필요가 있습니다. 예컨대 전통시장 활성화를 위해 소득공제율을 높였다면 전통시장에서 구매를 더 늘리는 것도 고려해볼 만하기 때문입니다.

기사 함께 읽기

연말정산 미리보기 서비스는 연중 상시 제공하는 것이 아니라 10월 말경 시작됩니다. 국세청에서 11~12월 두 달 동안 근로자들이 미리 연말정산 항목들을 챙겨볼 수 있도록 제공하는 것입니다. 국세청이 9월까지 신용카드, 현금영수증 등의 사용액과 부양가족, 건강보험료, 주택담보대출 원리금 상환액 등을 기준으로 개략적인 연말정산 금액을 산정해놓습니다. 그리고 본인이 11~12월 예상 신용카드 사용액 등을 추가로 기입하면 13월의 보너스를 얼마나 받을 수 있을지, 혹은 추가로 세금을 얼마나 납부해야 할지 알 수 있습니다(①).

매년 정부는 공제 항목이나 비율을 조정하는데요. 2021년에는 코로나19로 타격받은 내수를 활성화하기 위해 신용카드 사용액에 대한 세금 혜택을 늘렸습니다(②). 또 연말정산 자료를 우리가 일일이 프린트해서 회사에 제출하거나 회사 시스템에 업로드하지 않아도 국세청에서 직접 회사에 제공할 수 있게 바뀌었습니다(③).

무엇보다 이 기사에서 우리가 얻어야 할 것은 지식이 아니라 행동력입니다. 기사를 보고 꼭 홈택스에 접속해서 연말정산 예상 금액을 확인하고 13월의 보너스는 못 받을지언정 토해내지는 않도록 미리미리 조처하세요!

TIP

▶ 13월의 보너스를 최대한 뽑아내는 팁

부양가족이 많지 않은 2030세대의 경우 연말정산 시 소득공제를 받을 수 있는 대표적인 항목이 신용카드 사용액과 연금상품 납입액입니다. 신경 쓰지 않으면 월급을 토해내는 불상사(!)를 당할 수 있으니 꼭 챙겨둡시다.

공제율에 맞춰 결제 방법 선택하기

연말정산 시 신용카드, 체크카드, 현금영수증, 전통시장 사용액 등을 합쳐 연봉의 25%가 넘는 금액의 일정 비율에 대해 소득공제를 해줍니다. 예컨대 연봉이 4,000만 원이라면 최소 1,000만 원 이상을 써야 공제해줍니다. 유의할 점은 공제율이 신용카드 사용액은 15%, 현금영수증은 30%, 전통시장 및 대중교통 사용액은 40%로 각각 다릅니다. 그래서 포인트나 마일리지 등의 혜택이 많은 신용카드를 연봉의 25%까지 써서 공제 조건을 채우고, 그 이상은 체크카드나 현금, 전통시장에서 사용하면 공제율을 높게 받을 수 있습니다.

연금저축과 IRP 활용하기

연금저축과 개인형퇴직연금(IRP)에 납입한 금액에 대해서 총 700만 원까지 세액공제를 해줍니다. 연금저축만 넣으면 최대 400만 원까지 넣을 수 있고 IRP 300만 원까지 합쳐 700만 원을 꽉 채울 수 있습니다. IRP만 700만 원을 넣어도 됩니다. 연봉 5,500만 원 이하 근로자는 연말정산 때 최대 115만 5,000원(세액공제율 16.5%)을 돌려받을 수 있고, 급여가 5,500만 원을 초과하면 92만 4,000원(13.2%)을 받습니다. 추가로 연금저축과 IRP에 납입한 금액은 펀드나 ETF에 투자해서 불리면 일석이조의 효과를 거둘 수 있겠죠.

 기자의 한마디

연말정산 준비는 진짜 연말에 하면 늦습니다. 미리미리 공제 항목을 챙겨놔야 '13월의 보너스'를 톡톡히 받을 수 있답니다.

국제경제

국제경제 전반을 다루는 것은 경제지의 핵심 지면 중 하나!

특히 해외 주식에 관심이 많은 투자자라면 반드시 읽어보세요.

⛏ 일본 경제, 경기 침체

성장률 -7%, -3%, -22%…
日 '잃어버린 20년' 다시 오나

日 2분기 연속 GDP 추락

美·中 무역전쟁에 코로나 직격탄

지난해 소비세율 인상과 미중 무역분쟁 등의 영향으로 마이너스 성장한 일본 경제가 신종 코로나바이러스 감염증(코로나19)의 직격탄까지 맞으면서 ① '전면적인 경기 침체(Recession)'에 진입했다. 특히 코로나19가 급격히 확산되며 긴급사태를 선언한 2/4분기에 -20% 이상 역성장할 것이라는 관측까지 나오면서 장기 침체의 늪에서 빠져나오기 어려울 것이라는 우려가 커지는 상황이다.

② 18일 니혼게이자이신문에 따르면 일본 내각부는 이날 물가 변동 영향을 제외한 올 1/4분기 실질 국내총생산(GDP)이 전 분기 대비 0.9% 감소했다고 발표했다. 이런 추세가 1년 지속하는 것으로 산출(연율 환산)한 연간 실질 GDP 성장률은 -3.4%를 기록, 전 분기 -7.3%에 이어 2분기째 마이너스 성장했다. 이로써 일본은 지난 2015년 하반기 경기 침체를 겪은 후 4년여 만에 또다시 경기 침체에 들어섰다.

영역별로는 일본 경제의 절반 이상을 차지하며 GDP 기여도가 큰 개인 소비가 0.7% 감소했다. 기업들 역시 코로나19의 여파 속 생존을 위해 투자·생산·고용을 줄이면서 기업 설비투자가 0.5% 감소했다.

③ 이날 로이터통신은 전문가들을 대상으로 설문조사를 진행한 결과 일본의 2/4분기 GDP가 전 분기 대비 22% 감소할 것으로 예상돼 1930년대 대공황 이후 최악의 경기 침체를 나타낼 것이라고 보도했다. 2/4분기 감소율이 현실화되면 리먼 쇼크 후인 2009년 1/4분기의 -17.8%를 뛰어넘게 된다. / 2020년 5월 19일

용어 설명

- **잃어버린 20년:** 일본은 1991년 경제 호황기가 끝나면서 경기가 침체하기 시작해 2001년까지 경제 성장률이 평균 1.1%에 그치는 장기 침체를 겪었는데, 이를 '잃어버린 10년'이라고 부릅니다. 2000년대 중반 이후로도 경기 반등이 이뤄지지 않자 최근에는 '잃어버린 20년'이라는 단어까지 나왔습니다.

- **전면적인 경기 침체(리세션, Recession):** 경기 순환 과정에서 둔화를 넘어 하락으로 전환되는 단계입니다. GDP가 2분기 연속 감소할 때 리세션이라고 봅니다.

- **대공황:** 1929년 뉴욕주식거래소에서 주가가 대폭락한 데서 시작한 세계적인 경기 침체입니다. 대공황의 여파는 1939년까지 10년 동안 이어졌습니다. 이 기간 동안 미국은 실업률이 최고 25%를 기록할 정도로 극심한 경제 위기를 겪었습니다.

- **리먼 쇼크:** 2008년 미국의 대형 투자은행 리먼 브라더스의 파산으로 촉발된 세계적인 금융위기로 리먼 사태, 2008 글로벌 금융위기라고도 합니다.

이 기사는 왜 중요할까?

일본의 현재는 10년 후 한국 모습이라는 말이 있습니다. 일본의 경제 성장과 비슷한 과정을 한국도 밟아가고 있기 때문인데요. 그래서 유독 우리나라 경제 전망 기사에는 일본과 비교하는 기사, 일본을 타산지석(?)으로 삼아야 한다는 기사가 많습니다. 용어 설명에서 언급한 '잃어버린 10년'은 일본의 이야기지만, 한국의 경제 분위기가 안 좋을 때면 '한국도 잃어버린 10년 전철을 밟나' 등의 제목을 단 기사들이 종종 보입니다. 또한 일본의 장기 불황이 과도한 부동산 거품(투자, 생산 등 실제의 조건이 따르지 않는데도 물가가 오르고 부동산 시장이 과열

되는 현상)이 꺼지면서 찾아온 것이기 때문에 부동산 기사에도 관용구처럼 사용되는 표현이죠. 이 기사는 일본 경기의 전반적인 흐름을 담고 있을 뿐만 아니라 한 나라의 경기가 침체하기 시작할 때 어떤 현상이 나타나는지를 보여주고 있습니다.

기사 함께 읽기

일본 내각부는 우리나라의 행정안전부와 기획재정부를 합한 일본의 핵심 부처입니다. 이 기사의 핵심 내용은 내각부가 일본의 경제지표가 하락하고 있음을 발표했다는 건데요. 얼마나 감소했을까요?

먼저 1분기 실질 국내총생산(GDP)이 전 분기 대비 0.9% 줄었다고 쓰여 있습니다(②). 여기서 알아둘 단어가 있습니다. 바로 실질 국내총생산(GDP)입니다. GDP는 일정 기간 한 나라(여기서는 일본) 내에서 생산된 모든 재화 가격의 합을 의미합니다. GDP가 커질수록 그 나라의 경제 규모도 커진다고 볼 수 있죠.

그런데 만약 이런 경우라면 어떨까요? 지난해에 비해 올해 재화 생산량은 줄었는데 물가가 엄청 뛰어서 물건 가격만 올라버린 거죠. 극단적인 예시이지만 GDP 수치만으로는 경제 규모가 커졌는지 줄었는지 확인하는 데는 분명 한계가 있습니다. 그래서 나온 게 실질 GDP인데요.

실질 GDP는 재화 가격을 계산할 때 현재 가격이 아니라 1년 전, 1분기 전 등 원하는 시점의 가격을 기준으로 산정합니다. 이렇게 계산하면 물가 변수를 제외할 수 있기 때문에 순수하게 국내 생산이 늘었는지 줄었는지 알 수 있습니다. 어려운 단어이다 보니 기사에서도 짧게나마 설명을 해뒀네요. 다시 보면 '물가 변동을 제외한 올 1분기 실질 국내총생산(GDP)'이라고 표현한 것을 확인할 수 있습니다.

실질 GDP가 전 분기 대비 0.9% 떨어진 게 그렇게 호들갑을 떨 일일까요?

기사의 핵심은 '연속 하락'에 있습니다. 기사의 서두(①)에 등장한 '전면적인 경기 침체(Recession)'는 용어 설명에서 알려드린 것처럼 GDP가 2분기 연속 하락할 때를 뜻합니다. 기사에 따르면 전년도 4분기에도 실질 GDP는 −7.3%를 기록해 이미 2분기 연속 실질 GDP가 하락했습니다. 이미 경제 둔화를 넘어 침체기로 접어들었다는 얘기죠.

경기는 물결처럼 출렁이는 모양의 순환 사이클을 가지고 있습니다. 경기가 좋았다면 언젠간 떨어지기 마련이고, 바닥을 쳤다면 분명히 다시 오릅니다. 그렇다면 경기가 언제 회복하고 어느 시점에 꺾이는지 미리 알 수 있다면 참 좋겠죠. GDP 연속 하락은 바로 경기 하락을 알리는 신호 중 하나입니다. 분기별로 나오는 세계 각국의 GDP 지표 기사를 읽을 때 첫 번째 하락인지, 연속 하락인지에 주목해본다면 그 국가의 경기 사이클이 어느 단계인지 짐작할 수 있겠죠. GDP와 긴밀한 관련이 있는 개인 소비지표도 마찬가지고요. 코로나19로 음식점이나 숙박업 소비가 확 줄었을 때, 왜 정부가 지원금을 뿌려가며 소비를 장려했는지 아시겠죠?

다시 기사 내용으로 돌아가 볼까요. 일본 GDP에 대한 전망은 더 나쁜데요. 전문가 설문조사 결과 2분기에는 GDP가 전 분기 대비 무려 22%나 감소할 것이라는 결과가 나왔습니다(③). 이는 전 세계적인 경제 침체기였던 대공황이나 리먼 사태에 비견할 수치입니다.

이 기사는 2020년 5월에 나온 기사입니다. 한참 지난 기사를 볼 때 좋은 점은 지금 현재와 비교해볼 수 있다는 겁니다. 2020년 한 해 일본의 실제 경제 성장률은 어땠을까요? 전문가들의 예견대로 두 자릿수의 무시무시한 하락률을 기록한 건 아니었습니다.

일본 내각부에 따르면 2분기 실질 GDP는 전 분기 대비 7.8% 감소했습니다. 일본의 2020년 실질 GDP는 전년 대비 −4.6%를 기록해 2년 연속 하락을 이어갔습니다. 이 감소폭은 2008년 리먼 사태(-3.6%)를 넘어선 최악의 침체였습니다.

 기자의 한마디

아무리 오래된 기사라도 인터넷에선 금방 검색해 찾을 수 있죠. 현 상황과 비슷한 과거 기사를 대조해가며 읽어보면 훨씬 더 풍부하게 기사를 읽을 수 있습니다. 예를 들어 이번 기사를 읽을 땐 리먼 사태 당시 일본에 무슨 일이 있었고, 어떻게 위기에 대처했는지 과거 기사를 찾아 확인할 수 있습니다.

중국 양회 개막…
"시진핑 중심 단결"

중국 연례 최대 정치 행사인 양회(兩會, 전국인민대표대회와 중국인민정치협상회의)가 4일 막을 올렸다. ① 미중 갈등이 지속되는 가운데 시진핑(習近平) 국가주석의 권력 공고화 여부에 관심이 쏠리고 있다.

올해 양회 시작을 알리는 정책 자문 회의인 정협이 4일 오후 3시(현지 시간) 베이징 인민대회당에서 13기 4차 회의에 돌입했다. 우리나라의 국회 격인 전인대는 5일 오전 시작돼 11일 폐막한다. 지난해 양회는 코로나19 여파로 예년보다 두 달 연기된 5월 말에 열렸다. ② 하지만 올해는 예년과 같은 시기에 열려 중국이 사실상 '코로나19 전쟁'에서 승리해 정상으로 돌아왔음을 대내외에 보여주는 의미가 크다.

올해 양회는 코로나19 사태 속에서 지난해 세계 주요국 중 유일하게 플러스 경제성장을 한 자신감을 바탕으로 '포스트 코로나' 속 중국의 경제 및 사회발전 정책을 모색할 예정이다. ③ 이를 위해 미국을 넘어 세계 최강국이 되겠다는 목표의 14차 5개년 (2021~2025년) 계획과 2035년 장기 발전 전략을 승인해 시 주석 중심의 지배 체재를 공고히 하고 내수 확대와 기술 개발을 중심으로 한 자립 경제를 강화할 전망이다.

④ 올해 양회를 시작으로 7월 중국 공산당 창당 100주년, 10월 19기 중앙위원회 6차 전체 회의(19기 6중 전회), 내년 2월 베이징 동계올림픽, 같은 해 10월 당 대회 등 시 주석의 권력 유지를 위한 중요한 행사들이 줄줄이 예정돼 있어 양회 성공은 필수적이다. / 2021년 3월 4일

용어 설명

- **양회(兩會)**: 중국에서 매년 3월에 열리는 전국인민대표대회와 전국인민정치협상회의를 가리키는 말로, 중국 정부의 운영 방침이 정해지는 중국 최대의 정치 행사입니다.
- **전국인민대표회의(전인대)**: 양회 중 더 영향력이 큰 것은 전인대입니다. 국가주석과 부주석 선출이나 파면, 예산과 집행에 대한 심의와 승인을 내립니다.
- **전국인민정치협상회(정협)**: 정협은 정책자문기구로 국정 방침에 제안 및 비판 기능을 수행합니다. 정책을 결정하는 전인대에 비해 영향력이 약합니다.
- **중전회(中全會)**: 중국공산당 중앙위원회 전체회의를 말합니다. 중국 최고 권력 집단인 정치국 상무위원을 선출하는 공산당 핵심 권력 기구로, 보통 1년에 한 번, 총 7중 전회까지 열립니다. 국가주석과 총리 인선, 시행할 주요 정책 등을 논의하며 앞에 숫자를 붙여 1중 전회, 2중 전회와 같이 부릅니다.
- **국가주석**: 중국 국가를 대표하는, 우리나라의 대통령에 해당하는 직책입니다. 전 국민 투표를 통해 대통령을 선출하는 우리나라와 달리 중국의 국가주석은 전국인민대표대회에서 재적 과반수 찬성으로 선출됩니다.

이 기사는 왜 중요할까?

우리나라와 교역 규모가 가장 큰 나라는 미국도 일본도 아닌 중국입니다. 한중 교역량은 2003년 한일 교역량을 넘어섰고, 2004년에는 한미 교역량을 초과했습니다. 2009년부터는 한미 및 한일 교역량을 합한 것보다 더 많아졌죠. 중국은 미국과 비견될 만큼 국제경제에 영향력이 큰 국가로 발돋움했습니다.

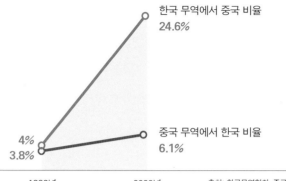

〔한중 무역 비율〕

한국 무역에서 중국 비율
24.6%

중국 무역에서 한국 비율
6.1%

4%
3.8%

1992년　　　　　2020년　　　　　출처: 한국무역협회, 중국 국가통계국

때문에 중국 정치, 산업계 관련 기사들이 갈수록 비중 있게 다뤄지고 있습니다.

이 기사는 중국의 최대 정치 행사인 양회 소식을 전하고 있는데요. 중국의 정치 및 경제 방향에 대한 중요한 메시지를 던지는 행사인 양회는 매년 3월에 주기적으로 열립니다. 이 기사를 통해 양회의 개념과 의미를 알아두면 앞으로 중국 관련 기사들을 더욱 흥미롭게 읽을 수 있겠죠.

기사 함께 읽기

코로나19로 2개월 미뤄졌던 2020년 양회와 달리 2021년 양회는 예년대로 3월에 개최됐습니다(②). 이날 시진핑(習近平) 중국 국가주석은 마스크를 착용하지 않은 채로 회의에 참석했습니다. 중국 인민뿐만 아니라 전 세계에 중국이 코로나19를 극복했다는 걸 홍보한 셈이죠. 더군다나 팬데믹(세계적인 전염병 유행) 속에서도 2020년 중국은 세계 주요 국가 중 유일하게 플러스 성장률을 기록했습니다.

이번 양회의 관전 포인트는 기사의 서두에 나와 있습니다. 바로 시진핑 국가주석의 권력 공고화 여부, 즉 '시 주석이 얼마나 더 강력해질 것인가'입니다

(①). 이미 중국의 국가주석인데 권력이 얼마나 더 강력해질 수 있냐고요? 시 주석은 연임을 넘어 종신 주석을 꿈꾸고 있습니다. 이를 위해 우선 2018년 3월 전인대회에서 중국 헌법에 명시된 국가주석직 2연임 초과 금지 조항을 삭제하면서 3연임을 위한 길을 닦아둔 상태입니다. 이런 상황에서 양회를 통해 시 주석이 얼마나 국정 운영을 잘해왔으며 앞으로 잘해갈지 보여주는 게 매우 중요하겠죠.

특히 2021년 양회가 중요했던 이유는 이후 중요한 정치 일정들이 줄줄이 잡혀 있었기 때문입니다. 7월 중국 공산당 창당 100주년, 19기 중앙위원회 6차 전체회의(19기 6중 전회), 2022년 베이징 동계올림픽 등이죠(④). 연이은 행사에서 존재감과 카리스마를 보여주면서 장기 집권의 명분을 쌓기 위한 첫 단추가 바로 양회인 겁니다.

실제로 왕양 정협 주석은 이날 업무 보고에서 "2020년은 신중국 창건 이래 평범하지 않은 해로 전대미문의 도전에 직면했다"면서 "시진핑 주석을 핵심으로 하는 공산당 중앙이 모든 민족과 인민을 이끌어 중대한 전략적 성과를 얻었고 역사에 기록될 새로운 영광을 창조했다"라고 말하며 시 주석의 공을 끌어올렸습니다. 시 주석 또한 미국을 넘어 세계 최강국이 되겠다는 목표와 기술 개발을 강화하겠다는 야심찬 계획을 발표했고요(③).

다양한 중국의 정치 행사를 줄줄이 꿰고 있을 이유는 없지만 우리나라에 많은 영향을 끼치는 이웃나라인 만큼 적어도 1년에 한 번 열리는 양회만큼은 꼭 챙겨보기 바랍니다.

TIP

▶ 베이다허 회의

양회 같은 공식 행사는 아니지만 중국 정치에 정말 중요한 회의가 있어요. 바로 베이다허 회의입니다. 베이다허는 지명 이름으로 중국 권력층들이 여름 휴가를 즐기는 별장촌인데 요. 이곳에서 피서를 즐기며 업무를 보는 게 관례가 된 거라고 합니다. 비록 비공식 회의지 만 중국의 주요 대외 메시지와 향후 정책 방향성을 결정하는 암묵적인 최고 의사결정이 이 뤄지는 중요한 회의예요.

💬 기자의 한마디

국가의 비전을 전 세계에 공표하는 양회와 같은 행사에선 언제나 화려한 장밋빛 목표가 제시 되기 마련입니다. 이런 표어에 속지 말고, 지난 양회와 어떤 부분이 달라졌는지를 한번 비교 해보세요. 중국이 처한 현실이 어떻게 변화했고, 중국의 대응 방식은 뭐가 바뀌었는지 한눈 에 알 수 있을 거예요.

G7 정상회의…
中 일대일로 견제 합의

미국을 비롯한 주요 7개국(G7) 정상들이 중국의 '일대일로(一帶一路) 프로젝트'를 견제하기 위한 대규모 글로벌 인프라 투자 프로젝트를 추진하기로 합의했다.

12일(현지 시간) 영국 콘월에서 열린 G7 정상회의에서 조 바이든 미국 대통령을 비롯한 G7 회원국 정상들은 글로벌 인프라 계획인 '더 나은 세계 재건(B3W, Build Back Better World)' 추진에 합의했다. ① 이 계획은 선진 부국들이 중국의 일대일로 프로젝트에 맞서 내놓은 첫 대안 사업이다.

② 일대일로 프로젝트는 '신(新) 실크로드 전략'으로 불리는 국제경제협력 구상으로 중국 서쪽으로 내륙과 해상을 각각 잇는 경제벨트를 구축하는 것이 목표다. 이 프로젝트는 중국이 투자라는 명목을 앞세워 막대한 건설 비용을 빌려준 뒤 이를 제때 갚지 못할 경우 부당한 영향력을 행사한다는 지적도 있다.

조 바이든 미국 대통령은 이런 중국의 시도를 견제하기 위해 이번 G7 정상회의가 열리기 석 달 전인 3월부터 B3W 구상을 유럽 주요국들에 제안하며 이를 집중적으로 추진해왔다. ③ 중국과의 패권 경쟁에서 이기려면 경제 영역에서도 동맹과의 협력 및 연대 강화가 반드시 필요하다는 것이다. / 2021년 6월 14일

용어 설명

- **G7:** 주요 7개국 모임, G는 그룹(Group)의 첫 글자입니다. 미국·영국·프랑스·독일·이탈리아·캐나다·일본이 회원국이며, 1973년에 시작돼 세계 경제가 나아갈 방향과 경제 정책 조정을 논의하는 모임으로 매해 개최됩니다.

- **일대일로(一帶一路):** 고대 동서양의 교통로였던 실크로드를 새롭게 부활시켜 중국과 인근 국가들의 경제 번영을 이끄는 프로젝트를 말합니다. 2013년 시진핑 국가주석의 제안으로 시작돼 현재 아프리카와 유럽, 동남아 등 100여 개 국가가 2,600건에 이르는 철도와 항구, 고속도로 건설 사업에 참여하고 있습니다. 투자 금액은 3조 7,000억 달러로 추산됩니다. 일대일로를 통해 중국은 안정적으로 자원 운송로를 확보할 수 있고 지역 간 균형적 발전을 이룰 수 있습니다.

- **인프라:** 산업 생산 활동, 거주가 가능하도록 만드는 기본 건축 시설을 말합니다. 도로나 항만, 철도, 발전소, 학교, 병원, 상·하수 처리시설 등이 있습니다.

이 기사는 왜 중요할까?

2010년 한국에서 열린 G20 회의, 기억하는 분들 많으시죠? G20은 이 기사에 등장하는 G7 국가에 남아프리카공화국, 러시아, 멕시코, 브라질, 사우디아라비아, 아르헨티나, 인도, 인도네시아, 중국, 터키, 한국, 호주, 유럽연합이 포함된 모임이에요. 2008년 글로벌 금융위기가 닥치자 이를 함께 잘 이겨내 보자며 조직한 게 바로 G20이죠.

급변하는 글로벌 시대를 한 국가가 혼자서 헤쳐나가기에는 한계가 있어요. 특히 경제적인 문제는 더욱 그렇죠. 때문에 많은 국가가 공동의 목표를 위해

팀을 짜서 움직입니다. G7도, G20도 모두 그런 모임이에요. 경제기사를 통해 어떤 국제 회의들이 새롭게 생기는지, A국가와 B국가가 왜 손을 잡는지, 또는 어째서 등을 돌리게 됐는지 지켜보다 보면 국제 사회의 흐름이 어떻게 돌아가는지 알 수 있습니다. 이 기사를 통해 주요 선진국 모임인 G7이 어떤 고민을 갖고 있는지, 왜 중국을 견제하려고 하는지 한번 살펴볼까요?

기사 함께 읽기

2021년 G7 정상회의에서는 코로나19 공동 대응과 한반도 비핵화, 온실가스 감축 등 여러 가지 이슈가 논의됐습니다. 하지만 많은 언론사가 글로벌 인프라 계획인 '더 나은 세계 재건(B3W, Build Back Better World)'을 핵심 주제로 뽑아 기사를 썼습니다. 이 기사도 마찬가진데요. 그 배경에는 수년간 이어진 미국과 중국의 주도권 갈등이 있습니다.

미국은 무섭게 치고 오르는 중국을 견제하려 하고, 중국은 이런 미국을 비판하며 미국 중심이 아닌 새로운 기준이 필요하다고 주장하고 있죠. 이런 중국을 선진국가들은 주로 인권 탄압이나 환경 오염 문제 등으로 비판해왔는데요. 이번 G7 회의에서 새로운 대응 전략이 나왔습니다. 바로 B3W이죠. 선진 부국들이 중국의 일대일로 프로젝트에 맞서 내놓은 첫 대안 사업입니다(①). 이제는 인권 문제뿐 아니라 경제적으로도 중국에 적극 대응하겠다는 의지를 밝힌 거죠(③).

중국의 일대일로, 이른바 신 실크로드 전략은 뭘까요? 용어 설명과 같이 중국과 인근 국가들이 무역을 원활하게 할 수 있도록 고속도로, 철도, 항구 등 인프라를 만드는 사업이에요(②). 대부분 자기 힘으로 사업 추진이 힘든 저개발 국가들이 참여하고, 중국은 이들에게 사업 자금을 빌려주는 방식이죠.

〔중국의 일대일로 프로젝트〕

이런 사업을 통해 중국은 안정적 자원 운송로를 확보할 수 있고 지역 간의 균형적 발전을 이룰 수 있지만 진짜 속내는 따로 있어요. 인프라 사업 지원을 통해 미국에 대항할 경제적 우군들을 만들려는 거죠. 세계 공식 화폐인 달러화에 맞서 위안화를 사용하는 지역을 넓히려는 목적도 있고요.

이에 대응해 선진국들도 수천억 달러에 달하는 지원금을 조성해 개발도상국 등의 인프라 사업을 지원하기로 한 거죠. 특히 이 사업의 명칭인 B3W는 바이든 대통령의 대선 캠페인 '더 나은 세계 재건'에서 따온 명칭입니다. 중국 견제를 주도하고 있는 주체가 미국임을 알 수 있는 포인트죠. 물론 이번 회의에서는 중국의 신장 위구르 지역의 인권 탄압 문제, 홍콩, 대만해협 등 중국이 민감하게 반응하는 주요 현안도 모조리 언급됐습니다. 한 치의 양보 없는 미·중 대결이 과연 어떤 결과를 만들어낼지 궁금해집니다.

TIP

▶ 쿼드(Quad)

B3W가 중국에 대한 경제적 견제라면 안보 견제도 있습니다. 바로 미국과 인도, 일본, 호주 4개국이 참여하는 비공식 안보회의체 '쿼드'입니다. 스티븐 비건 미 국무부 부장관은 2020년 8월 31일 쿼드를 공식 국제기구로 만들 뜻을 밝혔습니다. 이어 한국·베트남·뉴질랜드 3개국을 더한 '쿼드 플러스'로 확대하겠다는 의도를 내비쳐 이목을 끌고 있습니다. 미국, 중국과 모두 긴밀한 관계를 맺고 있는 한국은 쿼드 참여 여부를 놓고 고민에 빠진 상황입니다.

💬 기자의 한마디

기사에서 읽어낼 수 있듯, 국제 원조나 국가 간 각종 지원에는 정말 어려운 다른 나라를 돕기 위한 의도도 있지만 치열한 국제 사회에서 '내 편'을 만들기 위한 의도가 더 큽니다. 각 국가 정부가 대외적으로 홍보하는 목적이 아닌, 그 안에 숨은 의도가 무엇인지 한 번 더 생각해보면 국제 기사를 더욱 재미있게 읽을 수 있습니다.

⚬━ 미국 대선

바이든, 당선 확정…
선거인단 270명 이상 공식 확보

조 바이든 미 대통령 당선인이 당선에 필요한 선거인단 과반을 공식적으로 확보했다.

① 미국 캘리포니아주가 4일(현지시간) 조 바이든 미 대통령 당선인의 당선을 인증하고 55명의 선거인단을 선출했다. 이로써 바이든 당선인은 캘리포니아의 선거인단 55명을 합쳐 총 279명의 선거인단을 확보했다. 대통령 당선에 필요한 선거인단 절반, 즉 '매직 넘버'로 불리는 270명을 넘기게 된 것이다.

② 통상 미 대선 승자는 대선일 직후 결정됐기 때문에 각 주의 당선인 인증과 선거인단 확정은 형식적인 절차로 여겨졌지만, 올해 대선의 경우 트럼프 대통령이 선거 결과에 승복하지 않음으로써 주별 당선인 인증 및 선거인단 확정이 관심사로 떠올랐다.

캘리포니아주가 바이든 승리를 공식 인증함으로써 이제 바이든 당선인이 이긴 주들 가운데 콜로라도, 하와이, 뉴저지 등 세 곳이 남은 상태다. 이들 세 주의 선거인단까지 모두 확보하게 되면 바이든 당선인은 총 306명, 트럼프 대통령은 232명의 선거인단을 공식 확보하게 된다.

③ 주별로 선출된 선거인단은 오는 14일 대통령을 공식 선출하는 투표를 한다. 주별로 실시한 투표 결과는 내년 1월 6일 의회에서 승인, 공표하는 절차를 거친다. /
2020년 12월 5일

용어 설명

- **선거인단:** 미국의 선거 제도에서는 선거인단을 선출해 대통령과 부통령을 뽑습니다. 선거인단은 주별로 인구에 비례하여 선출됩니다. 현재 미국의 선거인단은 총 538명입니다.

- **매직 넘버:** 미국 선거의 매직 넘버는 선거인단의 과반인 270명입니다. 한국의 선거에도 매직 넘버가 있는데요. 개표 중간에 2위인 후보가 남은 표를 다 가져가도 1위를 이길 수 없는 상태가 될 때까지 필요한 1위 후보의 득표수가 매직 넘버입니다. 예를 들어 미개표 수가 40만 표인 상황에서 'A후보 매직 넘버 1만 표'라는 보도가 나온다면 A후보가 앞으로 1만 표만 더 얻을 경우 남은 표는 추가로 열어볼 것도 없이 A후보의 승리가 확정된다는 얘기입니다.

이 기사는 왜 중요할까?

지난 2020년 미국 대선에서 조 바이든 미국 대통령이 승리를 거머쥐었습니다. 미국 대선에서 누가 승리하느냐는 한국을 비롯한 전 세계의 관심거리죠. 하지만 미국의 선거 제도는 우리나라와 상당히 달라 기사를 봐도 쉽게 와닿지 않는 경우가 많습니다. 조 바이든 후보가 대통령으로 사실상 확정됐다는 소식을 전하고 있는 이 기사에는 미국의 선거 제도를 엿볼 수 있는 중요한 포인트들이 담겨 있습니다.

기사 함께 읽기

한국에서는 가장 많은 표를 득표한 후보가 선거의 승리자입니다. 하지만 미국은 득표수가 더 많아도 선거에서 질 수 있습니다. 바로 미국만의 독특한 선거인단 제도 때문입니다. 기사를 본격적으로 함께 읽어보기 전에 이 선거인단 제도에 대해서 잠깐 설명할게요. 선거인단 제도는 미국 50개 주와 워싱턴 D.C. 등 총 51개 구역별로 인구수에 따라 선거인단이라는 선거 대표자를 뽑는 제도입니다. 미국에서 인구수가 가장 많은 캘리포니아가 55명으로 가장 많고 와이오밍주와 버몬트주 등이 선거인단 3명으로 가장 적습니다.

〔미국 50개 주와 워싱턴 D.C.의 선거인단 수〕

미국 국민들도 한국과 똑같이 선거 날 투표장에 가서 원하는 대선 후보에게 한 표를 행사합니다. 그렇지만 어떤 주에서 A후보가 51%, B후보가 49%를 득표했다면 이 주에 배정된 선거인단을 모두 A후보가 가져갑니다. 득표율은 단 2% 차이인데 말이에요. 이른바 승자 독식 구조입니다. 그래서 득표는 더 많았지만 선거인단 확보에서 밀려 패배를 맛보는 경우도 종종 일어납니다. 실제로 2016년 대선 때에는 무려 300만 표를 더 받은 힐러리 클린턴 후보가 낙선하고 선거인단을 더 많이 확보한 트럼프가 당선되는 일이 발생했습니다.

그렇다면 미국은 왜 굳이 선거인단을 운영하는 걸까요? 여러 가지 이유가 있습니다만 그중 하나는 인구가 많은 주와 적은 주가 가능한 동등한 권리를 행사할 수 있도록 하기 위해서입니다. 인구수가 많은 주에서 몰표가 나와 어느 후보가 당선될 경우 그 후보는 자신을 찍어준 주의 주민들에게 특혜를 줄 수도 있습니다. 투표 전부터 인구수가 많은 주에서만 열심히 유세하고 다른 곳에는 관심을 주지 않을 수도 있죠. 물론 선거인단 제도도 인구수에 비례해 선거인단을 뽑기 때문에 인구수와 아주 관련이 없는 건 아니지만 이런 이슈를 상당 부분 희석할 수 있습니다. 하지만 앞서 말씀드렸듯 승자 독식 구조로 인해 더 많은 지지를 받은 후보가 낙마하는 일도 피할 수 없다는 단점이 있습니다.

이 기사는 2020년 미국 대선에서 바이든 당선인이 캘리포니아주에서 승리했다는 소식을 전하고 있습니다. 즉 캘리포니아주에 배정된 선거인단 55명을 가져온 건데요(①). 뉴스 보도 시점에 바이든 후보가 얻은 누적 선거인단 수는 279명이었습니다. 미국 전체 선거인단이 538명이니까 과반을 넘어선 거죠. 사실상 승리가 확정된 겁니다. 여기서 매직 넘버라는 개념도 나옵니다. 과반을 넘어 승리가 확정되는 270명이 바로 미국 대선의 매직 넘버입니다.

이렇게 주별 투표 결과를 확인하면 대통령 당선인은 사실상 확정입니다. 이때 형식적인 절차가 하나 남아 있는데, 바로 선거인단들이 모여서 다시 투표를 하는 겁니다(②). 그래서 대국민 투표는 11월에 진행했지만 12월 14일 선거인단의 투표를 거쳐 2021년 1월에야 조 바이든 당선인이 대통령으로 최종 승인을 받았죠(③).

선거인단 투표에서 선거인단은 자신이 속한 주에서 선택한 후보를 찍어야 합니다. 어차피 정해진 후보에 투표하는 거니 원래대로라면 큰 관심을 끌지 못하는 행사인데요. 2020년 투표에선 상당한 이목을 끌었습니다. 트럼프가 선거 결과에 승복하지 않았기 때문이죠. 주별 당선인 인증과 선거인단의 투표가 나와야 법적으로 당선인이 확정되니까요.

당시 트럼프가 선거 결과를 받아들이지 않은 이유는 우편 투표가 확 늘었기 때문입니다. 코로나19 확산 우려로 우편 투표를 선택하는 주가 많아지자 투표 결과를 신뢰할 수 없다고 주장했습니다. 트럼프는 실제로 각 주를 대상으로 우편 투표를 무효화하라는 소송도 걸었지만 모두 기각됐습니다.

TIP

▶ 슈퍼 화요일

미국의 경선도 선거인단 제도와 비슷한 구조를 갖고 있습니다. 경선 투표 참여자들은 자신이 원하는 후보에게 표를 던지는 게 아니라 자신이 원하는 후보를 지지하는 대의원에게 투표하고 이 대의원들이 다시 투표하는 방식인데요.

슈퍼 화요일이란 여러 주의 대의원 선발이 몰리는 3월 첫째 주 화요일을 의미합니다. 어떤 후보를 지지하는 대의원이 선발됐는지를 보면 그해 대선의 윤곽도 대강 짐작할 수 있겠죠. 3월에 선발된 대의원들은 7~8월에 열리는 전당 대회에서 대통령 후보자를 최종 지명합니다.

💬 기자의 한마디

한미 동맹 관계가 오래된 만큼 미 대선 후보들이 공식석상에서 한국에 대한 이야기를 직접 하는 경우도 종종 있습니다. 주한 미군 문제나 반도체, 자동차 관세 등 대선을 계기로 한국과 미국 두 나라가 얼마나 다양한 분야에서 관계를 맺고 있는지 되짚어보세요.

사우디-UAE '증산 충돌'에…
국제 유가 6년 만에 최고

원유 생산을 늘리기 위한 석유 수출국 간 논의가 파행으로 끝나면서 국제 유가가 6년 만에 최고 수준까지 치솟았다. 세계 경제 회복으로 원유 수요가 증가하고 있어 향후 국제 유가가 배럴당 100달러 안팎까지 인상될 것이라는 전망이 나오고 있다.

① 5일(현지 시간) CNBC에 따르면 석유수출국기구(OPEC)와 러시아 등 10개 산유국 연합인 OPEC+는 이날 예정된 회의를 전격 취소했다. 이번 회의가 파행된 이유는 사우디아라비아와 아랍에미리트(UAE)가 이견을 좁히지 못했기 때문이다. 당초 사우디와 러시아는 오는 8월부터 12월까지 매달 하루 40만 배럴을 증산하는 방안과 함께 기존 감산 일정을 내년 4월까지가 아닌 내년 말로 연장하는 내용을 회원국들에 제안했다. 그러나 이튿날 UAE의 반대로 합의가 이뤄지지 않았고 5일 다시 회의를 개최하기로 했지만 결국 이마저 무산됐다.

② 앞서 지난해 5월 OPEC+는 코로나19 팬데믹에 따른 수요 감소에 대응해 하루 970만 배럴을 감산하기로 결정했다. 이후 2022년 4월까지 점진적으로 감산 규모를 줄여가기로 합의했다. 그러나 UAE는 공격적인 증산을 원하고 있다. 수하일 알 마즈로에이 UAE 에너지·인프라 장관은 "단기적인 공급 확대를 지지한다"면서도 "감산 일정이 2022년 말로 연장된다면 더 나은 조건이 필요하다"고 선을 그었다.

③ 합의 결렬 소식에 서부텍사스산원유(WTI) 가격은 배럴당 76.98달러까지 치솟았다. 이는 2014년 11월 이후 최고치다. 현 국제 유가는 연초 대비 57%나 상승한 상태다. 경제 회복과 미국의 여행 재개 등으로 수요가 늘어났기 때문이다. / 2021년 7월 7일

용어 설명

- **원유:** 땅속에서 뽑아낸, 정제하지 않은 그대로의 기름을 말합니다. 여러 가지 석유 제품, 석유 화학 공업의 원료로 사용되는데, 워낙 다양한 사업에 활용되다 보니 원유 생산량과 가격이 세계 경제에 미치는 영향력은 큽니다. 현재 원유 생산량 1위 국가는 미국입니다.

- **OPEC+:** OPEC은 석유 수출국들의 이익을 위해 결성된 단체로 사우디아라비아와 이란, 알제리, 나이지리아 등 13개국이 가입돼 있습니다. 하지만 OPEC에 가입하지 않은 미국과 러시아, 멕시코 등이 산유국으로 급성장하면서 OPEC의 파워가 줄어들자 러시아를 포함한 비OPEC 산유국 10개 국가를 추가해 결성한 것이 OPEC+입니다. 미국은 여기에도 포함돼 있지 않죠. 사우디가 OPEC 회원국 대표로, 러시아가 비OPEC 산유국 대표로 활동하고 있습니다. 다만 확실한 국제기구의 형태는 아닙니다.

- **서부텍사스산원유(WTI):** 영국 북해산 브렌트유, 중동의 두바이유와 더불어 세계 3대 유종으로 불립니다. 이들은 생산량과 거래량이 많고 가격 형성 과정이 비교적 투명해 세계 원유 가격의 기준이 되고 있습니다. WTI는 품질이 가장 좋아 고급으로 평가받으며 가격도 가장 비쌉니다.

이 기사는 왜 중요할까?

자동차 연료부터 플라스틱 생활용품에 이르기까지, 원유가 사용되지 않는 곳이 없습니다. 우리나라는 원유를 100% 수입해서 사용하고 있기 때문에 국제 유가에 더욱 민감하죠. 원유 가격이 올랐다 하면 국내 물가도 급등하곤 합니다. 특히 중동 지역에서 전쟁이라도 나면 원유 수급 문제는 더욱 큰 골칫덩이가 됩니다. 원유 가격이 어떻게 움직이는지를 보면 우리나라 경제도 어떻게 흘러갈지 예측할 수 있는 셈이죠.

이 기사는 산유국들의 모임인 OPEC+의 동향과 함께 원유 가격이 오를 수 있다고 전망하고 있습니다. 원유 가격이 정해지는 원리와 더불어 산유국들의 서로 다른 속내도 엿볼 수 있는 기사입니다.

기사 함께 읽기

검은 황금이라고 불릴 만큼 자원 가치가 높은 석유. 땅을 판다고 다 나오는 게 아니라 특정 지역에서만 생산돼 희소성이 큽니다. 이렇듯 귀한 석유의 가격을 결정하는 건 다름 아닌 생산자, 산유국들인데요. 이들이 가격을 조정하는 방식은 바로 원유 생산량을 줄였다(감산), 늘렸다(증산) 하는 겁니다. 마음만 먹으면 생산량을 확 줄여서 세계 경제에 위협을 가할 수도 있죠. 실제로 1973년에는 제4차 중동전쟁, 1978년에는 이슬람 혁명 등으로 석유 생산량을 확 줄이면서 1, 2차 석유 파동, 이른바 오일 쇼크가 발생했습니다.

이 기사는 원유 가격을 좌지우지하는 OPEC+의 회의 상황을 전하고 있습니다. OPEC+가 의견 불합치로 회의를 취소했다는 게 주요 내용입니다(①). 어떤 이유로 회의가 파행됐을까요? 사우디아라비아와 아랍에미리트(UAE)의 의견 차이 때문이라고 돼 있습니다. 사우디는 점진적인 증산을, UAE는 공격적인 증산을 원하고 있죠.

당초 산유국들은 코로나19로 전 세계 경제가 얼어붙으면서 석유 사용량이 줄어들자 기름 값이 떨어질 것을 우려하여 생산량을 줄이기로 합의했습니다. 또 2022년 4월까지 점진적으로 생산량을 늘려가기로 했는데요(②). 사우디와 러시아는 연말까지 소폭 증산하되 2022년 말까지 감산을 연장하자는 새로운 의견을 냅니다. 사실 사우디와 UAE는 최근 들어 원유 가격 외에 예멘 내전이나 이스라엘에 대한 외교 등 여러 이슈에서도 계속 부딪혀 왔습니다. 이번에 UAE가 반기를 든 것도 사우디 주도의 OPEC에서 UAE가 힘을 과시하고 주도권을 잡기 위해 대항하고 있다는 시각이 있습니다.

이러한 합의 결렬은 즉각 원유 가격에 반영됩니다(③). 중동 지역의 두바이유가 생산 차질을 빚는다면 3대 원유 중 나머지 서부텍사스산원유(WTI)와 브렌트유의 가격이 오르겠죠? WTI의 가격은 2014년 11월 이후 최고치까지 치솟았습니다. 연초 대비 57%나 상승했죠. 백신 접종률이 올라가며 코로나19 극복 가능성이 커지자 경제가 회복될 조짐을 보이며 원유 수요가 급격히 늘어난 겁니다. 그렇지 않아도 전 세계적으로 인플레이션(화폐 가치가 하락해 물가가 지속적으로 상승하는 현상)이 극심한데 설상가상으로 원유 가격까지 오르고 있으니 전 세계 여러 국가는 좌불안석일 수밖에 없습니다.

실제로 이런 문제를 해결하기 위해 미국은 2021년 11월 5,000만 배럴 규모의 비축유를 방출하겠다는 계획까지 발표했습니다. 미국이 비축유 방출을 결정한 건 2011년 이후 10년 만입니다. 미국뿐 아니라 인도가 500만 배럴, 영국이 150만 배럴을 각각 방출할 것으로 예상되는데요. 하지만 원유 가격의 키를 쥐고 있는 중동 산유국들이 생산량을 쉬이 풀지 않고 있는 상황에서 비축유 방출만으로 급격히 늘어나는 수요를 충족시키기는 어려울 것으로 보입니다. 한동안 원유 가격과 물가는 불안정할 수밖에 없을 것 같습니다.

TIP

▶ 한국도 산유국이라고?

한국이 세계 95번째 산유국이라는 사실 알고 계셨나요? 한국석유공사는 2004년부터 울산 앞바다에 있는 동해 원유 가스전에서 국내 기술로 석유를 생산하고 있습니다. 지금까지 천연가스 4,100만 배럴, 초경질유(천연가스에서 나오는 원유) 390만 배럴을 공급해 수입 대체 효과만 24억 달러(약 2조 7,624억 원)에 달합니다. 하지만 매장량이 많지 않아

2022년이면 문을 닫아야 한다는데요. 한국석유공사는 가스와 석유를 시추할 수 있는 다른 지역을 탐사하겠다고 밝혔지만 탐사에 워낙 많은 비용과 시간이 걸려 쉽지는 않을 것으로 보입니다.

▶ 기사 속 사건의 시간 순서를 정리해보세요

이 기사가 한 번에 잘 이해되지 않는다면 기사의 구성 방식 때문일 수도 있습니다. 보통 기사는 가장 최근의 일을 먼저 쓰고, 그다음으로 그 전에 배경이 됐던 사건을 설명하는 구조입니다. 시간 순서가 약간 뒤바뀐 셈이죠. 이럴 때 기사에서 자주 등장하는 표현이 '앞서'라는 표현입니다.

이 기사도 시간순으로 따지면 ① 지난해 5월 OPEC+의 하루 970만 배럴 감산하되 2022년 4월까지 일일 감산 규모를 줄여가기로 결정, ② 사우디와 러시아가 기존 하루 감산량 970만 배럴을 40만 배럴씩 조금씩 증산해 감산 규모를 완화시키고, 감산기간을 2022년 4월이 아닌 12월로 연장하자고 제안, ③ UAE 반대로 제안 무산 및 5일 재차 회의 개최, ④ 회의 무산 순으로 일이 벌어졌습니다. 그러나 기사는 ④→②·③→① 순으로 작성됐습니다.

앞으로도 혹시 '앞서'라는 표현이 등장하는 기사를 읽을 때 헷갈린다면, 사건 발생순으로 머릿속에서 재구성해보세요.

 기자의 한마디

증권 투자자라면 원유 가격에 대한 뉴스는 필수적으로 체크해야 합니다. 원유에 직접 투자하는 증권 상품도 다양하고, 각종 산업에 워낙 큰 영향을 행사하는 원자재이기 때문입니다.

○━┱ 연준, FOMC

"조기 금리 인상 준비해야"…
美 긴축시계도 빨라졌다

미국 연방준비제도(Fed, 연준)가 고물가가 계속될 경우 조기 금리 인상에 나설 수 있다고 시사했다.

① 연준이 24일(현지 시간) 공개한 11월 연방공개시장위원회(FOMC) 회의록을 보면 다수의 위원들이 "인플레이션이 연준의 목표 수준보다 계속 올라가면 기준금리를 지금 예상보다 빨리 올릴 수 있게 준비할 필요가 있다"고 밝혔다.

② 금리 인상을 위해서는 테이퍼링(Tapering, 자산 매입 축소)이 먼저 끝나야 한다. 테이퍼링을 일찍 진행하면 내년 상반기 상황에 따라 금리를 바로 올릴 수 있다. 이 때문에 오는 12월 FOMC에서 연준이 테이퍼링 속도를 높이는 방안을 언급할 수 있다는 전망이 나온다. 이날 메리 데일리 샌프란시스코 연방준비은행 총재는 "자산 매입 축소 속도를 높이는 것을 지지할 수 있다"고 했다. 그는 2주 전에는 이 안이 시기상조라고 했었다.

③ 연준이 긴축을 서두르는 이유는 인플레이션 상승세가 심상치 않기 때문이다. 연준이 정책 결정에 참고하는 근원 개인소비지출(PCE) 물가지수의 경우 지난 10월 기준 전년 대비 4.1% 상승했다. 1991년 1월 이후 30여 년 만의 최고치며 연준의 정책 목표(평균 2%)를 2배가량 웃돈다.

월가에서는 지금의 경기 개선세를 고려하면 금리 인상 시점도 덩달아 빨라질 것으로 보고 있다. 월가 안팎에서는 연준이 내년 3월에 금리를 올려야 한다는 얘기도 흘러 나온다. / 2021년 11월 25일

용어 설명

- **연방준비제도(Fed):** 미국의 중앙은행 시스템으로 미국 달러 지폐를 발행하는 기관입니다. 미국의 통화 정책과 금융기관 감독 및 규제를 담당하며 줄여서 연준으로 부릅니다. 통칭 FRB라고 불리는 연방준비제도위원회가 연준의 최고 의사결정기구이며, 2021년 11월 20일 제롬 파월 의장의 연임이 확정됐습니다.

- **연방공개시장위원회(FOMC):** 연준의 핵심 정책입안기구로, 경기 전망을 검토하고 금리나 통화량을 결정합니다. 연준 이사 7명과 뉴욕 연방은행 총재 외에 11명의 연방은행 총재 중 4명이 1년씩 교대로 위원이 됩니다. 6주 간격으로 1년에 8번의 FOMC가 비공개로 열리며, 필요할 경우 긴급 FOMC도 개최할 수 있습니다. 회의 3주 후에 공개되는 회의록은 미국의 금융 정책 동향을 살필 수 있는 중요한 자료가 됩니다.

- **테이퍼링(Tapering):** '점점 가늘어지다', '끝이 뾰족해지다'라는 뜻으로 2013년 5월 당시 연준 의장인 벤 버냉키가 언급하면서 유명해진 단어입니다. 경기 부양을 위해 풀었던 돈을 거둬들이는 것을 의미하는데요. 시중에 풀린 유동자금을 줄이는 방법으로 테이퍼링보다 더 강력한 수단이 금리 인상입니다.

- **월가(Wall street):** 미국 맨해튼에 위치한 세계 금융의 중심지입니다. 1792년 창립된 세계 최대 뉴욕증권거래소를 비롯해 글로벌 증권사와 은행들이 집중돼 있습니다. 월가라는 이름은 17세기 이곳에 이민해 정착한 네덜란드인들이 인디언의 침입을 막기 위해 쌓은 성벽(Wall)에서 유래했습니다. 지금은 철거돼 벽의 흔적을 찾을 수 없습니다.

이 기사는 왜 중요할까?

글로벌 통화인 달러화의 금리는 전 세계 금리와 주식시장에 영향을 미치는 중요한 수치입니다. 미국이 달러 금리를 올리면 다른 나라에 투자했던 투자자들이 돈을 빼서 미국 시장으로 싸들고 갑니다. 이렇게 돈이 빠져나가는 걸 막기 위해 미국이 금리를 올리면 다른 나라들도 대부분 금리를 올립니다. 금리란 결국 돈값이나 마찬가지니까요. 미국을 따라 금리를 올리는 건 우리가 미국만큼, 미국보다 더 돈값을 처줄 테니 우리에게 투자하라는 메시지를 보내는 것과 마찬가지인 거죠.

한동안 미국의 금리는 사실상 제로금리에 가까웠습니다. 그런데 최근 들어 이런 분위기가 바뀌고 있습니다. 이 기사는 바로 그런 미국 금융당국의 달라진 태도를 전하고 있는데요. 미국의 달러 금리가 어떤 방식으로 결정되는지, 어떤 이유로 금리를 올리려는 건지 잘 나와 있습니다. 연방공개시장위원회는 매해 정기적으로 열리고, 그때마다 중요한 기사로 다뤄지기 때문에 이번 기회를 통해 기사 유형을 익혀두면 앞으로 관련 기사를 읽을 때 큰 도움이 될 겁니다.

기사 함께 읽기

연방준비제도(Fed)라고 하니까 어떤 정책이나 규제 이름일 것 같지만, 사실 연준은 우리나라로 치면 한국은행과 금융감독원을 합한 기관입니다. 연준에서 가장 중요한 회의인 연방공개시장위원회(FOMC)는 국내 기준금리를 정하는 금융통화위원회로 이해하면 되고요. 물론 연준과 FOMC가 세계 경제에 미치는 영향은 엄청납니다. 연준 의장을 '세계 경제 대통령'이라고 표현할 정도니까요.

이 기사는 그런 FOMC에서 금리 인상을 시사했다는 내용을 담고 있습니다. FOMC는 비공개 회의이기 때문에 회의 직후엔 내용을 알 수 없습니다. 3주 후에 회의록이 공개되는데 이 기사도 그 회의록을 보고 작성했음을 알 수 있습니다(①). 회의록을 보니 여러 위원이 기준금리를 예상보다 빨리 올릴 수 있도록 준비해야 한다는 취지의 언급을 했네요.

금리를 올린다고 결정한 것도 아니고, 금리를 올릴 준비가 필요하다는 한마디가 그렇게 중요한 걸까요? 연준 의장을 포함한 FOMC 참여자들의 발언은 매우 중요합니다. 종종 발언의 미묘한 뉘앙스 변화만으로도 세계 경제가 출렁이기도 합니다. 실제로 2013년 당시 연준 의장인 벤 버냉키가 이 기사에 등장한 단어 '테이퍼링' 한마디를 내뱉었다가 증시가 흔들린 적이 있습니다. 단어 설명에서처럼 테이퍼링은 '점점 가늘어진다'는 뜻으로 그동안 풀었던 돈을 조금씩 줄일 필요가 있다는 취지로 사용됐습니다. 이 단어 언급 이후 신흥국 통화 가치와 주가, 채권 가격이 대폭락하는 등 금융시장이 요동치면서 테이퍼 텐트럼(Taper Tantrum, 긴축 발작)이라는 단어까지 등장했죠.

당장 금리를 올릴 것도 아니면서 올릴 준비가 필요하다고 말하는 건 시장에 미리 금리 인상을 대비하라는 신호를 보내는 것입니다. 예고 없는 발표로 시장이 아무런 준비도 하지 못한다면 테이퍼 텐트럼보다 훨씬 큰 후폭풍이 있을 테니까요.

그동안 거의 제로금리 수준을 유지해온 연준이 금리를 올리려는 이유는 뭘까요? 바로 급격한 인플레이션 때문입니다(③). 특히 코로나19와 중국의 전력난으로 글로벌 공급망 사슬이 끊어진 여파로 물건값이 급등한 영향이 컸습니다.

물가가 오르는 현상을 말하는 인플레이션은 한편으로는 '화폐 가치의 하락'을 의미하기도 합니다. 그렇기에 화폐 가치(금리)를 올리면 인플레이션을 조절할 수 있습니다. 다만 한 가지, 현 상황에선 금리 인상을 위한 선결 조건이 있습니다. 바로 테이퍼링을 완료하는 것입니다(②). 테이퍼링은 우리말로 '자산 매입 축소'라고 하는데요. 침체된 경기를 부양하기 위해 정부가 국채나 회사채 등 자산을 구매하는 방식으로 시장에 돈을 풀던 것(양적 완화)을 점진적으로 중단하는 것을 의미합니다. 금리까지 인상해야 할 정도로 돈을 거둬들여야 하는데, 한쪽에선 국채와 회사채를 구매하며 현금을 뿌려선 안 되겠죠? 기사에서 연준이 테이퍼링 속도를 높일 가능성이 있다고 언급한 것은 그 때문입니다.

💬 **기자의 한마디**

금리는 단지 은행 이자가 오르고 내리는 차원의 이야기가 아닙니다. 금리에 따라 주식시장이 움직이고 부동산 가격이 등락할 수도 있습니다. 미국은 그 영향력이 미국 국내를 넘어 전 세계에 미치는 수준이고요. 그러니 미국의 금리 변동 기사는 늘 해설 기사와 후속 기사들을 꼼꼼히 챙겨보기 바랍니다.

머스크 지분 진짜 팔까…
트위터 설문조사에 58% "매각하라"

① 일론 머스크가 트위터 설문 조사 결과 테슬라 지분 10%를 팔라면 팔겠다고 공언한 가운데 설문조사 참여자 58%가 매각을 찬성했다.

7일(현지 시간) 머스크의 트위터를 보면 총 351만 9,252명이 참가한 트위터 설문에서 58%가 "찬성한다"고 밝혔다. 앞서 머스크는 "어떤 결론이 나오든 설문 결과를 따를 것"이라며 "나는 현금으로 월급이나 보너스를 받지 않으며 주식만 갖고 있어 세금을 내려면 주식을 팔 수밖에 없다"고 했다.

돌발행동이 잦은 머스크가 최종적으로 어떻게 나올지는 아직 미지수지만 실제 매각에 나설지 큰 관심이 쏠린다. ② 로이터통신에 따르면 지난 상반기 기준 머스크가 보유한 테슬라 주식은 총 1억 7,050만 주다. 이 중 10%를 매각하면 지난 5일 마감가(주당 1,222달러) 기준으로 약 210억 달러(약 24조 8,00억 원)를 손에 넣게 된다.

③ 머스크가 주식을 팔려고 고민하는 이유는 세금 때문이다. 부유세뿐 아니라 내년 8월에 돌아오는 스톡옵션(주식매수선택권)을 행사하면 상당한 규모의 세금을 내야 한다. 그는 내년 8월 13일까지 테슬라 주식 2,286만 주를 주당 6.24달러에 살 수 있는 권리가 있다. 이 경우 약 28억 달러의 차익을 얻는다. 이에 대한 세금은 절반가량 될 것으로 추정된다. 다만, 그는 세금을 내기 위해 주식을 담보로 대출을 받고 싶지는 않다고 했다. / 2021년 11월 8일

용어 설명

- **부유세:** 많은 재산을 가진 계층에게 부과하는 세금으로, 불평등을 해소하고 양극화 문제를 해결하는 것이 목적입니다. 부유세를 피하기 위해 부자들이 재산을 해외에 은닉하거나 기업이 투자 의욕을 상실하는 등의 부작용도 있습니다. 현재 미국에서도 부유세, 이른바 '억만장자세'를 도입하자는 주장이 나오고 있습니다.
- **스톡옵션(Stock Option, 주식매수청구권):** 일정 기간이 지난 후에도 주식을 약속된 가격에 살 수 있는 권한을 말합니다. 기업이 임직원에게 부여하는 보상 제도의 하나로, 영업이익 확대나 상장 등으로 주식 가격이 오르면 차익을 볼 수 있습니다.

이 기사는 왜 중요할까?

신문의 국제 면을 읽다 보면 해외 유명 기업 최고경영자(CEO)의 트위터, 페이스북의 글을 가지고 쓴 기사를 종종 볼 수 있습니다. 무심코 보면 단순한 가십성 기사처럼 보일 수도 있지만 글로벌 기업의 CEO인 그들이 내뱉는 말 한마디, 소셜네트워크서비스(SNS)에 올린 문장 한 줄이나 사진 한 장은 결코 '그냥' 하는 것이 없습니다. 설사 아무 이유 없이 한마디 던졌다고 해도 그 말은 엄청난 영향력을 행사하곤 합니다. 특히 최근 들어 개인 SNS로 활발히 소통하는 CEO들이 늘어나면서 국제 및 산업 담당 기자들에게 유명 CEO의 SNS 팔로우 및 게시물을 확인하는 것은 정해진 일과가 됐을 정도입니다.

2021년 타임지가 선정한 올해의 인물, 일론 머스크는 테슬라의 CEO로 전기차와 우주왕복선이라는 도전적인 사업과 더불어 각종 기행으로 유명합니다. 이 기사는 자신의 주식을 팔지, 말지를 트위터 투표에 부친 머스크의 이야기를 전하고 있습니다. 일견 장난처럼 보이기도 하는 그의 행동이 어떤 파장을 가져왔는지 함께 기사를 읽어볼까요.

기사 함께 읽기

"어릿광대, 천재, 모난 이야기로 돋보이려는 사람, 몽상가, 기업가, 쇼맨. 지구의 삶과 어쩌면 지구 바깥의 삶까지 머스크만큼 비범한 영향을 미친 사람은 거의 없다." 2021년 타임지가 올해의 인물로 일론 머스크를 뽑으며 쓴 문장입니다. 평소 파격적인 그의 언행은 기사화가 자주 되곤 하는데요. 이 기사에선 그가 테슬라 지분의 무려 10%를 팔지, 말지 트위터 투표를 통해 정하기로 했다는 내용을 다루고 있습니다(①). 기사가 작성된 날은 머스크가 트윗을 게재한 당일인데, 이날의 설문 결과는 58%가 "매각하라"는 것이었습니다. 참여한 사람은 무려 약 352만 명에 달했습니다.

머스크가 이런 트윗을 날린 이유에 대해 본인은 세금을 내기 위해서라고 말합니다(③). 머스크는 2022년 8월에 테슬라 주식 2,286만 주를 주당 6.24달러

〔일론 머스크의 테슬라 지분 매각 투표 트윗〕

Elon Musk
@elonmusk

Much is made lately of unrealized gains being a means of tax avoidance, so I propose selling 10% of my Tesla stock.

Do you support this?

Yes	57.9%
No	42.1%

3,519,252표 · 최종 결과

오전 4:17 · 2021년 11월 7일 · Twitter for iPhone

에 살 수 있는 권리가 있습니다. 기사가 작성된 시점과 비슷한 11월 5일 기준으로 테슬라 주가가 주당 1,222달러를 기록한 걸(②) 고려하면 놀랍도록 저렴한 가격이죠. 만일 이 주식을 받아서 모두 매각한다면 28억 달러, 한화로는 3조 3,208억 원이라는 어마어마한 차익을 얻을 걸로 예상됩니다. 다만 수익의 약 절반을 세금으로 내야 합니다.

2021년 현재 세계 최고 부자이니만큼 이 외에도 그가 내야 할 세금은 아마 천문학적인 금액일 겁니다. 특히 당시는 머스크를 비롯한 억만장자들에게 부유세를 부과해야 한다는 주장이 의회에서 나오고 있던 상황이었습니다. 세금 부담 때문에 주식을 팔아야 할 수도 있다는 그의 사정은 어느 정도 이해가 갑니다. 그런데 그는 이런 중요하고 사적인 문제를 왜 하필 트위터에 올린 걸까요? 설문조사의 결과가 어땠는지 찾아볼까요?

머스크가 트위터에 설문조사를 게시한 지 일주일 만에 테슬라 주가가 15% 이상 급락했습니다. 주식 가격이 떨어지면 수익이 줄어들고 세금 부담도 줄어들겠죠. 세금을 얼마나 아꼈냐면 3억 8,000만 달러, 한국 돈으로 약 4,518억 원가량입니다. 트위터 하나로 주가를 요동치게 하고 4,500억 원에 달하는 돈을 아낀 거죠. 물론 테슬라 주식을 갖고 있는 전 세계 주주들도 영향을 받았고요.

그가 트위터에 공개적으로 세금 고민을 올린 것은 미국 의회에서 제기되던 '억만장자세' 논의에 대한 시위이기도 합니다. 2021년 3월, 워런과 샌더스 등 민주당 의원들이 '초부유세법(Ultra-Millionaires Tax Act)'을 발의했습니다. 5,000만~10억 달러 미만 자산가에겐 2%, 10억 달러 이상 자산가에겐 3%의 세금을 부과하는 내용입니다. 머스크는 이 방안에 대해 강력하게 비판해왔고요. 머스크가 부유세 때문에 주식을 팔고, 그 때문에 내 주가가 떨어진다면 정부의 각종 세금에 대해 마냥 고운 눈으로 볼 순 없겠죠. 어찌 보면 부유세에 대한 언론 플레이로도 볼 수 있습니다.

TIP

▶ 글로벌 CEO들의 SNS

세계 유명 CEO들의 SNS는 검색을 통해 쉽게 찾을 수 있습니다. 대표적으로 일론 머스크 테슬라 CEO 트위터(twitter.com/elonmusk), 제프 베조스 아마존 의장 트위터(twitter.com/jeffbezos), 마크 저커버그 메타 회장 페이스북(www.facebook.com/zuck) 등입니다. 내가 해당 기업이나 관련 업계 주식을 갖고 있거나 관심이 있다면 이런 CEO들의 계정을 팔로우하면 좋겠죠. 하지만 유의할 사항도 있습니다. 온라인상에서 이런 유명인들을 사칭해 코인 투자 사기 등을 치는 사람들도 있기 때문입니다. 프로필 사진, 아이디 등을 유사하게 만들어 접근하기 때문에 자세히 보지 않으면 깜빡 속아 넘어갈 수도 있습니다.

 기자의 한마디

개인 계정처럼 편한 말투와 가벼운 내용을 올리는 듯하지만, CEO들의 계정은 결국 비즈니스라는 목표를 위한 것이랍니다. 짧은 문장이나 사진 뒤에 숨은 진짜 의도가 무엇인지 생각해보세요.

정치 / 사회

06

정치/사회가 변하면 경제도 변한다!

경제의 큰 흐름과 변화의 방향을 이해하기 위해서는 각 나라의 중요한

정치/사회적 이슈의 변화에 대해서도 눈을 떼서는 안 됩니다.

⚡ 국회 입법, 상임위

벤처 창업자 경영권 보호 길 열렸다···
'복수의결권법' 상임위 소위 통과

1株당 10개 의결권 부여
"유니콘 기업 많아질 것"
정기국회 중 처리 가능성 커

① 벤처기업 창업자의 경영권을 보호하는 복수의결권 도입법이 24일 국회 소관 상임위원회 소위원회의 문턱을 넘었다. 정부가 지난해 10월 복수의결권을 허용하자는 입장을 밝힌 지 약 1년 만이다.

정치권에 따르면 여야는 이날 국회 산업통상자원중소벤처기업위원회 중소벤처기업소위원회에서 복수의결권 도입을 골자로 한 벤처기업 육성에 관한 특별조치법 일부 개정안을 표결 처리했다. 이동주 더불어민주당 의원과 류호정 정의당 의원을 제외한 소위 소속 의원들은 표결에서 모두 찬성한 것으로 알려졌다. ② 개정안은 구체적으로 △1주당 최대 10개 의결권 부여 △존속 기간 10년 △상장 3년 후 보통주 전환 △창업주 지분이 30% 이하로 떨어질 때만 발행 등의 내용을 담고 있다.

③ 복수의결권 도입 논의는 20대 국회 때부터 진행됐지만 소수당과 시민단체의 반발로 공전을 거듭해왔다. 21대 국회에서는 양경숙 민주당 의원이 지난해 6월 개정안을 발의했고 같은 당 김병욱 의원과 이영 국민의힘 의원도 뒤이어 발의했다. 정부안은 지난해 12월 제출됐다.

당초 여야는 뜻을 모으지 못했지만 정부안에 보완책이 들어가면서 합의가 이뤄졌다. 정부안에는 복수의결권을 발행한 벤처기업이 대기업 특수관계인에 편입되면 즉시 보통주로 전환되도록 하는 조항이 포함됐다. 정부도 복수의결권의 필요성을 강조해왔다. 정부는 지난해 10월 비상장 벤처기업 창업주의 복수의결권을 허용해야 한다는 내용의 '비상장 벤처기업 복수의결권 주식 도입 방안'을 발표했다. 문재인 대통령도 올 8월 "비상장 벤처기업의 복수의결권 주식 발행 허용 법안이 조속히 통과될 수 있도록 국회에 협조를 구하겠다"고 말했다.

④ 정부가 입법 가속화를 주문한 것은 벤처 업계의 요구가 있었기 때문이다. 앞서 업계는 창업자가 안정적인 경영권을 기반으로 적극적인 경영 활동을 할 수 있다는 이유를 들어 입법을 요청했다. 벤처 업계의 한 관계자는 "벤처 강국인 미국과 중국을 비롯해 런던·뉴욕·나스닥·독일·도쿄 등 세계 5대 증권거래소 모두 복수의결권 제도를 도입해 혁신 기업의 상장을 유도하며 디지털 경제를 활성화시키고 있다"고 설명했다. 벤처·스타트업 17개 단체가 모인 혁신벤처단체협의회도 성명을 내고 "복수의결권 제도는 국내 고성장 벤처기업이 경영권 위협 없이 대규모 투자유치를 통해 유니콘 기업으로 성장하는 것을 지원하기 위한 제도"라고 주장했다.

⑤ 좀처럼 처리되지 않던 개정안이 소위를 통과하면서 다음 달 9일까지 진행되는 이번 정기국회 내 가결도 가능할 것이라는 게 정치권의 관측이다. 여야 합의가 성사된 만큼 상임위 전체 회의에 이어 법제사법위원회의 문턱도 무난히 넘을 수 있을 것으로 보인다. / 2021년 11월 25일

용어 설명

- **복수의결권(차등의결권) 제도:** 대주주가 보유한 지분 이상의 의결권을 행사할 수 있게 하는 제도입니다. 의결권이란 주주가 총회에서 자신의 의사를 표명할 수 있는 권리를 말합니다. 복수의결권은 초기 단계 스타트업이 막대한 투자금을 조달하는 과정에서 창업주의 경영권을 방어하는 수단으로 활용됩니다.

  미국 증시에 상장한 쿠팡의 경우, 김범석 이사회 의장이 보유한 '클래스B' 주식의 의결권이 보통주식인 '클래스A'보다 29배 많습니다. 예를 들어 주주총회에서 어떤 안건에 대해 투표할 때 '클래스A' 1주를 가진 사람은 1표를 행사할 수 있지만, '클래스B' 1주를 가진 사람은 최대 29표까지 행사할 수 있는 것이죠. 즉 지분 1%만 가져도 29%의 주주 권리를 행사할 수 있게 된다는 말입니다. 현재 한국은 주식 1주당 하나의 의결권, 즉 '1주 1표'만을 허용하고 있습니다.

- **상임위원회:** 국회 등에서 입법 등의 의안을 심의하기 위해 상설적으로 운영되는 위원회를 말합니다. 2021년 현재 국회운영·법제사법·정무·기획재정·교육·과학기술정보방송통신·외교통일·국방·행정안전·문화체육관광·농림축산식품해양수산·산업통상자원중소벤처기업·보건복지·환경노동·국토교통·정보·여성가족 등 17개 상임위가 있습니다.

- **소위원회:** 특정 안건의 심사 또는 소관 사항을 분담·심사를 위해 상임위 소속으로 설치된 기구입니다.

이 기사는 왜 중요할까?

우리 사회를 작동시키는 중요한 원리 중 하나는 바로 '법치주의'입니다. 법치주의란 법에 의한 지배를 말하는데요. 즉 국가(행정부) 혹은 사법부가 어떤 일을 할 때는 반드시 국민의 대표 기관인 의회에서 제정한 법률로 해야 한다는 것이죠. 그러니까 우리가 사회 문제를 해결하거나 새로운 규칙을 만들기 위해서는 일단 새로운 법이나 기존 법의 개정이 필요합니다. 새로운 법과 제도가 어떻게 만들어지고 우리 사회에 어떻게 적용되는지 그 절차를 알아둔다면 여러모로 유용하겠죠.

그런데 사실 새로운 법안은 하루에도 수십 건이 쏟아집니다. 프레시안 2021년 8월 3일자에 실린 소준섭 국제관계학 박사가 기고한 '폭주하는 법안들 때문에 정작 절실한 법률이 제때 만들어질 수 없다'에 따르면, 2020년 5월 30일부터 2021년 6월 24일까지 약 1년간 우리 국회에 발의된 법안의 건수만 총 1만 145건이라고 합니다. 하루에 무려 181개의 법안이 발의된 날도 있었다고 하죠. 우리에게 반드시 필요하고 중요한 법이 이렇게나 많은 걸까요? 그렇지 않습니다. 우리 국회와 정당은 의원들의 의정 활동 평가지표 중 하나로 법안 발의 건수를 보는 경우가 많은데요. 그러다 보니 '열심히 일하는 국회의원'의 모습을 보여주기 위해 엉터리로 발의되는 법안도 상당히 많다고 하네요.

언론은 이처럼 수백, 수천 건에 이르는 법안 중 그래도 국민이 주목해야 할 만한 법안들을 일차적으로 걸러주는 역할을 합니다. 나름 기발하지만 실현 가능성이 낮은 법안도 이 과정에서 걸러지는 경우가 많죠. 그렇기에 일단 종이 신문으로 크게 다뤄지는 법안들은 한번 눈여겨볼 필요가 있습니다. 기자들이 고심 끝에 고르고 고른 법안들이니 중요하거나 논쟁의 여지가 있는 사안들이 많죠. 혹은 대체 이 법안에 이 매체가 이렇게 관심을 갖는 이유는 무엇일까, 의도를 짐작해보는 것도 재미있겠네요. 만약 지면에는 실리지 않고 온라인에만 실린 법안 발의는 중요도나 실현 가능성이 낮다고 보는 것도 대체로 맞는 해석입니다.

기사 함께 읽기

먼저 제목부터 보겠습니다. 복수의결권법이 통과해서 벤처 창업자 경영권 보호의 길이 열렸다는 내용인데요. 여기서 핵심은 해당 법안이 상임위원회의 소위원회를 통과했다는 것입니다. 해석해보면 '길이 열리긴 했지만 아직 갈 길은 남았다' 정도가 정확하겠네요.

기사를 보며 구체적으로 살펴보겠습니다. 정부가 2020년 10월 복수의결권을 허용하자는 입장을 밝혔고, 약 1년 만인 2021년 11월 24일 법안(벤처기업 육성에 관한 특별조치법 일부개정안)이 소관 상임위원회 소위원회(산업통상자원중소벤처기업위원회 중소벤처기업소위원회)의 문턱을 넘었군요(①). 표결 처리를 했는데 2명 빼고 다 찬성을 했다고 합니다. 시작이 좋네요.

법안이 통과되면 무엇이 바뀔까요? 개정안(②)이 담고 있는 내용을 잘 살펴야겠죠. 1주당 최대 10개의 의결권을 부여하는데, 창업주 지분이 30% 이하로 떨어질 때만 발행할 수 있다는 등의 내용을 담고 있습니다. 복수의결권이란 대주주(창업자)가 보유한 지분 이상의 의결권을 행사할 수 있게 하는 제도인데요. 법이 통과되면 원래 '1주당 1표'만을 허용하고 있는 우리나라에서도 의결권에 따라 주식 종류가 '클래스A', '클래스B' 등으로 구분돼 발행될 수도 있겠습니다.

다음 문단부터는 이 법안의 과거를 돌아보며 이제는 법안 통과의 분위기가 충분히 무르익었다는 상황을 전달해줍니다(③). 제도 도입 논의는 20대 국회부터 진행됐지만 '1주 1표'의 공정함을 요구하는 시민단체 등의 반발로 진척이 없었고, 이번 국회가 열린 후로도 국회의원 발의가 줄을 이었지만 여야의 갈등으로 제자리걸음을 하던 와중에 정부가 2020년 12월에 다듬은 개정안을 내놓으면서 합의가 이뤄졌다고 합니다.

다듬은 개정안에는 복수의결권이 재벌기업들에게 악용되지 않도록 하는 장치를 마련한 것이 핵심인데요. 사실 시민단체들이 복수의결권을 반대하는 가장 큰 이유는 그렇지 않아도 국내 기업지배구조가 대주주만 유리하도록 짜여 있는 등 수준이 낮은데, 복수의결권까지 허용되면 소수 지분으로 기업을 휘두르려는 재벌들의 지위가 더 공고해질 수 있다는 우려였죠. 그래서 정부는 만약 복수의결권으로 안정된 경영권을 굳힌 초기 벤처기업이 훗날 대기업 집단에 편입되거나 스스로 대기업이 된다면 그땐 복수의결권을 박탈(보통주 전환)하는 조항을 넣었습니다.

정부가 이렇게까지 법안 통과를 위해 고심하는 이유는 벤처업계의 요구가 있었기 때문이라고 합니다④. 창업자가 열심히 회사를 훌륭하게 키웠는데 거대 자본을 가진 자본가가 주식을 대거 사들여 경영권을 박탈하는 등의 일을 막으려면 이런 제도가 필요하다는 겁니다. 특히 벤처 강국인 미국과 중국 등에서는 이 제도를 도입하고 있는데, 초기 스타트업의 특성상 외부 자본이 많이 필요하고 그렇게 주식을 발행해 자금을 조달하다 보면 창업자의 지분이 희석될 수밖에 없다는 현실을 반영한 것이라는 설명이죠. 스타트업이 거대 유니콘(시가총액 10억 달러 이상의 비상장기업)으로 성장하기 위해서는 반드시 필요한 제도라는 게 벤처업계의 주장입니다.

그럼 이 법안, 대체 언제부터 시행되는 걸까요? 사실 시행을 말하기에는 아직 조금 이릅니다. 기사는 이번 정기국회 내 가결도 가능할 수 있다는 정치권 관측⑤을 전하지만 사실 그건 아무도 모르는 일입니다. 우선 여야 합의가 됐고 정부까지 동의하고 있는 상황에서 법안 통과가 착착 진행될 가능성이 큰 것은 사실입니다. 하지만 법안은 지금 막 상임위 소위원회를 통과했고, 앞으로도 '상임위 전체회의 → 법제사법위원회 → 국회 본회의 표결' 등의 다양한 절차를 거쳐야 합니다. 모두의 합의 속에서 무난하게 통과할 것으로 기대를 모았지만, 다른 법안에 밀려 관심을 못 받거나 일정에 차질이 생길 경우 본회의의 문턱에서 좌절하는 법안도 상당히 많다는 사실을 기억해두는 편이 좋겠네요.

TIP

▶ 법안은 어떻게 만들어질까?

우리 헌법은 법률안을 제출(발의)할 수 있는 주체를 국회의원과 정부로 명기하고 있습니다. 즉 새로운 법을 제정하거나 법안을 새롭게 손질(개정)하는 데는 두 가지 방식이 있다는 건데요. 바로 국회의원들이 법을 발의하는 국회 입법과 중앙부처 등 정부가 입법하는 정부 입법입니다. 하지만 우리나라 같은 대통령제 국가에서는 일반적으로 국회의원에게만 입법권을 주는 것이 일반적입니다. 그래서 정부 입법은 좀 더 까다로운 절차를 거쳐 제한된 범위에서만 입법을 하도록 하고 있죠. 그러므로 여기서는 국회의원이 새 법을 발의했다는 가정하에 법이 탄생되기까지의 절차를 간단히 알아보죠.

국회 입법 절차를 간단하게 도식화하면 이런 모양입니다.

〔국회 입법 절차〕

국회의원은 10인 이상의 찬성으로 의안을 발의할 수 있습니다. 뉴스에서 보면 ㅇㅇㅇ의원 대표 발의라고 하는 문구를 자주 볼 수 있을 텐데요. 즉 아무리 국회에 입법권이 있다고 해도 국회의원 한 사람이 법을 뚝딱 만들어낼 수는 없다는 거겠죠. 참고로 의원들은 발의한 법률안을 철회할 수도 있지만, 만약 법안이 본회의까지 올라가면 철회도 마음대로 할 수 없고 본회의의 동의를 얻어야만 합니다.

이렇게 새로운 법률안이 나오면 국회 본회의에 보고됩니다. '먼저 발의된 법안을 먼저 검토한다'라는 선입선출(先入先出)의 원칙에 따라 법안들이 검토되고, 국회의장이 내용에 알맞게 각 상임위원회로 넘기죠. 전문가들이 좀 더 면밀히 법안을 검토하라는 의미입니다.

상임위가 안건을 검토하는 동안 입법예고가 이뤄집니다. 국민의 권리나 의무 또는 일상생활과 밀접한 관련이 있는 법령 등이 재정·개정·폐지될 때는 입법안의 취지 및 주요 내용을 미리 10~15일간 예고해 문제점을 국민들도 검토할 수 있도록 하는 거죠. 국민들이 직접 의견을 제시할 수도 있습니다.

상임위는 이런 의견들을 모아 법안을 통과시킬 것인지를 심의합니다. 법안이 복잡하고 중대할 경우에는 소위원회를 열어 한번 검토한 후 재검토하는 식으로 진행하기도 하죠. 이렇게 검토를 거친 법안은 상임위 전체 회의를 통해 의결 여부를 가립니다. 상임위를 통과하지 못한다면 본회의의 문턱에도 못 가는 셈이니, 상임위 의결은 입법 과정에서 넘어야 할 첫 번째 관문이라고 할 수 있겠죠.

상임위에서 의결된 안건은 두 번째 관문인 법제사법위원회로 넘어가게 되는데요. 법제사법위원회는 국회 상임위 중 하나로 법률안의 체계(體系)와 자구(字句)를 심사하는 역할을 합니다. 상임위에서 의결한 새로운 법안이 기존 관련 법과 충돌하거나 헌법상 위헌은 아닌지(체계 심사), 법안에 적힌 문구가 적정한지(자구 심사) 등을 꼼꼼히 따져본다는 거죠. 각 상임위에서 의결된 안건을 다시 심사하는 역할을 하다 보니 권력이 너무 막강하다며 '상임위 위의 상임위'라는 비판도 나온답니다.

법제사위까지 통과한 안건은 세 번째 관문인 국회 본회의로 갑니다. 사실 법률의 문제점 등은 이미 상임위에서 검토가 끝났고 본회의에서는 질의·토론 등을 거쳐 의결합니다. 표결로 진행되고 재적의원 과반수 출석과 출석의원 과반수 찬성이 있으면 통과입니다.

이렇게 의결된 법률안은 정부로 이송됩니다. 여기서 마지막 관문이 남았는데요. 바로 대통령 거부권입니다. 정부 이송 후 15일 이내에 대통령이 거부권을 행사하면 법안은 다시 국회로 법안이 넘어와 재의결 과정을 거치게 됩니다. 대통령 거부권은 자주 행사되지는 않지만 그렇기에 한번 행사될 경우 사회 파급 효과가 크답니다. 국회와 정부의 갈등 구조가 형성된 셈이니 긴장감이 조성되겠죠. 대통령이 거부권을 행사하지 않는다면 법안은 공포(널리 알림)되고, 특별한 규정이 없는 한 공포한 날로부터 20일 이후부터 효력이 발생합니다.

💬 기자의 한마디

우리 삶을 바꾸는 새로운 법안은 하루에도 수십 개가 발의되고 있어요. 일일이 살펴볼 수 없는 사람들을 위해 신문이 매일같이 '요약 노트'를 내고 있으니 우리 사회의 변화가 궁금한 사람이라면 챙겨보길 권합니다. 다만 일부 법안들은 논란과 갈등만 부추기거나 실제 국회를 통과할 가능성도 낮은 경우가 많으니 뉴스에 너무 휘둘리지 않을 필요도 있겠네요.

○━ 최저임금

내년도 최저임금
시간당 9,160원으로 결정

작년보다 440원 올라… 월급 기준 191만 4,440원

정부 추천 공익위원 단일안 표결해 가결

민주노총 쪽 위원 4명은 표결 전 항의 퇴장

① 2022년도 시간당 최저임금이 올해보다 440원 오른 9,160원으로 결정됐다.
② 최저임금위원회는 12일 정부세종청사 최저임금위 전원회의실에서 9차 전원회의를 열고 내년도 최저임금 9,160원 안을 표결에 부쳐 13표 찬성, 10표 기권으로 가결했다. ③ 올해 최저임금인 8,720원보다 440원(5.0%) 오른 금액이다. 월급(209시간) 기준으론 191만 4,440원으로, 올해 182만 2,480원보다 9만 1,960원이 올랐다. 지난해 6월 최저임금위원회가 작성한 '임금실태조사보고서'를 보면, 최저임금 인상으로 직접적 급여 인상 수혜를 보는 노동자는 436만 명 정도로 예상된다.
④ 표결에는 공익위원 전원과 한국노총 쪽 노동자위원, 사용자위원까지 모두 23명이 참여했다. 민주노총 쪽 노동자위원들은 앞서 공익위원이 제시한 인상률 범위에 항의해 밤 11시께 회의에서 퇴장했다. 사용자위원도 마찬가지로 항의표시로 퇴장했다가 회의장으로 돌아와 기권표를 던졌다.
앞서 노동자위원과 사용자위원은 지난달 24일 각각 1만 800원과 8,720원을 최초 요구안으로 제시했으나 양쪽의 간극이 너무 크다는 지적에 지난 8일 다시 한 차례 1만 440원과 8,740원을 수정안으로 제시했다. 이날도 노동자위원은 1만 320원에서 1만 원으로, 사용자위원은 8,810원에서 8,850원으로 두 차례나 더 요구안을 재수정하며 밀고 당기기를 이어갔다. ⑤ 하지만 양쪽이 더는 간극을 좁히지 못하자 공익위원이 9,160원 단일안을 제시했고 최종 가결됐다.

ⓖ 이번 인상을 더해 문재인 정부 5년간 최저임금 평균 인상률은 7.3%로, 박근혜 정부(7.4%)와 크게 다르지 않은 수준이 됐다. 2018년과 2019년엔 인상률이 각각 16.4%와 10.9%로 크게 올랐으나 2020년과 2021년 각각 2.87%와 1.5%로 급락한 결과다.

노동자위원인 한국노총 측은 표결 이후 "저임금 노동자들이 원하는 만큼의 인상률을 달성하지 못해 송구하다"는 입장을 밝혔다. 한국경영자총협회 등 사용자위원 역시 공동 입장문을 내고 "주요 지불 주체인 중소·영세기업, 소상공인의 지불 능력을 명백히 초월한 수준"이라고 규탄했다. / 2021년 7월 14일

용어 설명

- **최저임금(최저임금제):** 노동자가 안정적인 생활을 누릴 수 있도록 국가가 근로자에 대한 임금의 최저수준을 보장하도록 하는 제도입니다. 저임금 근로자를 보호하는 동시에 노동력의 질적 향상을 도모해 국가 경제 발전에 이바지하는 것을 목적으로 합니다.
- **한국노총:** 한국노동조합총연맹, 가장 오래된 노동조합 연맹으로 웬만한 대기업 노조 상당수가 소속돼 있습니다.
- **민주노총:** 전국민주노동조합총연맹, 대한민국의 산업별 노동조합 연맹으로 한국노총과 더불어 국내 양대 노총으로 불립니다.

이 기사는 왜 중요할까?

최저임금제는 1988년 처음 도입돼 2000년 11월 24일부터 대한민국 모든 사업장에서 적용되고 있는 제도입니다. 만일 사업주가 최저임금액보다 적은 금액을 지급할 때에는 3년 이하의 징역 또는 2,000만 원 이하의 벌금을 부과받는 등 엄격하게 지켜지고 있는 제도이기도 합니다.

하지만 적정 최저임금 수준이 얼마인지에 대해서는 노동자와 사용자(사업자) 간의 의견이 첨예하게 엇갈릴 수밖에 없습니다. 지금까지는 글로벌 대비 낮은 임금 상승률 등의 문제가 거론되며 노동자의 손을 들어주는 경우가 많았죠. 실제로 최저임금이 도입된 1988년 이래 최저임금이 하락하거나 동결된 적은 단한 번도 없다고 합니다. 하지만 최저임금 1만 원의 시대가 눈앞에 다가온 지금, 노동자와 사용자 간의 이견을 좁히기가 점점 어려워지는 모습입니다. 최저임금의 가파른 상승이 저성장 국면으로 돌입한 한국 경제에 너무 큰 부담이된다는 사용자의 목소리도 힘을 얻고 있죠. 특히 코로나19 사태의 큰 피해를입은 자영업자들의 불만도 여느 때보다 커진 모습입니다. 아예 고용을 줄이고

'로봇 점원' 등을 활용해 저소득 고용이 더욱 위축되는 부작용이 나타나는 것 아니냐는 의견도 나오죠.

우리 모두에게 영향을 미치는 중요한 제도지만 어느덧 사회 갈등의 불씨가 되어버린 최저임금제, 과연 어떤 과정을 거쳐 우리 삶에 적용되고 있는지 정도는 알아두는 것도 좋겠죠.

기사 함께 읽기

다음 연도 최저임금은 최저임금위원회의 심의와 의결을 통해 결정됩니다. 내년 최저임금이 얼마로 결정될지, 노동자와 사용자 간의 갈등은 잘 조정되고 있는지 등을 파악하기 위해 언론은 위원회의 일거수일투족을 주목하게 됩니다.

기사는 9차례 회의 끝에 내년도 최저임금이 결정된 날의 풍경을 그립니다. 전문에서는 2022년도 최저임금이 시간당 9,160원으로 결정됐다는 사실을 알려주죠(①). 그리고 곧이어 어떤 과정을 거쳐 최저임금이 결정됐는지 상세히 알려줍니다. 기사에 따르면 노동자, 사용자, 공익위원 모두가 모여 개최하는 전원회의가 앞서 8차례 열렸고 이날 9차 회의에서 최저임금이 의결됐네요. 찬성이 13표, 기권이 10표가 나와 가결됐는데 표결을 보니 상당히 팽팽합니다 (②).

위원회 구성원은 총 27명인데 참석은 23명만 했군요. 민주노총 쪽 노동자위원들이 항의의 의미로 밤 11시에 퇴장했기 때문입니다(④). 노동자위원 쪽의 의견이 관철되지 않았다는 것을 추정해볼 수 있는데 앞서 회의의 전말을 보면 역시나 그렇습니다. 노동자위원은 끝까지 시급 1만 원을 고수했지만 공익위원이 중간안인 9,160원을 제시하자 반발의 의미로 표결에 참여하지 않았습니다 (⑤). 최저임금은 재적위원 과반수 참석에 출석위원 과반수의 찬성으로 결정되므로 의결에는 영향을 미치지 못했네요. 또 사용자도 불만은 많은데 기사의 마지막 코멘트를 보면 양쪽 모두 만족하지 못했다는 사실이 잘 드러나죠. 갈등의 불씨가 남아 있는 셈입니다.

다시 기사의 앞부분으로 돌아가 이번 인상으로 월급이 얼마 정도 오를지도 한번 살펴보겠습니다. 2022년 최저임금은 2021년보다 440원(5.0%) 올랐고 월급(209시간) 기준으로 191만 4,400원이 됩니다(③). 왜 209시간이냐고요? 하루 8시간, 주5일 근무하면 주당 근무시간이 40시간이 되는데 일주일 동안 규정 근무일수를 다 채운 근로자는 하루 치의 유급 주휴일(주휴수당)을 받게 됩니다. 즉 주당 근무시간을 48시간으로 두고 한 달간의 근로시간(한 달은 약 4.345주)으로 환산하면 약 209시간이 되기 때문이죠.

더불어 2021년 5% 인상안을 포함해 따져 보니 문재인 정부 5년간의 최저임금 평균 인상률은 7.3%로 전 정부와 비슷한 수준이라고 합니다(⑥). 현 정부 초기 '최저임금 1만 원 시대'를 열어 '소득 주도 성장'을 달성하겠다고 했지만

〔연도별 최저임금 결정현황〕

자료: 최저임금위원회

약속이 지켜지지는 못한 셈입니다. 2018년과 2019년 각각 16.4%, 10.9%씩 크게 올리며 임금 인상에 박차를 가했지만 코로나19 사태 등으로 자영업자들이 부담을 호소하자 속도 조절에 나선 것으로 보입니다.

그렇지만 어느덧 최저임금은 시간당 1만 원을 눈앞에 두고 있습니다. 찬반 논란은 나날이 거세지고 있죠. 2022년에 열릴 최저임금위원회도 2021년처럼 적절한 합의점을 찾아낼 수 있을까요? 계속 지켜볼 필요가 있는 이슈입니다.

TIP

▶ 최저임금 결정 방법

최저임금은 고용노동부 장관이 매년 3월 31일 다음 연도 최저임금에 관한 심의·의결을 최저임금위원회에 요청하고 같은 해 8월 5일까지 결정해 고시합니다. 최저임금위원회는 근로자 측 9명, 사용자 측 9명, 고용노동부 장관이 지정하는 공익위원 9명 등 총 27명으로 구성되며 매년 5~6월부터 전원회의를 열어 다음 해 최저임금을 결정하기 위한 협상을 시작합니다. 최저임금위원회의 임기는 3년입니다.

💬 기자의 한마디

최저임금이 바뀌면 내 월급도 바뀝니다. 대신 자영업자나 기업 경영자들의 인건비 부담이 늘어나니 물가도 오를 수 있겠죠. 최저임금의 경제적 파급 효과는 사회 전방위적으로 미치므로 매년 얼마로 결정되는지 정도는 체크해보세요.

대법 "현대重 상여금, 통상임금 포함"

소송서 勞 손 들어줘

① 대법원이 정기 상여금의 통상임금 소급분 포함 여부를 놓고 현대중공업 노사가 9년 동안 벌여온 6,000억 원대 소송에서 노조의 손을 들어줬다. 이번 판결로 현재 대법원에 계류 중인 동원금속, 두산인프라 등 유사 사건들이 영향을 받을지 주목된다.

② 대법원 3부(주심 김재형 대법관)는 16일 현대중공업 근로자 10명이 전체 근로자 3만여 명을 대표해 회사를 상대로 제기한 임금 소송 상고심에서 사측의 손을 들어준 원심을 깨고 사건을 부산고법으로 돌려보냈다.

③ 재판부는 정기 상여금 외에 명절 상여금도 통상임금에 해당한다고 봤다. 재판부는 또 '신의성실의 원칙(신의칙)'을 적용해 소급분의 책임을 면제해주는 것은 부당하다는 판단을 내렸다. 근로자들이 주장한 '정기 상여금 600%, 연말 특별 상여금 100%, 명절(설·추석) 상여금 100% 등 800% 모두를 통상임금에 포함시키라'는 요구를 대부분 받아들인 셈이다.

④ 재판부는 특히 기업이 경영상 어려움에 처했더라도 '예견 가능했거나 일시적인 것일 경우'에는 근로자들의 요구가 신의칙에 위배되지 않는다는 판단을 추가했다. 통상임금 소송에 있어 기업들이 패소할 가능성이 한층 커졌다는 분석이다.

재판부는 "기업이 일시적 경영상 어려움에 처하더라도 사용자가 합리적이고 객관적으로 경영 예측을 했다면 경영 상태 악화를 충분히 예견할 수 있었다"며 "향후 경영상의 어려움을 극복할 가능성이 있는 경우 신의칙을 들어 근로자의 추가 법정수당 청구를 쉽게 배척해서는 안 된다"고 판시했다. ⑤ 현대중공업 측은 "법원의 판단을 존중하지만 당사의 입장과 차이가 있다"며 "판결문을 받으면 면밀히 검토해 파기환송심에서 충분히 소명할 예정"이라고 밝혔다. / 2021년 12월 17일

용어 설명

- **통상임금:** 근로자에게 정기적, 일률적, 고정적으로 지급하기로 정해진 시간급·일급·주급·월급 또는 도급 금액을 의미합니다. 즉 근로시간에 대해 지급하기로 노사계약에 명시한 통상적인 임금액으로 통상임금은 해고예고수당, 시간외·야간·휴일근로 시의 가산 수당, 연차유급휴가 수당, 퇴직금을 산출하는 기초가 됩니다. 과거 상여금과 각종 수당은 1988년 예규로 정한 지침에 따라 통상임금에 포함되지 않았으나 이후 법원이 차츰 통상임금의 범위를 확대하면서 포함되고 있습니다. 참고로 성과에 따라 차등 지급되는 성과급이나 특정 시점에 재직해야 받을 수 있는 선물비, 휴가비 등은 통상임금에 포함되지 않습니다.

- **상고:** 상고는 일반적으로 2심 판결에 대해 대법원에 불복신청을 내는 행동을 의미합니다.

- **파기환송:** 현재의 재판보다 한 단계 앞서 받은 재판(원심판결)을 현재 재판을 다루는 법원(사후심법원)이 파기한 경우 다시 심판하기 위해 원심법원으로 돌려보내는 것입니다. 예컨대 1심 법원(지방법원)의 판결에 불복한 사람이 2심 법원(고등법원)이 다시 재판해달라며 항소했을 때 2심 법원이 앞서 재판에 문제가 있다고 인정할 경우 원심판결을 취소하는 것으로 판결하면서 파기한 사건을 1심으로 되돌려 보내는 것입니다.

- **신의성실의 원칙(신의칙):** 계약 관계에 있는 당사자들이 권리를 행사하거나 의무를 이행할 때 상대방의 정당한 이익을 고려하고 신뢰를 저버리지 않도록 행동해야 한다는 원칙을 말합니다. 권리의 행사와 의무의 이행은 신의를 좇아 성실히 해야 한다는 민법 제2조 1항을 근거로 합니다.

이 기사는 왜 중요할까?

법원을 생각하면 범죄자를 엄벌하는 풍경만 떠올리는 경우가 많을 텐데요. 개인적으로는 법원의 더 중요한 기능이 바로 모호한 법을 어떻게 사회에 적용할 것인지 딱 '가르마'를 타주는 것이라고 생각합니다. 통상임금이라는 모호한 단어를 각각의 직장에 어떻게 적용하면 좋을지를 결정했던 이 '통상임금 판결'이 대표적인데요. 법원의 결정으로 인해 정기 상여금 등이 통상임금으로 포함되어 많은 직장인의 수당과 퇴직금이 높아지게 됐답니다.

물론 이후로도 각종 수당과 비용이 통상임금에 포함되느냐 마느냐를 두고 기업과 노동자들은 끝없는 소송전을 벌이고 있는데요. 이 기사는 바로 그중 하나인 '명절 상여금'과 '정기 상여금의 통상임금 소급분'을 두고 다투는 내용을 담고 있네요.

3심제를 도입하고 있는 우리나라에서 마지막 3심에 해당하는 대법원의 판결은 이후 불복할 수 없는 확정판결이라 특히 더 중요한데요. 물론 법원의 기사는 복잡한 법률 용어 탓에 무척 어렵게 느껴지긴 합니다만, 적어도 대법원 판결 기사 정도는 자주 읽어 익숙해지는 편이 좋겠죠.

기사 함께 읽기

법원을 출처로 하는 기사는 항상 첫 줄이 가장 중요합니다. 수많은 법조기자가 법원 판결의 핵심을 첫 줄에 명쾌하게 담아내는 것을 목표로 하죠. 즉 기사는 대법원이 정기 상여금의 통상임금 소급분과 관련해 현대중공업과 노조가 9년 동안 다툰 6,000억 원대 소송에서 노조의 주장을 받아들여줬다는 내용을 담고 있습니다(①).

그런데 다음 문단을 보면 아직 '완전한 승리'는 아니었음이 드러납니다. 대법원 이전의 소송인 부산고등법원의 판결(2심)에서는 회사의 손을 들어줬는데요. 대법원은 2심 법원의 판결이 부당하다며 다시 판결하라고 돌려보내는 '파기환송'을 했습니다(②). 즉 2심에 가서 한 번 더 재판을 받아야지 완전한 승리가 되는 셈이죠.

그래도 상급심인 대법원에서 원심 판결이 잘못됐다고 한 이상 파기환송 사건은 노조의 승리로 끝날 가능성이 큽니다. 대법원 재판부는 정기 상여금 외에 명절 상여금도 통상임금에 해당한다고 봤고, 또 신의성실의 원칙(신의칙)을 적용해 소급분의 책임을 면제해주는 것은 부당하다는 판단을 내렸다는데요(③). 여기서 신의칙이란 쉽게 말해 회사와 노동자는 힘들 때 도와가며 서로의 이익을 위해 최선을 다해야 한다는 원칙이라고 할 수 있습니다.

그러니까 기업의 주장은 과거에 안 줬던 정기 상여금 통상임금 소급분까지 다 내주면 회사가 어려워질 수 있으니 이런 건 신의칙에 위배될 수 있다는 주장이네요. 하지만 재판부는 이렇게 아무렇게나 신의칙을 갖고 와서 근로자에게 줄 돈을 안 줘서는 안 된다고 강조합니다. 다시 말해 회사가 경영상 어려움에 처하더라도 그게 예견 가능했거나 일시적일 경우에는 신의칙을 운운하며 근로자의 추가 수당 청구를 쉽게 거부해서는 안 된다는 겁니다(④).

현대중공업은 파기환송심에서 다시 따져보겠다는 입장인데요(⑤). 관건은 회사가 경영상의 어려움을 핑계로 근로자에게 임금을 덜 주려 한 것이 아니었다는 사실을 얼마나 잘 입증하느냐에 달린 듯 보이네요.

TIP

▶ 항소 vs. 상고 vs. 항고

모두 불복신청을 의미합니다. 항소는 지방법원(1심) 판결에 대해 고등법원(2심)에 하는 불복신청을 의미하고, 상고는 2심 판결에 대해 대법원에 불복신청을 내는 행동을 의미합니다. 또 법원의 의사 표시에는 '판결'뿐 아니라 '결정' 혹은 '명령'도 있는데 결정, 명령에 대한 불복신청은 항고라고 합니다.

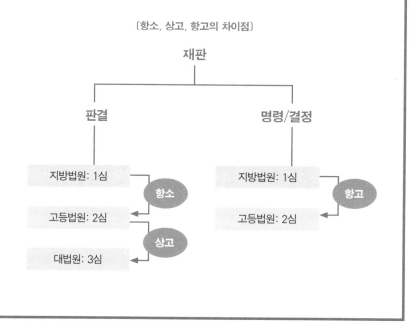

〔항소, 상고, 항고의 차이점〕

💬 기자의 한마디

법률을 다룬 기사는 용어부터 어려워 읽기에 부담을 느끼는 사람이 많습니다. 하지만 어려운 내용인 만큼 기자들도 최대한 쉽고 명쾌하게 기사를 쓰려고 많이 노력하고 있답니다. 일정한 패턴에 맞춰 기사가 작성되는 경우도 많으니 읽다 보면 금세 익숙해질 거예요.

⚟ 기업회생

'유동성 위기' 쌍용차,
결국 기업회생 신청

11년 만에 다시 법정관리 기로

쌍용차 "전체 임원 일괄 사표"

① 외국계 금융기관에서 빌린 약 600억 원을 갚지 못한 쌍용자동차가 결국 유동성 위기를 견디지 못하고 법원에 기업회생절차(법정관리)를 신청했다. 쌍용차의 기업회생 신청은 글로벌 금융 위기로 경영난을 겪던 지난 2009년 1월 이후 11년여 만이다. 쌍용차는 최근 출시된 올 뉴 렉스턴의 선방에도 15분기 연속 적자를 기록하는 등 어려움을 겪고 있다.

21일 쌍용차는 이사회를 열고 기업회생절차 신청을 의결했다. ② 쌍용차는 이날 서울회생법원에 기업회생절차 신청서와 함께 회사재산보전처분 신청서, 포괄적 금지명령 신청서를 접수했다.

③ 쌍용차는 이날 회생절차 개시 여부 보류 신청서(ARS)도 동시에 접수했다. ARS는 법원이 채권자들의 의사를 확인하고 회생절차 개시를 최대 3개월까지 연기해 주는 제도다. 기업회생을 신청한 기업이 정상적인 영업 활동을 하고, 채권자 등 이해관계자들의 합의 아래 기업회생 신청을 취하할 수 있게 한다. 쌍용차 기업회생 신청 사건은 회생 1부(서경환 수석부장판사)에 배당됐다. 재판부는 회생절차 개시 결정이 내려질 때까지 쌍용차에 대한 재산 보전 처분과 포괄적 금지 명령을 내리고 ARS 등을 종합적으로 판단할 방침이다.

④ 이번 기업회생절차 신청은 쌍용차가 JP모건 등 외국계 금융기관에서 빌린 600억 원 상당의 대출금이 연체된 데다 산업은행에서 차입한 900억 원 상당의 대출금에 대한 만기 재연장이 불투명한 상황에서 이뤄졌다. 앞서 지난 15일 쌍용차는 JP모건 ·

BNP파리바·뱅크오브아메리카메릴린치의 대출 원리금 상환을 연체했다고 공시했다. 총 연체 금액은 약 600억 원, 연체 이자는 6,000만여 원이다. 쌍용차는 산은 대출금 900억 원도 만기 연장일인 이날까지 결국 상환하지 못했다. 이날 만기가 돌아온 우리은행 대출금 150억 원(3/4분기 기준)의 원리금 상환에도 실패했다. 이에 따라 외국계 금융기관 연체액 600억 원을 포함해 쌍용차의 연체 원리금은 총 1,650억 원 규모가 됐다.

쌍용차는 이날 입장문에서 "쌍용차 문제로 협력사와 영업 네트워크, 금융기관, 임직원 등을 포함한 국민 여러분께 심려를 끼쳐 매우 송구스럽다"며 "전체 임원들이 일괄 사표를 제출하고 더 탄탄하고 경쟁력 있는 기업으로 탈바꿈하기 위해 혼신의 노력을 다하겠다"고 밝혔다. / 2020년 12월 22일

용어 설명

- **기업회생절차:** 법원 관리 아래 진행되는 기업 구조조정 절차로 과거에는 '법정관리'라고 불렸습니다. 한 기업이 사업을 계속할 만한 가치는 있지만 과잉 투자나 금융 사고 등의 문제로 부채(빚)를 감당할 수 없을 경우, 채무의 일부를 탕감하거나 주식으로 전환하는 등 부채를 조정해 회생할 수 있도록 하는 기업회생절차를 밟게 됩니다. 법원이 판단해 사업을 계속할 경우의 가치가 사업을 청산할 경우의 가치보다 크다고 인정될 때 회생 계획안을 제출받아 인가 여부를 결정합니다. 만약 이때 청산가치가 크다고 볼 경우는 청산(파산) 절차를 밟게 됩니다.
- **서울회생법원:** 서울중앙지방법원 파산부를 확대 개편해 2017년 3월 출범한 국내 첫 회생·파산 전문법원입니다.
- **유동성:** 자산을 현금으로 전환할 수 있는 정도를 나타내는 경제학 용어입니다.

이 기사는 왜 중요할까?

기업이 성공하는 일은 무척이나 어렵지만 성공을 유지해나가는 일은 더욱 어렵습니다. 어떤 기업이든 때로는 흥하고 때로는 망하며 융성했다가 쇠퇴하는 식의 순환주기를 거치기 마련인데요. 기업의 회생절차는 바로 망하며 쇠퇴하는 과정에서 다시 흥하고 융성하는 단계로 거듭나기 위한 노력이라고 말할 수 있습니다.

기업은 막대한 빚을 탕감하고 다시 경쟁력을 갖춰 회생하기 위해 구조조정 등의 다양한 방법들을 시도하는데요. 그 과정에서 수많은 근로자가 해고되기도 하는 등 뼈를 깎는 고통이 뒤따르기도 한답니다. 게다가 만약 이런 과정을 거치고도 기업 경쟁력을 회복하지 못한다면 회생이 아닌 청산(폐업)절차로 돌입하게 됩니다. 이 경우 회사의 근로자 대부분이 일자리를 잃을 뿐만 아니라 용역을 제공했던 협력사, 돈을 빌려줬던 금융기관 등의 채권자까지도 대금과 대출금을 돌려받지 못하는 등 피해가 급격하게 커지게 됩니다. 때문에 기업의 회생절차는 하나의 기업이 망해서 사회 곳곳에 여러 생채기를 남기느냐, 혹은 기사회생하여 새로운 역사를 써 내려가느냐의 변곡점에 있는 아주 중요한 순간인 거죠. 기업 경제를 이해하기 위해서는 기업회생절차가 무엇인지, 어떤 과정을 거치게 되는지 정도는 알아두는 편이 좋습니다.

기사 함께 읽기

이 기사는 제목을 통해 핵심 내용을 모두 전달해주고 있습니다. 쌍용차가 유동성 위기로 인해 결국 기업회생을 신청했다는 뉴스죠. 차례차례 읽어보겠습니다.

기사는 쌍용자동차가 외국계 금융기관에서 빌린 약 600억 원의 빚을 갚지 못해 법원에 기업회생절차를 신청했다는 문장으로 시작합니다(①). 쌍용차는 과거에도 법정관리를 신청한 적이 있었는데요. 과거 근로자들을 대량 해고하는 등 사회적 갈등을 빚었기에 기억하는 분도 많을 듯합니다. 그때가 글로벌 금융위기를 지나고 있던 2009년 1월이었으니 11년 만의 법정관리인 셈이네요. 그동안 법정관리의 이름도 기업회생절차로 바뀌었답니다.

기업회생절차(법정관리)란 경영난에 빠진 기업이 택할 수 있는 구조조정 절차 중 하나입니다. 조금 쉽게 말해 기업이 현재 빚을 많이 지고 있어 경영에 곤란을 겪고 있는 데다 대출이자조차 치르지 못할 정도로 유동성 위기(현금 부족)에 빠진 경우 빚을 좀 탕감해줄 수 없느냐고 법원을 찾아가는 일을 말하죠.

과거 법정관리라는 이름이 붙었던 이유는 기업의 회생절차가 개시되기 위해서는 법원의 허가가 필요하고, 회생절차를 종료하는 데도 법원의 판단이 필요하기 때문입니다. 즉 회생절차 기간에는 기업이 어느 정도 법원의 관리 아래 있게 되는 거죠.

실제로 이 기사는 쌍용차가 법원에 기업회생절차를 신청했다는 내용을 담고 있습니다. 쌍용차는 서울회생법원에 신청했다고 나오는데요. 참고로 서울회생법원은 서울중앙지법 파산부가 확대 개편해 2017년 3월 출범한 전문법원입니다. 과거 기업들의 회생·파산 사건은 1심 법원인 지방법원에서 여타 민사사건과 비슷한 방식으로 다뤄졌습니다. 하지만 경제 규모가 커지고 법인이 많아지면서 보다 전문적이고 효율적으로 다룰 필요가 있다는 판단 아래 전문법원으로 독립했죠.

해당 사건은 서경환 수석부장판사가 재판장으로 있는 회생 1부로 배당됐군요. 쌍용차는 기업회생절차를 개시해달라는 신청서를 내면서 회사재산보전처분 신청서와 포괄적 금지명령 신청서도 접수했다고 합니다(②). 복잡한 용어들이지만 간단히 말해 회생절차 개시 전까지 돈을 빌려준 채권자들이 빚 대신 회사 재산 등을 마음대로 가져가서 처분한다거나 동산에 압류를 거는 일 등을 법원이 막아달라는 겁니다.

비슷하게 회생절차 개시 여부 보류 신청서(ARS)도 접수했네요(③). 이 신청은 법원이 빚을 갚아야 하는 채무자와 빚을 받을 권리가 있는 채권자들의 의사를 물어 3개월까지 회생절차 개시를 연기해주는 제도입니다. 지금 사정이 어려워서 회생절차 개시를 신청하긴 했는데, 조금만 기다려주면 상황이 좋아질 수 있으니 지켜봐 달라, 만약 상황이 좋아지면 회생절차까지 가지 않아도 될 것 같다는 의미로 해석할 수 있습니다. 사실 기업회생절차라는 게 결국 법원의 관리 아래 놓이게 되는 것이니 경영권 행사에 다소 제약이 있게 됩니다. 기업 입장에서는 최후의 수단으로 사용하는 카드인 만큼 가급적 회생절차까지는 가고 싶지 않다는 속내가 읽히네요.

물론 이 모든 결정은 법원이 내립니다. 대체로 대기업의 경우 파산 시 사회적 피해가 커질 것을 우려해 회생절차를 개시하는 경우가 많습니다. 하지만 그렇다고 해서 법원이 무조건 받아주는 그런 신청은 아닙니다. 법원이 무조건 받아주기만 한다면 수많은 기업이 별다른 노력도 없이 빚을 잔뜩 진 후 '빚 좀 줄여주세요' 하고 찾아오는 '도덕적 해이(모럴 해저드, Moral Hazard)'가 다수 발생할 겁니다. 그래서 법원은 전후 사정과 경영 노력, 사업을 계속 영위할 경우의 이점과 청산할 경우의 가치 등을 따져서 회사의 신청에 대한 결정을 내리게 됩니다. 참고로 법원은 다음 해인 2021년 4월 15일 쌍용차의 회생절차 개시를 결정합니다.

다음 문단에는 쌍용차가 왜 이런 상황에 놓였는지를 알려줍니다. JP모건 등 외국계 금융기관에 600억 원가량의 대출금을 빌렸는데 갚지 못해 연체됐고, 산업은행에서 빌린 900억 원 상당의 대출금도 만기를 연장할 수 없을 가능성이 커졌다고 합니다(④). 이유는 앞서 JP모건, BNP파리바 등에서 빌린 대출 원리금을 갚지 못한 채 연체했기 때문이겠네요. 돈을 제때 못 갚는 채무자에게 다시 거액의 대출금을 연장해주기는 쉽지 않으니까요. 이렇게 저렇게 여러 은행에서 빌린 채 갚지 못한 대출 원리금이 1,650억 원에 이른다고 하는군요.

빚을 제대로 갚지 못하고 끝내 기업회생절차를 신청한 쌍용차는 아무래도 미안한 마음이 들 겁니다. 기사는 그런 쌍용차 측의 입장문을 담으며 마무리되네요.

💬 기자의 한마디

기업의 회생·파산신청은 우리 경제 전반은 물론 해당 기업 개별 근로자들의 삶에도 큰 영향을 미치는 뉴스입니다. 기업 규모가 크면 클수록 대형 악재로 확대될 수 있으니 이런 뉴스가 나온다면 향후 전망과 어떤 파급 효과가 있을지 기사를 보며 파악해두기를 권합니다.

'주가조작 의혹' CNK인터내셔널에 대법 "상장폐지 정당"

① 카메룬 다이아몬드 광산을 둘러싼 주가조작 사건으로 잘 알려진 CNK인터내셔널에 대한 상장폐지 결정이 정당하다는 대법원 판결이 나왔다.

대법원 1부(주심 권순일 대법관)는 CNK인터내셔널이 한국거래소를 상대로 낸 상장폐지 결정 무효 확인 소송에서 원고 패소로 판결한 원심을 확정했다고 1일 밝혔다.

② 대법원에 따르면 2014년 오덕균 전 CNK인터내셔널 대표가 110억 원 규모의 배임 및 주가조작 등 혐의로 기소되자 거래소는 상장적격성 실질심사를 통해 2015년 3월 CNK인터내셔널의 상장폐지를 결정했다. 당시 오 전 대표는 카메룬 다이아몬드 광산의 매장량이 4억 1,600만 캐럿에 달한다는 내용의 허위 보도자료를 배포해 주가 상승을 유도하고 보유 지분을 매각해 900억 원 상당의 부당이득을 취득한 혐의 등으로 검찰에 기소됐다. ③ 한국거래소 코스닥시장 상장규정에 따르면 회사 경영진의 횡령·배임 규모가 자기자본의 3% 이상 혹은 10억 원 이상일 경우 심사를 통해 상장을 폐지할 수 있다. CNK인터내셔널은 "횡령·배임 혐의가 있다는 사정만으로 상장적격성 실질심사 대상으로 삼을 수 있도록 한 규정은 무효"라며 거래소를 상대로 소송을 냈다.

④ 1·2심은 "횡령·배임에 대한 유죄판결이 확정된 이후에야 상장적격성 실질심사를 진행할 수 있게 된다면 투자자를 보호하고자 하는 상장폐지 제도의 실효성을 저해할 우려가 있다"며 해당 상장(폐지) 규정이 정당하다고 봤다. 대법원 역시 원심의 손을 들어줬다. 대법원은 "일정 규모 이상의 횡령·배임 혐의가 공시 등을 통해 확인되는 경우를 실질심사 개시의 단초로 삼아 추가적으로 기업 계속성, 경영 투명성, 코스닥시장의 건전성 등을 참작해 실질심사 대상으로 삼도록 규정할 필요성이 인정된다"고 판시했다. / 2020년 1월 2일

용어 설명

- **횡령:** 타인의 재물을 보관하는 자가 그 재물을 사사로이 사용하거나 임의로 사용 후 반환을 거부함으로써 성립하는 죄를 말합니다. 회사의 대표이사나 임직원이 법인 소유의 자금을 자신의 돈처럼 사용한다면 횡령죄가 성립됩니다.

- **배임:** 타인의 사무를 처리하는 자가 그 임무에 위배하는 행위를 함으로써 재산상의 이득을 직접 취득하거나 제3자에게 취득하게 해 손해를 가함으로써 성립하는 범죄를 말합니다. 회사의 대표이사나 임직원이 계열사 혹은 관계회사에 일감을 몰아주기 위해 자신의 회사에 일감을 수주하는 일을 일부러 포기할 때 배임죄가 성립할 수 있습니다.

- **상장폐지:** 증시에 상장된 주식이 매매 대상의 자격을 상실해 상장이 취소되는 일을 말합니다. 증권거래소의 상장폐지 기준에 해당할 경우 거래소가 직권에 따라 상장폐지를 결정하는 것이 가장 일반적입니다. 때로 상장회사 스스로가 상장폐지를 신청하기도 하는데 이를 '자진 상폐'라고 합니다.

- **상장적격성 실질심사:** 매출액이나 시가총액 미달 등 양적 기준이 아닌 매출 규모 부풀리기나 횡령·배임 등 질적 기준에 미달하는 상장사를 퇴출하기 위해 한국거래소가 도입한 제도입니다.
한국거래소는 특정 상장사가 공시의무 또는 회계처리 기준을 위반했거나 횡령·배임 혐의 등이 발생했을 때 주식거래를 정지하고 15거래일 이내 상장적격성 실질심사 대상인지 여부를 결정합니다. 실질심사 대상이라고 판단할 경우 거래소 담당 임원과 변호사, 회계사 등이 참여하는 '상장폐지 실질심사위원회(기업심사위원회)'가 구성돼 심사하게 되고, 상장 유지에 부적합한 것으로 판정된 경우 해당 법인에 대한 숙고에 들어가게 됩니다. 기업심사위원회에서 숙고를 거듭한 결과는 거래 재개, 개선 기간 부여, 상장폐지 등 3가지로 나타나게 되고요. 만약 기업심사위원회에서 상장폐지 결정을 받을 경우는 법원의 2·3심 격인 시장위원회로 사건이 넘어가게 됩니다. 총 2차례까지 열릴 수 있는 시장위원회에서도 기업심사위원회와 동일하게 사회 영향력 등을 따져 거래 재개, 개선 기간 부여, 상장폐지 등을 결정하게 됩니다. 만약 실질심사 대상이 아니라고 결정되거나 기업심사위원회, 시장위원회 등에서 거래 재개 결정이 나온다면 즉시 증시에서 주식거래가 재개됩니다.

이 기사는 왜 중요할까?

사회 면에 주로 등장하는 사건사고(범죄) 기사는 경제의 흐름과는 큰 연관이 없어 보일 때가 많습니다. 하지만 투자자라면 반드시 주의해야 할 사건사고 뉴스가 있으니 바로 대표이사나 임원 등 주요 경영진의 횡령·배임과 같은 경제 범죄에 관한 기사입니다. 만약 상장기업에서 경영진의 부정행위가 드러날 경우 한국거래소의 심사를 통해 상장폐지로 직행할 위험도 있습니다. 가끔 검찰이 특정 기업에 압수수색을 들어갔다는 보도가 주가를 크게 떨어뜨릴 때가 있는데 이런 우려가 반영되는 것이죠. 심심찮게 신문지상을 장식하는 횡령·배임이 과연 어떤 범죄인지, 이런 범죄의 결과가 어떻게 기업의 상장폐지로 이어지는지를 알아둔다면 향후 비슷한 사건이 있을 때 나타날 수 있는 경제적 파급 효과 등을 단박에 이해할 수 있을 겁니다.

기사 함께 읽기

법원 기사의 핵심은 첫 줄, 카메룬 다이아몬드 광산을 둘러싼 주가조작 사건에 연루됐던 CNK인터내셔널에 대한 한국거래소의 상장폐지 결정이 정당했다고 대법원이 확정 판결을 내렸다(①)는 것입니다. CNK인터내셔널이 한국거래소를 상대로 "상장폐지 결정은 무효다"라고 주장하며 낸 소송에 대해 1·2심이 원고 패소 판결을 냈는데 그걸 대법원이 확정했다고 하네요.

이어서 이 소송 내용이 상세히 나옵니다. 2014년 이 회사의 대표는 110억 원 규모의 배임 및 주가조작 등의 혐의로 검찰에 기소됐고, 이 소식이 알려지자마자 한국거래소는 회사를 상장적격성 실질심사 대상으로 결정해 심사를 진행, 이듬해 3월에 상장폐지 결정을 내립니다(②). 기사에서도 간단히 설명했지만, 이 주가조작 사건은 좀 유명했는데요. 이 회사는 카메룬 다이아몬드 광산의 개발권을 획득했는데 매장량이 4억 1,600만 캐럿에 달한다고 발표하죠. 그런데 이 발표가 무려 정부 기관인 외교부를 통해서 이뤄집니다. 공신력 있는 외교부의 발표에 CNK 주가는 3,000원에서 보름 만에 5배로 껑충 뛰었는데요. 그런데 매장량이 부풀려졌다는 의혹이 제기되며 검찰이 수사에 착수, 주가조작 혐의와 배임 등으로 대표 등을 기소하기까지에 이른 겁니다.

검찰 기소가 이뤄지자 한국거래소는 투자자 보호를 위해 주식거래를 중지하고 회사를 상장적격성 실질심사의 대상으로 결정합니다.

기사에도 나와 있듯 한국거래소 코스닥시장은 회사 경영진의 횡령·배임 규모가 자기자본의 3% 이상 혹은 10억 원 이상일 경우 심사를 통해 상장폐지할 수 있다고 하네요(③). 일반적으로 회사 돈을 내 돈처럼 쓰면 회사에 손해를 끼치게 되는 셈이니 횡령과 배임은 세트처럼 붙어 다니는 범죄이기도 합니다.

그런데 이런 범죄 행위를 저지른 CNK 측은 "혐의만으로 상장폐지 절차를 진행하는 것은 지나치다"는 취지의 무효 소송을 냅니다. 즉 확정 판결이 나지도 않았는데 유죄로 보고 상장폐지를 하는 것은 안 된다고 주장한 셈이죠.

앞서 말한 것처럼 법원은 거래소의 손을 들어줬는데요. 법원이 왜 그렇게 판단했는지가 다음 문단부터 나옵니다. 법원은 "횡령·배임의 유죄 판결이 확정된 이후에야 상장폐지 절차를 진행할 수 있다면 투자자를 보호하려는 제도의 실효성을 저해할 우려가 있다"고 봤네요(④). 대법원 역시 거래소가 심사를 열어 기업의 계속성과 경영 투명성 등을 두루 참작하는 것은 필요성이 인정된다며 원심과 비슷한 취지의 판결을 내렸습니다.

TIP

▶ 상장폐지 기준

주식을 발행한 회사가 파산 등 경영상의 중대한 사태가 발생해 투자자에게 손실을 보게 하거나 증시 질서의 신뢰를 훼손할 우려가 있는 경우 거래소는 강제로 해당 증권을 상장폐지할 수 있는데요. 규정된 형식적 기준으로는 사업보고서 미제출, 감사인의 의견거절, 영업정지, 부도 발생, 자본잠식 등이 있습니다. 또 경영진 및 임직원의 횡령과 배임, 분식회계 등 회계 부정 등의 사안이 발생할 경우 적절 기준인 상장적격성 실질심사를 진행해 상장폐지를 결정할 수 있습니다.

 기자의 한마디

기업인의 경제 범죄는 때때로 기업의 상장폐지라는 안타까운 결과로 이어집니다. 상장폐지가 되는 조건을 알고 있다면 위험한 투자 대상을 피해가는 눈을 기를 수 있을 겁니다.

증권/금융

'주린이'를 졸업해 어엿한 투자자로 거듭나기 위해선 '그들만의 리그'에
들어가 볼 필요도 있습니다. 복잡한 투자 용어들과 금융이론, 낯선 금
융 상품과 하나씩 친해져볼까요.

🔑 코스피, 코스닥

하루 코스피 변동폭 128P…
'지옥 맛' 본 투자자들

서킷브레이커 · 사이드카 동시 발동

코스피 · 코스닥 한날 발효는 처음

외인 1.2조 순매도… 연기금 '백기사'로

"최악 땐 1,100P까지 밀릴 수도"

① 글로벌 경기 침체에 대한 공포가 주식시장의 변동성을 극대화시켰다. 국내 증시 사상 처음으로 유가증권시장과 코스닥시장에 사이드카와 서킷브레이커가 동시에 발동됐다가 연기금이 '백기사'로 나서자 하락폭을 빠르게 축소하는 등 지수는 하루 종일 롤러코스터를 탔다. 13일 코스피지수의 하루 변동폭은 무려 128.71포인트, 코스닥지수는 53.23포인트에 달해 투자자들을 극도의 패닉 상태로 몰고 갔다.

② 한국거래소에 따르면 이날 코스피지수는 전날보다 3.43%(62.89포인트) 하락한 1,771.44에 장을 마쳤다. 장 시작 4분여 만에 프로그램 매도호가 효력이 일시 정지되는 사이드카가 발동될 정도로 급락해 거래를 시작한 코스피는 장중 한때 8% 이상 빠지면서 지난 2001년 9·11테러 이후 19년여 만에 20분간 유가증권시장 거래를 정지하는 서킷브레이커까지 발효됐다. 외국인 투자자들의 매도세는 이날도 거셌다. ③ 외국인들은 유가증권시장에서 1조 2,300억여 원어치를 팔아치웠고, 개인과 기관은 각각 4,463억 원, 5,848억 원을 순매수했다.

코스닥시장의 변동성은 더 컸다. 장중 한때 전날보다 13.57%나 하락한 487.07포인트까지 곤두박질치면서 당일 지수가 15% 이상 변동될 때 적용되는 2단계 서킷브레이커 발동 직전까지 몰리기도 했다. 외국인들은 1,728억 원어치를 사들였지만 개인투자자들이 3,000억 원 이상 순매도하면서 지수를 끌어내렸다.

④ 10% 가까운 급락장세는 오후 들어 연기금이 매수세를 끌어올리면서 반전했다. 연기금은 이날 5,729억 원어치를 사들였다. 2011년 8월 이후 하루 기준 순매수량으로는 최대치다. 아울러 글로벌 중앙은행의 정책 공조에 대한 기대감이 확산되면서 지수 내림세를 진정시켰다는 분석이다. ⑤ 서정훈 삼성증권 책임연구원은 "오후 들어 연기금이 순매수세를 늘리면서 지수 하락폭을 줄였다"며 "글로벌 중앙은행의 정책 공조에 대한 기대감으로 외국인 자금의 유출이 다소 진정된 것도 영향을 끼쳤다"고 말했다.

⑥ '패닉셀(공포 매도)'은 순간 진정됐지만 극심한 변동성은 당분간 지속될 것으로 전망된다. 우선 다음 주 있을 미국 FOMC의 결과에 따라 극심한 변동성이 다소 누그러질지가 결정될 것으로 보인다. 다만 아직 '신종 코로나바이러스 감염증(코로나19)'의 글로벌 확산세가 지속되고 있고, 국제 유가가 여전히 불안한 상황인 만큼 본격적인 회복까지는 시간이 걸릴 것이라는 전망이 우세하다. 유승민 삼성증권 글로벌투자전략팀장은 "시장은 각국 정부의 대규모 재정확대 정책을 기다리고 있다"며 "당분간 코로나19 확진자 수가 급증세를 보일 가능성이 큰 만큼 높은 변동성 국면이 지속될 것"이라고 말했다. / 2020년 3월 14일

용어 설명

- **코스피**(KOSPI, Korea cOmposite Stock Price Index) · **코스피지수**: 코스피는 한국을 대표하는 증권시장으로 삼성전자, 네이버, LG화학 등 국내를 대표하는 굵직한 대기업이 상장돼 거래되고 있습니다. 코스피지수는 코스피에 상장된 종목들의 주식 가격에 주식수를 곱한 시가총액 방식으로 종합 산출한 수치이며, 시장 전체의 주가 움직임을 측정하는 지표로 이용됩니다.

- **코스닥**(KOSDAQ, Korea Securities Dealers Automated Quotation) · **코스닥지수**: 첨단 벤처기업 중심의 증권시장인 미국의 나스닥(NASDAQ)을 본떠 만든 중소·벤처기업을 위한 증권시장입니다. 1996년 7월 1일 출범했으며 코스닥지수 역시 코스닥에 상장된 종목의 주가에 주식수를 곱한 시가총액 방식으로 산출됩니다.

- **서킷브레이커**(CB, Circuit Breakers): 코스피·코스닥지수가 일정 수준 이상 급락하는 경우 증권시장 전체의 매매 거래를 일시적으로 중단하는 제도를 말합니다. 전기회로에서 과열된 회로를 차단하는 장치에서 따온 말로 시장 참여자들에게 냉정한 투자 판단의 시간을 제공하기 위해 마련됐습니다.

  CB는 총 3단계에 거쳐 순차적으로 발동됩니다. 코스피(코스닥)지수가 전일 대비 8% 이상 하락해 1분간 지속될 경우 1단계, 전일 대비 15% 이상 하락하거나 1단계 대비 1% 이상 추락해 1분간 지속할 경우 2단계가 발동해 20분간 매매 거래가 중단됩니다. 3단계는 지수가 전일 대비 20% 이상 하락하거나 2단계 발동 후 1% 이상 추가 하락해 1분간 지속할 경우 발동하며 즉시 당일 장을 종료합니다.

- **사이드카**(Sidecar): 선물시장이 급변할 경우 현물시장에 대한 영향을 최

소화함으로써 현물시장을 안정적으로 운용하기 위해 도입한 프로그램 매매 호가관리제도입니다. 유가증권(코스피)시장에서는 코스피200 선물 가격이 기준가 대비 5% 상승 또는 하락해 1분간 지속할 경우, 프로그램 매매 호가의 효력을 5분간 정지하는 사이드카가 발동됩니다. 코스닥시장 에서는 코스닥150 선물이 기준가 대비 6% 이상 상승 또는 하락하고 코스닥150 지수가 3% 이상 상승 또는 하락하는 일이 동시에 발생해 1분간 지속할 경우 사이드카가 발동됩니다.

- **연기금:** 연금(Pension)과 기금(Fund)을 합친 말로, 연금을 지급하는 원천 이 되는 기금을 의미합니다. 국민연금공단, 공무원연금공단 등이 대표적 인 연기금이며, 이들은 연금 재원 마련을 위해 대규모 투자 활동을 벌이 는 경우가 많아 증시의 '큰손'으로도 불립니다.

이 기사는 왜 중요할까?

"오늘 주식시장 분위기 어땠어?"라는 질문을 받으면 뭐라고 대답해야 할 까요? 삼성전자가 올랐으니 분위기가 좋았다고 해야 할까요, 아니면 카카오 주가가 내렸으니 나빴다고 하는 게 맞을까요. 코스피·코스닥시장에는 도합 2,000개가 넘는 기업이 있는데 말입니다.

이런 질문에 답하기 위해 만들어진 것이 바로 종합주가지수입니다. 종합주 가지수란 증시에 상장된 기업을 모두 포함해 기준에 맞게 수치화한 것을 의미 하는데요. 세계 각국의 주요 증시는 모두 이런 종합지수를 만들어 증시 동향을 한눈에 파악할 수 있도록 하고 있죠. 예컨대 미국에는 다우존스, S&P500, 나 스닥 등의 3대 지수가 있고, 한국에는 바로 양대 증시의 동향을 표시하는 2대 지수인 코스닥, 코스피지수가 있습니다.

이 지수의 움직임을 따라가며 특정일의 증시 동향을 써내려가는 기사를 '시황 기사'라고 합니다. 시황 기사는 증권기사에서 가장 큰 비중을 차지하며 증시를 이해하는 첫 단계이기도 합니다. 처음에는 낯선 용어들에 어렵게 느껴지지만, 익숙해지면 어느 순간 이 기사 하나만으로도 오늘 증시가 어땠는지 한눈에 파악할 수 있게 될 겁니다. 만약 주식투자를 한다면 시황 기사 정도는 가볍게 술술 읽을 수 있도록 연습하는 편이 좋겠죠?

기사 함께 읽기

일반적인 시황 기사에는 크게 네 가지 내용이 들어갑니다. 해당 날짜의 종가 기준 지수 현황과 주요 투자자들의 매수·매도 동향, 지수 변동의 이유와 앞으로의 지수 전망 등이죠. 증시에 별다른 변동이 없는 날이면 시황 기사는 이 네 가지 팩트를 중심으로 간단하게 작성됩니다. 하지만 코스피가 폭락 또는 폭등하는 등 시황이 급변동하는 날에는 지수의 움직임을 상세히 묘사하며 당일 증시의 긴박함을 전달하는 역할을 하기도 합니다.

이 기사가 바로 그런 시황 기사인데요. 지난 2020년 3월 신종 코로나바이러스 감염증의 유행이 점차 강해지며 글로벌 증시가 휘청거리던 당시에 작성됐습니다. 이 기사가 나오고 6일 뒤인 3월 19일 코스피는 1,400대까지 추락하며 '코로나 쇼크'에 빠지기도 했죠. 기사에도 상당한 위기감이 느껴집니다.

기사의 전문에는 이날 글로벌 경기 침체에 대한 불안으로 주식시장의 변동성이 극심해졌던 상황을 전달합니다. 개장 초반에는 사이드카와 서킷브레이커라는 '시장 변동성 완화 장치' 2개가 동시에 발동될 정도로 지수가 급락했지만, 오후 국민연금 등 증시의 큰손인 연기금이 구원투수로 나서며 하락폭을 줄이는 상황이 묘사되었죠(①). 기사에서는 코스피 하루 변동폭이 128포인트에 달했다고 하는데, 지수가 이 정도 움직였다면 개별 주식은 10~20%씩 널뛰는 경우도 있었을 겁니다.

본문으로 들어가며 상황을 좀 더 상세히 들여다봅니다. 코스피는 전날보다 3.43% 내린 채 마감했지만, 장중에는 한때 8% 이상 빠졌다는 사실을 알 수 있네요. 그러면서 사이드카와 서킷브레이커가 2001년 이후 19년여 만에 발동됐다는 사실도 전합니다(②). 그만큼 상황이 심각하다는 의미죠.

그러면 왜 이렇게 심각한 상황이 벌어졌을까요. 첫 번째 이유가 투자 주체들의 동향에서 파악됩니다. 외국인이 코스피에서만 1조 2,300억 원어치의 주식을 팔아치우며 주가를 떨어뜨린 겁니다(③). 그리고 외국인이 코스피를 대량 매도하며 8% 이상 추락시킨 지수는 연기금(기관)의 등장으로 회복을 시작합니다(④). 참고로 우리 증시는 주요 투자자를 크게 개인, 외국인, 기관 세 개로 나누는데요. 즉 외국인 투자자가 판 주식을 국내 기관투자자들이 대거 사주면서 지수 하락을 지지했다는 의미가 되죠. 만약 외국인과 기관이 동시에 매도했다면 상황은 더욱 악화됐을 겁니다.

이후로는 이날 증시 폭락과 반등의 이유에 대한 전문가의 견해를 소개합니다(⑤). 그리고 내일 이후의 증시에 대한 전망을 제시하죠(⑥). 전문가는 앞으로도 극심한 변동성이 지속될 수 있으니 투자에 유의하라고 조언합니다. 전문가의 관측은 맞을 수도 틀릴 수도 있습니다만, 이런 변동성 장세를 경험하는 투자자라면 당분간 시황 기사에도 촉각을 곤두세울 필요가 있다는 건 확실해 보이네요.

TIP

▶ 한국 증시의 3대 투자 주체

우리 증시는 주요 투자자를 크게 개인, 외국인, 기관 세 개로 나눕니다. 시황 기사에서는 세 주체의 비중을 비슷하게 다루지만 사실 증시에 미치는 파급력은 아무래도 거액의 자금을 굴리는 외국인과 기관이 훨씬 큰 편입니다.

우선 개인은 흔히 말하는 '동학개미'인 우리들, 일반 개인투자자를 의미합니다. 한 사람 한 사람의 힘은 미약하지만 집단이 되면 상당히 규모 있는 투자 주체가 되죠. 다만, 개개인의 움직임이 하나의 목표를 향해 뭉치기는 쉽지 않기에 증시 전반에 미치는 영향력은 그리 크지 못한 편입니다. 물론 수십억 원을 굴리며 증시에 영향력을 미치는 개인도 있는데, 이들을 '슈퍼 개미'라고 부릅니다.

반면, 외국인과 기관은 사고파는 규모가 개인과는 비교할 수 없이 크다 보니 증시에 미치는 파급력도 큽니다. 특히 증권가는 외국인 혹은 외인이라고 불리는 투자자의 동향에 집중하곤 하는데요. 이들의 자금이 한국 증시뿐 아니라 세계 증시를 대상으로 움직이기 때문입니다. 예컨대 한국 증시 혹은 한국 증시의 특정 기업이 좋다고 생각할 경우 대규모 자금을 들고 오기 때문에 주가 상승에 큰 영향을 주게 됩니다. 반대로 한국 증시의 전망을 나쁘게 볼 경우 코스피를 팔고 미국 등 다른 시장으로 갈 겁니다. 한국 증시에는 악재가 되는 거죠. 외국인 투자자에는 골드만삭스 등 외국계 금융기관이나 단기 고수익을 목적으로 글로벌 금융시장에서 활약하는 헤지펀드(Hedge Fund) 등이 포함됩니다.

기관투자자는 국내의 금융기관을 주로 의미하는데, 증권사나 자산운용사, 투자신탁회사, 은행, 보험회사, 연기금 등을 두루 포함합니다. 특히 국민연금은 800조 원이라는 막대한 자금을 굴리는 증시의 대표적인 '큰손'으로 꼽힙니다.

자, 그럼 주식투자자들은 왜 이들의 동향에 주목해야 하는 걸까요? 간단히 말해 주가의 향방을 가늠해보기 위한 목적이 큽니다. 주가를 결정짓는 요소에는 여러 가지가 있겠지만 다른 제품과 마찬가지로 '수요 공급의 법칙'이 작동합니다. 사고 싶은 사람이 많으면 주가가 오르고, 팔고 싶은 사람이 많으면 주가가 하락하는 거죠. 그래서 주가의 오르내림을 따져볼 때는 이런 수요와 공급을 결정짓는 주체, 즉 수급 주체들의 동향을 살펴볼 필요가 있는 겁니다.

TIP

▶ 세계의 증시

우리나라 증시를 대표하는 지수로 코스피가 있듯이 세계 각국의 증시도 저마다 자신들을 대표하는 종합주가지수를 가지고 있습니다. 간단히 한번 살펴볼까요?

미국

- **다우존스산업평균지수(다우지수):** 미국의 다우존스사가 뉴욕증권거래소에 상장된 우량기업 주식 30개 종목을 표본으로 시장 가격을 평균해 산출하는 주가지수입니다. 나스닥, S&P500지수와 더불어 뉴욕 증시의 3대 지수로 꼽힙니다. 여기서 잠깐! 지수를 산정하는 방식에는 크게 두 가지가 있는데요, 코스피처럼 상장된 모든 종목의 시가총액을 더해 기준연도와 비교하는 '시가총액 가중식'과 일부 종목의 시장 가격을 평균해 산출하는 '수정주가 평균식'이 있습니다. 다우존스산업평균지수는 산업을 대표할 만한 30개 종목만 골라서 해당 종목의 주가를 평균해 지수를 내는 '수정주가 평균식'을 택하고 있답니다. 이때 30개 종목은 정기 편입편출 등을 통해 계속 바뀝니다.
- **나스닥종합주가지수(나스닥지수):** 첨단기술, 인터넷, 벤처기업들이 주로 상장돼 있는 미국의 특별주식시장 나스닥의 종합주가지수를 의미합니다. 시가총액 방식으로 산출됩니다.
- **S&P500:** 국제 신용평가기관인 스탠더드앤드푸어스(S&P)가 작성하는 주가지수로, 공업·운수·공공·금융 등 500개 종목의 주가를 기준으로 산출합니다. 뉴욕 증시와 나스닥시장의 종목을 모두 포함하고 있는 데다 다우지수보다 훨씬 많은 종목 수를 담고 있어 실질적으로 미국을 대표하는 지수로 꼽힙니다. 나스닥과 같이 시가총액 방식을 사용합니다.

일본

- **닛케이평균지수 또는 닛케이225:** 일본경제(니혼게이자이)신문사가 도쿄 증권거래소 1부 시장에 상장된 주식 가운데 유동성이 큰 225개 종목의 시장 가격을 평균해 산출하는 일본 증권시장의 대표적인 주가지수입니다.

중화권

- **상하이종합지수:** 중국 상하이증권거래소에 상장된 1,492개 기업(2021년 기준)을 대

상으로 구성된 종합주가지수입니다. 시가총액 방식을 사용합니다.

- **항셍지수**: 홍콩 증권거래소에 상장된 종목 중 상위 50개 종목을 시가총액 가중평균으로 산출한 주가지수입니다. 홍콩상하이은행(HSBC)의 자회사인 항셍은행 산하 항셍지수(HSI)서비스가 산출합니다.
- **대만 자취엔지수**: 대만 증권교역소에서 운영하는 표준지수인 '가권지수'를 현지식으로 발음한 것입니다. 우선주, 상장 1개월 미만의 주식 등을 제외한 전 주식을 대상으로 산출합니다.

유럽

- **FTSE100지수**: 영국 런던국제증권거래소(ISE)에 상장된 시가총액 상위 100개의 우량 주식으로 구성된 지수입니다. 영국 파이낸셜타임스와 ISE가 공동으로 산출합니다.
- **CAC 40지수**: 프랑스 파리증권거래소에 상장된 40개의 우량주식으로 구성된 지수입니다. 시가총액 방식을 사용합니다.
- **DAX지수**: 독일 프랑크푸르트증권거래소에 상장된 주식 중 30개 기업(2021년 9월 이후 40개로 확대)을 대상으로 구성된 주가지수입니다.
- **유로스톡스50(Eruostoxx50)**: 독일, 프랑스 등 유럽 12개국 증시에 상장된 기업 중 50개 우량기업을 선정해 구성한 지수입니다. 유로존의 블루칩을 대표하는 것이 목적이라고 하며 대형 금융주 비중이 높습니다.

💬 **기자의 한마디**

증시의 분위기를 한눈에 파악하기 위한 가장 효율적이고 효과적인 방법은 종합주가지수의 흐름을 따라가는 것입니다. 주식투자를 하고 있다면 코스피 · 코스닥 양대 증시의 흐름은 물론 한국 증시에 큰 영향을 미치는 미국 증시의 변화 및 방향도 가급적 매일 체크해보기를 권합니다.

○━ 공매도

부활하는 공매도…
"단기 충격 대비 대차거래 잔액 급증 종목 주의를"

금융위기 이후 공매도 재개 때 14% 오름세

증권가 "되레 상승 동력 얻을 가능성" 관측도

① 1년 2개월간 금지됐던 공매도가 3일부터 코스피200·코스닥150 종목에 한해 일부 재개된다. 개인투자자들은 공매도 재개가 증시에 찬물을 끼얹을 것으로 보고 있지만 증권가는 "영향이 있더라도 단기에 그칠 것"으로 보고 있다. 다만 공매도 잔액이 높거나 최근 대차거래 잔액이 급증했던 종목은 공매도 재개에 영향을 받을 수 있으니 투자에 유의할 것을 조언했다.

2일 금융투자업계에 따르면 지난해 3월 16일부터 금지됐던 공매도가 코스피200·코스닥150 종목에 한해 3일부터 풀린다.

② 대다수 개인투자자들은 한국 증시 역사상 최장 기간 금지됐던 공매도가 재개되면 증시가 부정적인 영향을 받으리라 걱정하고 있다. 공매도 금지 기간 동안 코스피와 코스닥이 각각 77.70%, 87.68% 급등했기에 공매도를 재개할 경우 추가 상승은커녕 지수 하락을 부추기리라는 우려가 높은 것이다. 이 같은 불안이 투자 심리에 반영돼 코스피200과 코스닥150 지수는 공매도 재개를 앞둔 27~30일간 2.31%, 6.15%씩 내리기도 했다.

③ 하지만 전문가들은 과거 사례를 볼 때 오히려 증시가 상승 동력을 얻을 가능성을 거론하고 있다. 특히 공매도 금지 후 코스피에서만 22조 원을 판 외국인이 공매도 재개 후 매수 전환할 가능성이 크다는 관측도 나온다. 실제 지난 2008년 글로벌 금융위기 당시 금융당국은 8개월간 공매도를 금지한 후 2009년 6월 재개했는데 이후 코스피는 하루 만에 1.4%, 3개월간 무려 14.7%가 올랐다. 2011년 유럽발 재정 위기로 3개

월간 공매도를 금지한 후 재개했을 때도 단기적으로는 5% 정도 코스피가 하락했지만 한 달여 만에 하락폭을 모두 메웠다.

④ 다만 업종이나 종목별로 고평가된 기업의 경우 공매도 재개 후 주가가 부진할 수 있다며 단기 투자에는 유의할 것을 권했다. ⑤ 또 시가총액 대비 공매도 잔액 비중이 높거나 대차거래 잔액이 급증한 종목은 영향을 받을 수 있다고 말했다. 국내에서는 주식을 빌린 후 공매도하는 '차입 공매도'만 허용하고 있기에 대차거래가 늘어난 종목이 공매도 노출 가능성도 크다는 것이다. 지난달 30일 현재 대차거래 잔액은 56조 3,405억 원으로 올 들어 최대치를 경신했다. 유명간 미래에셋증권 연구원은 "4월 들어 통신, 미디어, 필수소비재, 정보기술(IT)가전, 유통 등 업종의 대차잔고 비중 상승폭이 컸다"고 언급했다.

⑥ 그러면서도 전문가들은 공매도나 대차거래 잔액이 높다고 해서 무조건 주가가 하락하는 것은 아니라고 설명했다. 전균 삼성증권 연구원은 "주가가 상승 반전할 경우 해당 공매도를 청산(쇼트 커버)해야 하는 수요가 많아져 오히려 주가가 상승할 수도 있다"고 말했다. / 2021년 5월 3일

용어 설명

- **공매도**(空賣渡, Short Stock Selling): 말 그대로 '없는 것을 판다'는 뜻으로 주식, 채권 등을 가지고 있지 않은 상태에서 매도 주문을 내는 것을 의미합니다. 주가가 떨어지면 해당 주식을 더 저렴한 값에 사서 결제일 안에 갚으면 되기 때문에 약세장이 예상되는 경우 시세차익을 노릴 수 있습니다. 공매도에는 주식을 보유하지 않은 상태에서 증거금 등의 담보만 제공한 채 미리 파는 '무차입 공매도(Naked Short Selling)'와 주식을 보유하고 있는 사람에게서 빌려와 그 한도 내에서만 파는 '차입 공매도(Covered Short Selling)'가 있습니다. 국내에서 무차입 공매도는 불법이므로 공매도는 주로 차입 공매도(대차·대주거래)를 의미합니다.

- **대차거래**: 주식을 장기 보유하고 있는 기관에 일정한 수수료를 내고 주식을 빌린 다음, 계약이 종료된 후 같은 주식을 갚는 거래를 말합니다. 주로 증권사가 이용하므로 쉽게 말해 기관끼리 주식을 빌리는 거래를 의미합니다. 빌리는 규모가 크고 계약 기간이 6개월에서 1년으로 긴 것이 특징입니다. 주식을 싸게 빌려서 비쌀 때 팔고 다시 가격이 내리면 상환해 시세차익을 얻는 식으로 거래하므로 사실상 '차입 공매도'와 같은 말로 쓰입니다.

- **쇼트 커버링**(Short Covering): 국내는 차입 공매도만 허용하므로 빌려서 매도한 주식은 결제일 전 원래 주인에게 되갚아야 하는데, 이를 위해 해당 주식을 재매수하는 것을 '쇼트 커버링'이라고 합니다.

이 기사는 왜 중요할까?

대부분 기자들은 기사 작성법을 훈련받으며 "중학생이 읽어도 이해할 수 있도록 쓰라"는 요구를 받곤 합니다. 하지만 사실 경제기사, 특히 증권 면 기사는 중학생은커녕 기자인 제가 읽어도 이해가 쉽지 않습니다. 지면의 한계상 주식시장의 기본 룰과 용어에 대해 일일이 설명해주기 힘든 것이 가장 큰 원인일 겁니다. 이 기사 역시 공매도라는 제도를 이미 숙지하고 있는 사람만이 술술 읽을 수 있을 겁니다.

하지만 반대로 생각해보면 이런 어렵고 잘 읽히지도 않는 기사를 군이 대중지인 신문에 싣는 이유는 그만큼 이 사안이 지금 중요하다는 의미이기도 합니다. 기본 용어도 설명해주지 않는다는 말은 그만큼 자주 노출되었기에 독자들이 해당 용어를 알고 있다는 전제하에 기사를 쓰는 것이죠. 그러니 언론에 자주 조명이 되는 기사는 너무 어렵다고 느껴지더라도 한 번쯤은 읽어보고 공부하길 권합니다.

기사 함께 읽기

해당 기사는 코로나19 사태 이후 1년 2개월간 금지됐던 공매도가 재개되는 첫날 조간 신문에 실렸습니다. 공매도 재개로 당분간 증시가 혼란해질 수 있지만 '영향은 단기에 그칠 것'이니 너무 걱정하지 말 것을 당부하는 내용을 담고 있죠(①). 그러면서도 공매도 공격을 받을 가능성이 큰 주식은 어떤 특징을 지니고 있는지에 대해서도 정보를 줍니다.

이 기사는 함께 읽기에 앞서 약간의 배경 설명이 필요할 것 같습니다. 금융당국은 코로나19 사태로 코스피가 1,400선까지 추락했던 2020년 3월, 증시의 더 큰 혼란을 막기 위해 공매도를 금지했습니다. 공매도는 하락장을 예측하는 투자자가 현재 고가로 형성된 주식을 빌려 팔고 나중에 실제로 주가가 하락하면 저렴하게 해당 주식을 매입해 갚아서 시세차익을 얻는 투자법입니다. 주식을 빌려서 사고팔 수 있게 하는 제도이므로 주식시장의 거래를 더 활발하게 하고 주가의 거품을 견제하는 등 장점도 있습니다. 하지만 증시가 하락장으로

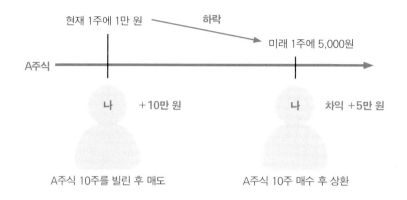

〔공매도의 원리〕

현재 1주에 1만 원   하락   미래 1주에 5,000원

A주식

나   +10만 원   나   차익 +5만 원

A주식 10주를 빌린 후 매도   A주식 10주 매수 후 상환

접어드는 시점에서는 공매도가 하락을 더욱 부추길 수 있다는 문제도 있죠. 하락장에 베팅해 매도를 쏟아내는 공매도와 불안함이 커진 개인투자자들의 '패닉셀(공포 매도)'이 더해지면 지수가 예상보다 훨씬 더 가파르게 하락할 수도 있다는 겁니다.

이런 사태를 막기 위해 공매도를 금지했는데, 웬걸! 한국 증시는 이후 가파른 상승세를 거듭해 약 3개월 만에 코로나19 이전 수준인 2,100선을 회복했습니다. 금융당국은 당연히 다시 공매도를 재개하려고 했는데요. 코로나19 사태를 겪으며 한국 증시에 대거 유입된 '동학개미(개인투자자)'들의 반발이 거셌습니다.

공매도는 사실 굉장히 위험한 투자법 중 하나여서 국내에서는 개인의 공매도 투자 접근을 상당히 어렵게 만들어뒀는데요. 그러다 보니 전문 투자자인 외국인·기관만 공매도로 큰돈을 버는 일이 여러 차례 반복돼 왔던 겁니다. 이런 불만도 있었겠다, 주식을 빌려서 매도하는 공매도를 금지하니 불필요한(?) 매도 수요가 줄어들었겠다, 개인투자자들은 공매도가 계속 금지되기를 바란 겁니다.

하지만 미국, 유럽, 일본 등 주요 선진 증시에서 공매도를 적법한 투자 기법으로 허용하고 있는 상황에서 우리만 공매도를 계속 금지할 경우 결국 증시의 큰손인 '외국인'들이 하나둘 한국 시장을 떠나고 말겠죠. 금융당국은 개인들의 반대로 최대한 미뤄왔던 공매도를 1년 2개월 만에 결국 재개하게 되는데요. 이날이 바로 그날이었습니다.

당연히 개인투자자들은 불안했습니다(②). 실제 공매도 대상이 될 코스피200과 코스닥150에 포함된 종목들의 주가가 내리기도 했죠. 다만 전문가들은 이런 불안이 지나친 걱정이라고 설명해줍니다(③). 과거 데이터를 보면 한국은 여러 번 공매도를 금지한 적이 있었는데 이후 상황이 좋아져 공매도를 재개한 후 오히려 코스피가 상승한 경향이 더 컸다는 것이죠.

다만, 공매도가 재개되면 주가가 고평가된(비싸다고 여겨지는) 기업은 주의해야 한다고 알려줍니다(④). 앞서 공매도는 주가에 거품이 끼는 것을 견제하는 역할도 한다고 말씀드렸는데요. 공매도 투자자들은 주로 실적이나 이익(펀더멘털) 대비 주가가 높다고 판단하는 기업들을 공매도 타깃으로 정하기 때문입니다.

그럼 공매도 투자자들이 생각하는 '거품 주가' 기업을 어떻게 찾을까요? 중요한 시그널 중 하나가 대차거래 잔액이 급증한 종목입니다(⑤). 국내는 차입 공매도만 허용하고 있기에 공매도를 하려면 일단 주식을 빌려야(대차·대주거래) 하거든요. 즉 기관 등이 빌려간 주식이 많다면 차후 공매도가 이뤄질 가능성도 크다는 것입니다.

물론 이것은 그저 가능성일 뿐입니다. 지금 공매도가 많이 늘었다고 해서, 또 대차거래 잔액이 높다고 해서 앞으로 무조건 공매도가 늘어나 주가가 하락하는 건 아니라는 거죠(⑥). 공매도가 대규모로 이뤄졌지만 주식을 사려는 사람들은 그보다 더 많아 오히려 공매도를 뚫고 주가가 올라가는 경우도 적지 않습니다. 이런 걸 쇼트 스퀴즈(Short Squeeze)라고 하는데요. 무차입 공매도는 불법이어서 빌린 주식 한도 내에서만 공매도가 이뤄지는 국내에서는 이런 일이 잘 일어나지 않지만, 미국 시장에서는 이런 일이 종종 벌어지기도 합니다. 주식시장에 '무조건'이란 없다는 사실, 잊지 말아야 합니다.

TIP

▶ 대주거래

대차거래와 비슷하지만 투자 주체가 개인이라는 점과 상환 기간(만기)이 90일로 짧다는 점이 다릅니다. 개인이 증권사로부터 수수료를 내고 주식을 빌려와 차입 공매도 방식으로 거래하는 것을 의미하며, 증권사 HTS를 통해 거래가 가능합니다.

▶ 쇼트 스퀴즈

공매도를 위해 빌려서 주식을 매도했는데 주가가 오히려 오를 경우, 공매도 손실을 줄이기 위해 해당 주식을 매수하는 것을 쇼트 커버링이라고 합니다. 하지만 실물 주식의 양이 충분하지 않을 경우 쇼트 커버링 수요 대비 공급이 모자라 주가가 급등하는 일이 생기는데 이를 쇼트 스퀴즈라고 합니다.

💬 **기자의 한마디**

투자 기법의 하나인 공매도는 일반인보다는 전문 투자자들의 영역에 해당하는 상당히 어려운 개념입니다. 그렇지만 공매도는 외국인·기관투자자들을 중심으로 실제 매일 이뤄지고 있으며, 공매도로 인해 때때로 증시가 크게 출렁이는 일도 발생하니 개념 정도는 이해하고 있어야 합니다.

○━ 펀드

석 달 연속 자금 유입…
'펀드의 시간' 다시 오나

증시 불안에 '전문가에 맡기자' 늘어
ETF에 쏠렸던 돈, 간접투자로 이동
장기 성장성 강한 테마 펀드 위주로
주식형 액티브 석 달간 4,300억 몰려
EMP 펀드 등 분산투자 상품도 인기

① 개인투자자들의 직접투자 열풍 속에서 장기간 소외받았던 펀드투자가 다시 주목받고 있다. 증시가 박스권에 갇히며 수익 내기가 쉽지 않아지자 상장지수펀드(ETF) 등 직접투자 상품으로 쏠렸던 자금이 비교적 안정적인 간접투자 상품인 펀드로 돌아오고 있다는 해석이다.

② 29일 금융 정보 분석업체 에프앤가이드에 따르면 국내 주식형 액티브 펀드는 지난 7월 이후 3개월 연속 순유입을 기록하며 이 기간 4,341억 원의 자금이 몰렸다.

액티브 펀드는 운용사의 재량에 따라 초과 수익을 추구하는 펀드지만 글로벌 금융위기 이후 투자자들의 외면을 받아왔다. 2015년 전후로 배당주 펀드나 중소형주 펀드가 반짝 인기를 끌기는 했지만 액티브 펀드 전체로는 자금 유출이 이어졌다. 특히 지난해부터는 '동학개미' 열풍 속에서 개인투자자의 직접투자가 늘어나며 운용 수수료 등이 적은 ETF가 대세가 됐다. 펀드에서 ETF로의 머니 무브가 이어지며 액티브 펀드의 소외 현상이 계속됐던 것이다.

하지만 최근 분위기는 사뭇 달라졌다. ③ 7월부터 3개월간 ETF에서는 2조 5,000억 원이 유출된 반면, 액티브 펀드로는 자금이 유입된 것이다. 전문가들은 최근 증시 변동성이 커지며 직접투자가 어려워지자 장기적으로 믿고 맡길 만한 투자처를 찾는 투자자들이 늘어난 것을 배경으로 꼽고 있다.

④ 실제 액티브 펀드 중에서는 환경·사회·지배구조(ESG) 등 장기 성장성이 강한 테마형 펀드가 인기를 끌고 있다. 에프앤가이드에 따르면 국내 주식형 공모펀드(ETF 제외) 중 올해 들어 설정액이 가장 많이 증가한 펀드는 'NH-Amundi100년기업그린코리아펀드(1,550억 원)'였다. 이 상품은 기업의 지속 성장 가능성을 고려해 투자하는 ESG 테마 펀드다. 키움차세대모빌리티펀드(1,455억 원), KB코리아뉴딜펀드(1,176억 원), 미래에셋코어테크펀드(1,139억 원) 등이 뒤를 이었는데 이들 펀드는 모빌리티와 정보기술(IT), 성장주를 테마로 묶은 펀드들이다. 김후정 유안타증권 연구원은 "최근 ESG나 혁신 테마를 가진 펀드들이 많이 나오고 있는 상황에서 미국 주식 펀드처럼 국내 주식도 장기 성장, 장기 기대 수익률이 높은 펀드로 자금 유입이 이어지고 있는 것"이라고 설명했다.

⑤ 액티브 펀드는 아니지만 라이프사이클 펀드, 분산투자 원칙을 강점으로 내세우는 펀드도 자금이 부쩍 늘어나며 인기를 끄는 모습이다. 일례로 전체 자산의 50% 이상을 ETF에 분산투자하는 상품인 EMP(ETF 자문 포트폴리오) 펀드에는 올해만 3,467억 원이 추가로 유입됐다. 증시 변동성이 커지며 여러 자산에 분산투자하는 EMP의 강점이 부각되고 있다는 평가다. 나이에 따라 안전자산과 위험자산의 비중을 알아서 조절해 지역별·자산별 분산투자를 해주는 상품인 라이프사이클 펀드는 올해 들어 2조 8,624억 원이 유입되며 순자산이 10조 원을 넘어섰다. / 2021년 9월 30일

용어 설명

- **간접투자 상품:** 전문가에 돈을 맡겨 운용하게 하고 투자 결과에 대해서는 투자자 본인이 책임지는 금융 상품입니다. 펀드는 대표적인 간접투자 상품입니다.

- **펀드(Fund):** 다수의 투자자로부터 자금을 모아 자산운용전문가(자산운용사의 펀드매니저)가 투자자를 대신해 주식, 채권, 부동산, 원자재 등 다양한 자산에 투자해 운용한 후 투자 실적을 투자자들에게 되돌려주는 금융 상품을 말합니다. 소액으로 거의 모든 자산에 투자할 수 있는 것과 잘 훈련된 전문가들이 투자를 대행해주므로 시간과 비용을 절감할 수 있다는 장점이 있습니다. 다만, 펀드는 투자 실적에 따라 이익이 배당되는 상품으로 손실 역시 투자한 몫에 따라 균일하게 배분됩니다. 예금이 아니므로 원금 보장은 되지 않으며, 이익이나 손실에 상관없이 운용보수도 지급해야 합니다.

- **EMP 펀드(ETF Managed Portfolio Fund):** ETF 자문 포트폴리오 펀드로, 전체 자산의 절반 이상을 상장지수펀드(ETF) 등에 투자하는 상품입니다. ETF에 투자하는 것만으로도 분산투자 효과를 누릴 수 있는데, 여러 개의 ETF에 투자함으로써 분산투자 효과를 극대화했습니다. '초분산투자' 상품이라고도 불립니다.

이 기사는 왜 중요할까?

지금이야 누구나 직접 주식을 사고파는 풍경이 익숙해졌지만 원래 주식투자란 원금을 잃을 가능성이 큰 고위험 재테크 중 하나입니다. 투자 전문가인 외국인, 기관과 비교하면 개인투자자는 자금은 물론 정보나 경험 면에서도 많이 부족하죠. 그래서 개인의 입장에서는 전문가들에게 돈을 맡겨 대신 투자하게 하고 약간의 보수를 치르는 편이 안정성이나 수익성 면에서 훨씬 나을 수도 있답니다. 이런 발상으로 하는 투자가 바로 간접투자, 펀드투자입니다.

특히 증시 변동성이 커지고 직접투자의 난이도가 올라갈 때는 간접투자가 훨씬 편하고 수익률 면에서도 유리할 수 있습니다. 반대로 생각해보면 직접투자 대신 간접투자를 택하는 사람들이 늘어난다면 증시의 난이도가 올라가는 시점이라고 생각해볼 수도 있겠죠. 주식시장에서 펀드시장으로 자금이 이동하는(머니 무브) 현상을 포착한 기사를 통해 이렇게 바뀌는 투자시장의 분위기를 이해할 수 있습니다. 그와 더불어 요즘 투자자들 사이에 유행하는 펀드 상품은 어떤 것인지에 대한 정보도 함께 얻을 수 있네요.

기사 함께 읽기

기사의 전문은 개인투자자들의 자금이 ETF에서 펀드로 옮겨가는 분위기를 전달합니다(①). 2020년 증시 호황기에는 아무 투자 상품이나 골라도 수익을 얻기 쉬웠기에 운용 수수료가 비싼 펀드는 인기가 없었습니다. 주식을 직접 사고파는 위험을 부담하고 싶지 않았던 개인도 운용보수가 싼 ETF를 사는 경향이 많았죠. 하지만 분위기가 달라졌습니다. 기사는 최근 증시 난이도가 높아지며 안정적인 간접투자 상품이 다시 주목받고 있다고 설명합니다.

실제 국내 주식형 액티브 펀드에는 7월부터 3개월 연속 총 4,341억 원의 자금이 몰렸는데요(②). 특히 이 기간 ETF에서는 오히려 2조 5,000억 원의 자금이 유출됐다고 합니다(③). ETF에서 펀드로의 '머니 무브'가 관찰된 셈이죠.

그럼 어떤 상품들이 인기를 끌었을까요? 기사는 ESG(환경·사회·지배구조) 등 장기 성장성이 유망한 테마형 펀드의 설정액이 큰 폭으로 늘었다고 설명합니다(④). 전기차와 2차전지, 정보기술(IT) 등 성장주를 테마로 묶은 펀드도 인기를 끌었습니다. 펀드를 통해 미래 유망산업에 장기투자를 시작한 투자자들이 많다는 의미로 읽히네요.

펀드의 장점인 분산투자를 극대화하는 상품도 인기를 끌고 있다고 합니다. 기사는 EMP 펀드와 라이프사이클 펀드를 각각 소개하고 있는데요(⑤). 어떤 상품인지도 상세히 소개하고 있으니 찬찬히 읽어보기 바랍니다.

TIP

▶ 펀드의 종류

펀드는 투자 대상 자산과 펀드의 구조, 운용 방법 등에 따라 다양한 이름이 있습니다. 예컨대 투자 대상 자산으로 구분할 경우 증권에 주로 투자하는 펀드는 '증권 펀드'라고 불리고, 증권펀드 역시 주식에 주로 투자하는 '주식형 펀드', 채권에 주로 투자하는 '채권형 펀드', 주식·채권을 혼합해 투자하는 '혼합형 펀드', 다른 펀드에 투자하는 '재간접 펀드' 등으로 구분됩니다. 또 부동산에 주로 투자하는 '부동산펀드'와 금·유전·지적재산권 등과 같은 자산에 투자하는 '특별자산펀드', 자산 구분 없이 다양한 상품에 투자하는 '혼합자산펀드' 등도 있습니다.

펀드를 모집하는 방식에 따라서도 구분할 수 있습니다. '공모펀드'는 자본시장법상 공모(모집)의 방식으로 투자자를 모으는 펀드를 뜻합니다. 불특정 다수에게 투자의 기회를 열어두고 있으며 은행 또는 증권사에서 살 수 있는 펀드가 바로 이 공모펀드입니다. 공모펀드의 경우 불특정 다수를 상대로 판매되는 만큼 투자자 보호를 위해 투자설명서 설명, 교부 의무와 외부 감사 등 엄격한 규제가 적용됩니다. 반면 '사모펀드'는 공모 이외의 방식으로 투자자를 모으는 펀드로, 투자자 수가 49인 이하로 제한됩니다. 소수의 투자자들에게 돈을 모으기에 공모펀드와 달리 운용에 제한이 없어 자유로운 운용이 가능합니다.

운용 방법에 따라서는 '인덱스 펀드(패시브 투자)'와 '액티브 펀드'로 구분할 수 있습니다. 인덱스 펀드는 코스피200 지수와 같은 특정 주가지수에 속해 있는 주식들을 골고루 편입해 지수와 같은 수익률을 올릴 수 있도록 기계적으로 운용하는 펀드이며, 패시브 투자라고도 합니다. 액티브 펀드는 인덱스 펀드에 상대되는 개념으로 적극적인 자산운용을 통해 시장(지수) 수익률을 초과하는 수익을 올릴 것을 목표로 하는 펀드입니다. 운용보수 등 비용이 인덱스 펀드에 비해 비싸다는 특징이 있습니다.

이 밖에 투자자가 펀드에 투자한 후 환매를 청구할 수 있는지 여부에 따라 '개방형 펀드'와

'폐쇄형 펀드'로도 구분됩니다. 개방형 펀드는 투자 후 언제든 환매를 청구할 수 있는 반면, 폐쇄형 펀드는 만기 시까지 환매가 불가능합니다. 또 모(母)펀드와 자(子)펀드를 동시에 만들어 투자자의 자금을 자펀드를 통해 모펀드로 모은 후 모펀드를 운용해 투자 수익을 얻는 '모자형 펀드', 주식형 펀드를 운용하다 목표 수익률을 달성하면 주식을 처분하고 채권 등에만 투자하는 '전환형 펀드' 등 특수한 형태의 펀드도 있습니다. 증시에 상장돼 실시간으로 거래할 수 있도록 만들어진 상장지수펀드(ETF) 역시 펀드의 일종입니다.

〔펀드의 종류〕

투자 대상 자산	모집 방식	운용 방식	환매 방식	기타
• 증권형 펀드 　– 주식형 펀드 　– 채권형 펀드 　– 혼합형 펀드 　– 재간접 펀드 • 부동산펀드 • 특별자산펀드 • 혼합자산펀드	• 공모펀드 • 사모펀드	• 인덱스 펀드 • 액티브 펀드	• 개방형 펀드 • 폐쇄형 펀드	• 모자형 펀드 • 전환형 펀드 • 상장지수펀드

💬 기자의 한마디

지금이야 직접 주식투자를 하는 사람들이 크게 늘어났지만 불과 몇 년 전만 하더라도 금융상품의 꽃은 '펀드'였답니다. 재테크 열풍 속에서 전문가에게 내 자산을 맡겨 굴리도록 하는 간접투자 상품 펀드 역시 여러 방향으로 진화하고 있으니 재테크에 관심이 많다면 펀드의 개념과 종류에 대해 알아두길 권합니다.

ⓞ━ 금

KRX 금값 7만 원 눈앞⋯
하루에만 120kg 거래

국제 금값 강세로 이달 1.56% ↑

원/달러 환율 상승도 호재로

① 국제 금 가격이 강세를 나타내면서 KRX 금도 1g당 7만 원 돌파를 눈앞에 두고 있다. 10일 하루에만 120kg 이상 거래됐다.

이날 한국거래소에 따르면 KRX 금은 1g에 6만 9,710원으로 거래를 마쳤다. 이달 들어서만 1.56%, 1,070원 오른 셈이다. 올해 초 5만 6,860원을 기록했던 것과 비교하면 22.5%가 올랐다. 특히 거래량이 급증하고 있다. 지난달 일평균 72.6kg이 거래되다 이달 들어서는 87.1kg씩 매매됐고, 이날에는 무려 126kg이 거래됐다.

② 국제 금시세가 연일 강세를 띠면서 KRX 금에 대한 투자 수요도 몰린 것으로 풀이된다. 뉴욕상품거래소에 거래되는 8월 인도분 금값은 7일(현지시간) 온스당 1,800달러선을 돌파해 2011년 9월 이후 최고가를 기록했다. 8일 1,820.60달러까지 올랐으나 9일에는 주춤하며 1,803.80달러로 장을 마쳤지만 1,800달러 선을 유지했다. ③ 금값의 질주는 신종 코로나바이러스 감염증(코로나 19)의 여파로 풀이된다. 글로벌 주식시장이 빠르게 반등한 만큼 불확실성 또한 커지자 최근 안전자산 금에 대한 수요가 부쩍 늘었다. 또 코로나19 이후 주요국들이 금리를 내리고 막대한 규모의 돈 풀기에 나선 것도 실물자산인 금에 대한 가치를 높였다.

④ 전문가들은 금 가격에 대해 대체적으로 긍정적인 전망을 내놓고 있다. 당분간 주요국들의 통화정책이 급변할 가능성이 크지 않은 데다 코로나19의 재확산 우려가 커지고 있기 때문이다. 골드만삭스는 지난달 말 6개월 내 온스당 1,900달러, 1년 내 온스당 2,000달러까지 상승할 가능성이 있다고 전망한 바 있다. 앞서 뱅크오브아메리카는 18개월 내 3,000달러선까지 오를 수 있다고 예상하기도 했다. / 2020년 7월 11일

용어 설명

- **KRX(한국거래소) 금시장:** 주식처럼 금을 매매할 수 있는 시장으로 2014년 3월 24일 개장했습니다. 개인투자자가 증권사를 통해 일반 상품 계좌를 개설하면 주식처럼 HTS(홈트레이딩시스템)나 MTS(모바일트레이딩시스템)를 통해 금을 거래할 수 있습니다. 거래 대상은 순도 99.99% 1kg의 금괴이지만 매매 단위는 1g입니다. 한국예탁결제원이 금괴 실물을 보관하고 있다가 투자자가 원할 경우 1kg 단위로 금괴를 인출도 해줍니다. 다만, 실물 인출 시에는 세금 등이 부과됩니다.
- **뉴욕상품거래소(COMEX):** 금, 은, 구리, 알루미늄을 거래하는 미국 뉴욕의 선물거래소로 세계의 금 시세를 주도하는 세계 최대의 금 선물시장입니다.

이 기사는 왜 중요할까?

경제신문 증권 면에는 주식, 채권 등의 금융 상품뿐 아니라 금, 은 등 귀금속과 아연, 구리 등의 원자재와 관련된 소식도 자주 전합니다. 이들 자산이 투자 상품으로 매력적이므로 괜찮은 재테크 상품이라고 소개하려는 목적도 있습니다만, 어떤 자산은 급격한 가격 변동 그 자체로 금융시장의 변화를 상징하기도 하죠. 금이 바로 그런 자산 중 하나로, 금값의 급격한 변화는 언제나 주요한 뉴스가 됩니다.

금이 왜 그렇게 중요할까요? 금은 미국 국채, 달러(현금)와 더불어 대표적인 안전자산으로 꼽히는 상품입니다. 금융시장의 투자 상품을 크게 구분하면 안전자산과 위험자산이 있습니다. 안전자산은 비교적 수익률은 낮지만 원금 손실 위험이 적은 자산을 의미하고, 위험자산은 투자 위험도가 높지만 수익률은 그만큼 높은 자산을 의미합니다.

안전자산과 위험자산은 상대적으로 구분되기도 하는데, 예를 들어 주식이 위험자산이라면 채권은 안전자산이겠죠. 한편, 미국 국채와 한국의 회사채(기업이 발행한 채권)를 비교해보면 둘 다 채권이지만 미국 국채가 월등한 안전자산으로 꼽힐 겁니다.

글로벌 투자 자금은 상황에 따라 위험자산과 안전자산을 오가는데요. 기업이익이 순조롭게 좋아지는 경기 호황기에는 주식시장 등 고위험·고수익 자산으로 쏠리겠지만, 코로나19와 같은 경기 둔화를 불러오는 대형 악재가 터지면 발 빠르게 안전자산으로 이동합니다. 즉 금값이 강세를 보인다는 건 그만큼 금융시장이 불안하다는 의미인 거죠. 또 금(금 선물) 가격은 다른 안전자산 중 하나인 미국 달러화의 가치와 강력한 역상관관계에 있는 것으로 알려져 있는데요. 한마디로 달러화가 약세를 보이면 금값이 강세를 보인다는 겁니다. 금값 하나로 이렇게 많은 정보를 알 수 있으니 금값의 동향에 주목해야 할 필요가 있겠죠?

기사 함께 읽기

2020년 코로나19가 한창 유행하던 당시 금값은 가파른 상승세를 이어갔습니다. 상승세는 8월까지 꾸준히 이어졌는데요. 실제 2020년 8월 9일 KRX 금 시장에서 거래되는 KRX 금이 1g당 7만 9,000원을 넘나드는 수준까지 치솟았습니다.

해당 기사는 한창 금값의 상승세가 이어지던 2020년 7월 11일에 작성됐습니다. 기사의 전문에서는 KRX 금이 1g당 7만 원 돌파를 눈앞에 두고 있고, 시세 상승의 바탕이 되는 거래량도 급등하고 있다는 사실을 전합니다(①). 금값이 22.5%가 올랐다는 사실도 알려주죠.

이어서는 금값이 왜 오르는지에 대한 간단한 분석을 합니다. 국제 금 시세가

가파르게 상승하면서 국내 금시장에도 수요가 몰리고 있는 것이 원인인데요 (②). 그럼 국제 금 시세는 왜 오를까요? 코로나19로 글로벌 금융시장에 불확실성이 커지면서 안전자산인 금에 대한 수요가 부쩍 늘어났다는 겁니다(③). 특히 당시 미국 등 주요국이 경기 둔화를 막기 위해 돈을 풀고 금리를 내리며 시중자금(현금)이 늘어났고 실물자산인 금에 대한 상대적 가치가 높아졌다는 점을 언급합니다.

그렇다면 이런 상황은 앞으로도 이어질까요? 당분간은 그럴 가능성이 크다는 게 전문가들의 관측입니다(④). 일단 주요국의 '유동성 완화(돈 풀기)' 정책이 당분간 바뀔 가능성이 없는 데다 코로나19 역시 계속 유행 중이기 때문이죠. 골드만삭스나 뱅크오브아메리카 등도 금값의 상승세가 계속 이어질 것으로 관측하는 모습입니다.

TIP

▶ 선물거래(Futures Contract)

선물거래란 금, 주식, 달러, 원유 등의 현물(기초자산)을 미리 결정된 가격으로 미래 일정 시점에 사고팔 것을 약속하는 거래를 의미합니다. 선물거래를 쉽게 이해하려면 우리가 일반적으로 하는 현물거래와 비교해보면 될 것 같습니다. 일례로 김장용 배추 200포기를 사는 거래를 생각해볼게요. 시장에 가서 상인과 흥정을 해 가격을 정한 후 값을 치르고 물건을 바로 받아오는 것이 현물거래입니다. 매매 계약과 대금의 결제, 물건의 인도·인수가 동시에 이뤄지는 거죠.

하지만 선물거래를 한다면 이런 식이 됩니다. 농부를 찾아가 6개월 뒤에 배추 200포기를 포기당 1,000원에 사겠다고 거래하는 거죠. 이처럼 매매 계약은 지금 체결하되 대금의 결제와 물건의 인·수도는 약속한 날짜(만기일)에 하는 거래를 선물거래라고 합니다.

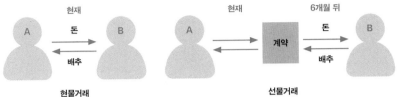

〔현물거래와 선물거래〕

현재

A ──돈──▶ B
  ◀──배추──

현물거래

현재   6개월 뒤

A ──────▶ 계약 ──돈──▶ B
  ◀──────   ◀──배추──

선물거래

선물거래는 시장 참여자들이 기초자산의 가격 변동에 따른 위험을 피하기 위한 수단으로 고안됐습니다. 예를 들어 김치 제조업체는 매년 수백, 수천 포기의 배추가 필요한데 매년 배추 작황이나 수요에 따라 가격이 널을 뛴다면 안정적인 매출을 올리기 힘들겠죠. 그래서인지 초기 선물거래는 곡물·원유·금 등 '상품'을 다루는 '상품선물'이 주를 이뤘습니다. 실제 최초의 선물거래시장에 대한 기록을 봐도 1877년 시카고선물시장에서 옥수수를 기초자산으로 처음 시작됐다거나, 1710년 오사카 쌀시장에서 쌀을 선물거래한 것이 최초라는 등의 설이 있죠. 물론 현재는 상품선물뿐 아니라 주가지수·개별 주식·금리·탄소배출권 등에 이르는 다양한 금융선물이 상장돼 거래되고 있습니다.

💬 **기자의 한마디**

코로나19 바이러스와 같은 전 세계적인 감염병이 유행하거나 전쟁의 위협이 커지는 등 외부 악재로 금융시장이 흔들릴 때 투자자들은 '금'이라는 자산을 바라보게 됩니다. 금값의 동향을 잘 살펴보면 많은 정보를 얻을 수 있어요.

⚿ 1·2·3금융

내년엔 2금융권
대출 문턱도 높아진다

가계대출 증가율 목표치 하향

저축銀 21.1→10.8~14.8%

저신용 서민 '돈맥경화' 우려

① 금융당국이 가계대출 '풍선 효과'를 차단하기 위해 저축은행과 보험사·카드사 등 제2금융권에 대한 내년도 가계대출 증가율 목표치도 올해보다 하향 조정할 전망이다.

28일 금융권에 따르면 금융감독원은 최근 제2금융권에 내년 가계대출 총량 증가율 가이드라인을 제시하며 이달 말부터 다음 달 초까지 내년도 관리 목표를 제출하라고 주문한 것으로 알려졌다. 금융사별 업권 특성·규모 등에 따라 내년 증가율 가이드라인을 달리 제시한 것으로 전해졌다.

② 올해 총량 관리 목표를 초과한 금융사에는 업권 평균보다 증가율을 낮게 적용하는 방식도 거론되고 있다. 올해 여름 가계대출 증가액이 목표치를 초과해 대출 중단 사태가 벌어졌던 농협중앙회 등이 포함된 상호금융권의 올해 증가율 목표치는 4.1%였으나 내년에는 이보다 낮아질 것이라는 전망이 우세하다.

③ 올해 증가율 목표치가 21.1%였던 저축은행의 경우 사별로 10.8~14.8% 증가율을 내년 가이드라인으로 제시받은 것으로 전해졌다. 이를 두고 저축은행권에서는 은행권보다 목표치 감소폭이 크다면서 불만의 목소리가 나오고 있다. ④ 시중은행의 경우 올해 5~6%에서 내년 4~5%로 줄어들 것으로 보인다. 보험업계는 올해와 비슷한 수준인 4%대 초반을 제시받은 것으로 알려졌다. 신용카드사 등 여신업계와도 올해와 같은 수준인 증가율 6~7%를 기준으로 논의가 이뤄지고 있다.

⑤ 이대로라면 제2금융권을 많이 이용하는 소득 수준이 낮은 서민이나 저신용자의 돈 구하기가 더 어려워질 것으로 예상된다. 2금융권 입장에서 대출을 내어줄 수 있는 총량이 줄다 보니 비교적 우량한 차주를 중심으로 대출을 해줘 저신용자는 2금융권에서도 밀려날 가능성도 거론된다. / 2021년 11월 29일

용어 설명

- **돈맥경화:** 돈이 시중에 돌지 않는 상태 혹은 개인의 자금 사정이 원활하지 않은 상태를 의미합니다. 피가 제대로 순환하지 않는 '동맥경화'에 빗대어 만들어진 조어로 경제기사에서 자주 볼 수 있는 용어입니다.

- **제2금융권:** 은행이 아닌 비은행 금융기관 전부를 가리킵니다. 은행은 아니지만 예금과 대출 등의 업무를 취급하는 상호저축은행 및 새마을금고를 비롯하여 증권회사, 보험회사, 투자신탁회사, 종합금융회사, 우체국, 신용협동기구 등이 해당합니다. 또 예금 수신 기능 없이 여신(대출) 업무만 담당하는 여신금융회사(카드사·캐피탈·리스사·할부 금융회사 등)가 포함됩니다.

- **풍선 효과:** 풍선의 한쪽을 누르면 다른 쪽이 불룩 튀어나오는 것처럼 어떤 부분의 문제를 해결하면 다른 부분에서 문제가 다시 발생하는 현상을 가리키는 용어입니다. 금융당국의 가계대출 규제가 강해져 은행권이 대출을 줄이면 서민들이 고금리에도 불구하고 제2금융권으로 대출을 받으러 가는 등의 일이 풍선 효과의 대표적 사례라고 할 수 있습니다.

이 기사는 왜 중요할까?

빠르게 늘어나는 가계부채가 우리 경제에 큰 부담이 되고 있다는 뉴스는 많이 봤을 겁니다. 가계부채란 쉽게 말해 사채를 뺀 일반 가계의 '빚'을 의미하는데요. 여기에는 금융기관에서 빌린 대출(가계대출)과 신용카드 등을 이용해 외상으로 산 물건의 대금(판매신용) 등이 포함됩니다. 그리고 가계부채의 상당 부분은 국민들이 집을 사려고 받은 부동산 담보대출이 차지하고 있죠.

그렇다면 가계부채 문제를 해결하려면 어떻게 해야 할까요? 소비를 줄이게 하는 건 쉽지도 않고 경기둔화 우려도 있으므로 가계대출을 줄이는 편이 가장

[부채 유형별 가구당 구성비와 보유액]

담보대출　신용대출　기타 금융부채　임대보증금

2020년
438만 원　2,207만 원
57.5　10.5　5.3　26.7
4,743만 원　868만 원

2021년
429만 원　2,283만 원
58.2　11.0　4.9　25.9
5,123만 원　966만 원

0%　20%　40%　60%　80%　100%

자료: 통계청

좋은 해결책일 겁니다. 실제 정부 역시 가계대출 관리를 가계부채 문제 해결을 위한 해법으로 중요하게 다룹니다.

그런데 가계대출을 줄이려면 국민들에게 '빚을 내지 마세요'라고 하면 되는 걸까요? 국민들이 빚을 내고 싶어 내는 것도 아닌데 잘 통할 리가 없죠. 그래서 정부는 대출을 내주는 금융기관을 적절히 관리하면서 가계대출의 총량이 지나치게 많아지지 않도록 조절하는 방법을 사용합니다. 예컨대 가계대출이 단기간에 너무 늘어났다 싶으면 총량 관리 목표를 조금 타이트하게 관리하고, 증가율이 크게 부담되지 않는다면 목표를 조금 느슨하게 풀어주는 식이죠.

금융당국이 은행 등 금융기관에 내리는 목표치는 우리의 대출금리나 규모 등에도 곧장 영향을 미칩니다. 목표치가 타이트해질 경우에는 저리 대출 상품이 갑자기 판매를 종료한다거나 대출금리가 갑자기 오르는 일 등이 생길 수 있다는 거죠. 조만간 집을 살 계획이 있거나 대출을 받을 계획이 있는 사람들이라면 이런 금융당국의 가계대출 동향에 대한 기사는 반드시 챙겨볼 필요가 있습니다.

기사 함께 읽기

2020년 코로나19 사태 이후 기준금리가 '제로(0)금리'에 가까워지면서 빚을 내 집을 사거나 투자하는 사람이 부쩍 늘었습니다. 가계대출 역시 가파르게 증가하면서 정부의 고민이 깊어졌는데요. 그래서 2021년 금융당국은 가계대출 증가 추세를 잠재우기 위해 대출 규제를 강화하고 은행권에 대출 자제를 권고하는 주문을 여러 차례 했습니다. 그 결과 저금리 대출이 막히고 대출금리가 가파르게 급등하는 등의 현상이 나타났죠.

이런 상황에서 국민들의 관심은 내년에도 이런 대출 규제가 이어질 것인지, 아니면 조금 완화될 것인지에 쏠릴 것입니다. 기사는 금융당국이 이제는 은행 등 제1금융권뿐 아니라 저축은행 등 제2금융권에 대해서도 대출 규제를 강화할 것이라는 사실을 전달하고 있네요(①). 이유는 '풍선 효과' 때문이라는데요. 풍선 효과란 풍선의 한쪽을 누르면 다른 쪽이 불룩 튀어나오는 것처럼 어떤 부분의 문제를 해결하면 다른 부분에서 문제가 다시 발생하는 현상을 가리키는 용어입니다. 제1금융권인 은행 대출을 막았더니 사람들이 대출을 포기하는 게 아니라 저축은행이나 보험사 등 제2금융권의 고금리 대출을 이용하더라는 겁니다.

그러니 정부당국은 제1금융뿐 아니라 제2금융도 대출 규제를 강화하겠다는 의지를 밝혔는데요. 특히 올해 총량 목표치 달성에 실패한 금융사에게는 더 낮은 목표치를 제시해서 대출 업무로 돈을 버는 길을 막고(②), 올해 증가율 목표치를 21.1% 제시받아 대출 장사를 잘했던 저축은행도 사별 목표치를

10~15% 수준으로 크게 낮췄습니다(③). 대신 시중은행은 목표치 증가율을 올해 대비 1% 수준으로 소폭 낮춰 큰 영향은 없도록 했는데요(④). 신용이 좋은 사람들이라면 고금리 저축은행을 이용할 바에는 시중은행을 이용하도록 길을 열어준 것이라고 볼 수 있겠네요.

하지만 그럼에도 전반적으로 대출 규제가 강해지며 '돈맥경화(자금 흐름이 막히는 현상)'는 2022년에 더욱 심해질 전망입니다. 특히 제2금융권의 대출 가능 총량이 줄어들면서 제2금융권을 많이 이용하는 소득 수준이 낮은 서민이나 저신용자가 제3금융권으로까지 밀려나지는 않을까 하는 걱정도 듭니다(⑤).

TIP

▶ 금융사의 종류

국내 금융회사는 제1·2·3금융권으로 나누는데 공식 용어라기보다는 언론에서 편의상 구분해 부르던 것이 그대로 정착됐습니다. 제1금융과 제2금융의 차이는 업무 영역에 있습니다. 우리가 은행이라고 부르는 시중은행(일반은행)의 업무 영역이 가장 넓고 제2금융, 제3금융으로 갈수록 점점 범위가 줄어들죠. 예컨대 은행은 다양한 예금·대출 상품을 설계해 판매하는 것은 물론, 보험·펀드·카드 등 각종 금융 상품도 판매할 수 있습니다. 하지만 보험사나 카드사(여신금융회사)의 경우는 수시 입출금이 가능한 예금 상품을 팔 수 없습니다. 업무 영역이 좁으면 상대적으로 영역이 넓은 은행에 비해 금융사의 안전성이 떨어질 수밖에 없겠죠. 그래서 제2금융사들은 판매하는 금융 상품의 금리(이익)를 비교적 높게 지급하는 경향이 있습니다. 그래야 사람들이 은행이 아닌 제2금융도 이용할 테니까요. 제2금융인 저축은행의 예금금리가 시중은행보다 더 높은 이유가 바로 여기에 있습니다.

하지만 금융사가 고객에게 높은 금리를 주고도 수익을 내려면 대출금리도 높게 받아야 할 것입니다. 그럼 시중은행으로 가면 대출이자가 낮아지는 걸 아는데도 제2금융을 이용하는 이유는 무엇일까요? 낮은 신용점수로는 까다로운 시중은행의 문턱을 넘을 수 없기 때문입니다. 신용도가 낮은 중소기업이나 서민들은 저축은행 등의 대출을 이용할 수밖에 없는데요. 그래서 제2금융사들을 '서민 금융기관'이라고도 부른답니다.

제1·2금융은 업무 영역과 금리 등에서 다소 차이가 날 뿐 큰 틀에서는 비슷하지만, 제3금융은 결이 조금 다릅니다. 원래는 제도권 밖의 사(私)금융, 즉 불법 대부업체나 사채업체 등을 의미했는데요. 현재는 일부 대부업체도 제도권 안으로 들어왔다지만 여전히 제1·2금융과는 큰 차이가 있으니 이용에 주의해야 합니다.

제3금융은 우선 금리가 상당히 높습니다. 고객 대다수는 제1·2금융 이용이 힘들 정도로 신용등급이 낮은 사람들입니다. 은행은 고사하고 카드 대출까지 막히니 대부업체를 찾는 거죠. 그러니 연 20%에 달하는 고금리에도 울며 겨자 먹기로 돈을 빌리게 됩니다. 한편 제3금융의 대출 절차는 제1·2금융보다 훨씬 쉽습니다. 담보 없이 신용 확인만으로 대출을 해주는 신용대출 상품을 주로 취급하기 때문인데요. 실제 은행들이 대출 시 담보를 요구하고 직장을 확인하는 등 까다로운 절차를 거치는 것에 반해, 대부업체는 전화 한 통으로 돈을 빌려줄 수 있다고 광고까지 하죠. 하지만 그렇기에 돈을 갚지 않고 도망가는 고객들도 많다고 합니다. 이런 회수 불가 자금까지 고려해서 대출이자를 매긴다고 하는군요.

대부업체의 주된 이용자들이 이처럼 신용등급이 낮다 보니 시중은행에서는 대부업체를 이용했다는 것만으로도 대출을 꺼리는 경향이 생깁니다. 실제로 제3금융에서 대출을 받는 것만으로도 신용등급은 하락하고, 특히 불법 사채의 경우 대출한도를 조회하는 것만으로도 신용등급에 영향을 줄 수 있다고 하니 이용에 주의할 필요가 있습니다. 참고로 대부업체를 불법이냐 합법이냐로 구분하는 기준은 정식 등록을 했는가, 법정 최고금리(연 20%)를 준수하는가, 이자 외에 별도의 수수료를 받지 않는가 등입니다.

 기자의 한마디

은행이라고 다 같은 은행이 아닙니다! 자금을 원활하게 공급해 경제 활동이 지속적으로 이뤄지게 하는 활동인 '금융'을 이해하기 위해서는 시장 플레이어인 금융기관에 대해서도 제대로 알아둘 필요가 있습니다.

○━ 신용점수

내달부터 신용등급 → 점수제로…
등급별 획일적 대출 거절 개선

신용평가 1~1,000점으로 세분화

저신용층 금융 접근성 높아질 듯

① 내년 1월 1일부터 신용등급제가 신용점수제로 전면 전환된다. 1~10등급에 따라 획일적으로 적용했던 신용 평가를 1~1,000점으로 세분화하는 방식이다. 신용등급에 따라 획일적으로 대출이 거절되던 관행이 개선될 것으로 보인다.

금융위원회는 다음 달부터 전 금융권에서 개인 신용평가 시 신용등급에서 신용점수로 전환된다고 27일 밝혔다. ② 금융위는 지난 2018년 개인 신용평가 체계의 개선 방안을 발표한 후 신용점수제 전환을 단계적으로 추진해왔다. 지난해 1월부터 국민·신한·우리·하나·농협은행 등에서 시범 적용했다. 내년부터는 이를 은행·보험·여신전문회사 등 전 금융권으로 확대 적용하는 것이다.

③ 신용점수제는 개인의 신용 평가를 1~1,000점으로 세분화하는 것을 뜻한다. 기존에는 금융권에서 개인의 신용을 평가할 때 1~10등급으로 나눠 평가했다. 신용점수가 신용등급 구간 내 상위에 있어도 대출 심사를 받을 때 등급에 따라 획일적으로 적용돼 상대적으로 불이익을 받곤 했다. 가령 7등급 상위의 차주는 6등급 하위와 신용도가 유사하지만 시중은행에서 7등급이라는 이유로 대출이 거절됐다. 세분화된 점수제를 도입하면 이 같은 불합리한 관행이 개선돼 저신용 층의 금융 접근성도 높아질 것으로 기대된다.

개편안에 따르면 개인신용평가회사(CB사)는 신용등급 대신 개인 신용점수를 금융소비자, 금융회사 등에 제공하고 금융권은 CB사가 제공하는 신용점수를 토대로 리스크 전략 등을 고려해 자체적인 신용 위험 평가를 실시하게 된다. ④ 이에 따라 금융

회사가 자사 상황에 맞는 리스크 전략을 짜고 금융 소비자를 위한 차별화된 서비스를 제공할 수 있다는 게 금융위 측의 설명이다.

⑤ 아울러 카드 발급 및 서민금융 상품 지원 대상 등의 적용 기준도 신용등급에서 개인 신용 평점으로 변경된다. 현재 6등급 이상에게만 신용카드가 발급됐다면 다음 달부터는 NICE 기준 680점, KCB 기준 576점 이상의 개인으로 바뀐다. 햇살론 등 서민금융 상품 지원 대상도 6등급 이하에서 700점(KCB)·744점(NICE) 이하로, 중금리 대출 시 신용공여 한도 우대 기준은 4등급 이하에서 820점(KCB)·859점(NICE) 이하로 변경된다. / 2020년 12월 28일

용어 설명

- **개인신용평가회사:** 개인의 신용 관련 정보를 토대로 종합적인 개인 신용도를 평가, 제공하는 신용정보 집적기관입니다. 크레딧뷰로(Credit Bureau), 줄여서 CB사라고도 부릅니다.
- **신용등급(개인):** 개인에 대한 각종 신용 정보를 종합해 1~10등급의 숫자로 나타낸 것입니다. 개인의 채무이행능력 등을 의미하며, 숫자가 1에 가까울수록 채무이행능력이 좋다는 것을 나타냅니다. 금융기관의 대출이나 카드 발급 등 모든 금융거래에 영향을 미칩니다.
- **신용점수제:** 개인의 신용을 평가할 때 1~1,000점까지의 점수로 나타내는 제도입니다. 숫자가 높을수록 우량 고객으로 분류되며, 신용등급제를 대신해 2021년 1월 1일부터 전 금융권에 적용되고 있습니다.

이 기사는 왜 중요할까?

사회인이 되어 경제생활을 하게 되면 누구에게나 반드시 따라붙게 되는 꼬리표가 있으니 바로 '신용등급'입니다. 특히 대출을 받거나 카드를 발급받을 때 반드시 신용등급을 확인하는데요. 신용등급이 우량한지, 그렇지 않은지에 따라 대출금리나 한도가 천차만별 달라집니다. 신용등급이 많이 낮을 경우에는 카드 발급이 거부될 수도 있죠.

그래서 사회 초년생에게는 신용등급을 잘 관리하라고 조언하는 사람들이 많은데요. 여기서 잠깐! 2021년부터는 1~10등급으로 구분하던 신용등급제가 아니라 점수로 신용 상태를 확인하는 신용점수제가 전면 시행됐습니다. 경제 기사를 매일 꼼꼼히 살펴봤다면 달라지는 제도에 누구보다 빠르게 적응할 수 있겠죠.

〔신용등급별 신용점수〕

신용등급	신용평가회사	
	NICE(나이스신용평가)	KCB(코리아크레딧뷰)
1등급	900~1,000점	942~1,000점
2등급	870~899점	891~941점
3등급	840~869점	832~890점
4등급	805~839점	768~831점
5등급	750~804점	698~767점
6등급	665~749점	630~697점
7등급	600~664점	530~629점
8등급	515~599점	454~529점
9등급	445~514점	335~453점
10등급	0~444점	0~334점

기사 함께 읽기

전문을 통해 2021년 1월 1일부터 신용등급제가 신용점수제로 바뀐다는 사실을 알려주고, 과거 신용등급제에서 부당하게 대출이 거절되던 관행이 개선될 것이라는 전망을 밝힙니다(①). 그리고 이어 금융위원회가 2018년부터 어떤 절차적 과정을 거쳐 제도의 변화를 꾀해왔는지 부연설명을 하는데요(②). 특히 2019년 1월부터 주요 시중은행을 통해 시범 적용을 실시했다는 사실을 알리며 3일 뒤로 다가온 실제 적용에도 별다른 부작용은 없을 것이라는 점을 시사합니다.

다음 문단부터 새로운 제도인 신용점수제에 대한 설명이 이어집니다(③). 과거 활용됐던 신용등급제의 구분이 촘촘하지 못해 7등급 상위자와 6등급 하위자 간 신용에 별 차이가 없음에도 대출에서는 7등급이 큰 불이익을 받았던 사례를 일러주네요. 이런 불합리를 개선하기 위해 신용점수제를 도입했으며, 그 결과 앞으로 저신용층도 금융 접근성이 높아질 것이라고 설명해줍니다.

그리고 신용점수제가 개인뿐 아니라 금융권에도 도움이 될 것이라는 금융위의 설명이 더해집니다. 신용점수를 토대로 개별 금융사가 리스크 전략을 짜서 차별화된 서비스를 제공할 수 있다고 하네요(④). 실제로 어떤 식으로 적용될지는 조금 지켜봐야 할 것 같습니다.

카드 발급과 서민금융 상품 지원 대상도 새로운 신용점수제의 적용을 받게 된다는 소식입니다(⑤). 신용카드는 6등급 이상에게만 발급돼왔는데 이제는 점수 커트라인을 적용받게 된다는 사실이 확인되네요.

TIP

▶ 신용점수 어떻게 관리해야 할까?

금융기관과 금융거래를 하기 위해서는 신용이 꼭 필요합니다. 신용이란 '믿을 수 있는 정도'를 의미하는 단어이지만 금융업계에서는 주로 '돈을 갚을 수 있는 능력'으로 해석되죠. 즉 신용이 높으면 돈을 갚을 수 있는 능력이 높은 것이고, 낮으면 돈을 못 갚을 수도 있다는 의미입니다. 신용점수가 낮다면 카드 발급도 잘 안 되는 이유입니다. 카드 할부로 다양한 상품을 샀는데 돈을 못 갚겠다고 하면 카드사 입장에서는 큰일이 나는 셈이니까요. 신용점수가 낮은데도 꼭 대출을 받아야겠다는 사람에게는 대출이자를 더 물리기도 합니다. 돈을 못 갚을 위험에 대한 비용을 더 내라는 의미죠. 그러니까 더 낮은 이자로 더 많은 대출을 내거나 다양한 카드 상품을 자유롭게 이용하려면 신용점수를 가급적 우수하게 유지할 필요가 있습니다.

그렇다면 신용점수는 어떻게 관리해야 할까요? 우선 신용점수를 낮추는 원인을 제거할 필요가 있습니다. 신용점수를 낮추는 가장 큰 요인은 바로 '연체'인데요. 내야 할 돈을 제때 내지 않는 것을 의미하죠. 카드값이나 대출이자, 통신비나 휴대전화 요금 등 적은 금액도 제때 내지 않으면 모두 연체로 인한 불이익을 볼 수 있습니다. 심지어 연체를 상환해도 당장 신용점수가 좋아지지는 않습니다. 연체를 상환해도 3년 동안 기록되기 때문에 가급적 한 번도 연체하지 않도록 노력하는 게 중요하죠. 만약 연체된 이자나 요금을 갚으려고 한다면 가장 오래된 것부터 갚는 게 좋습니다. 신용점수는 연체 금액보다 연체 기간에 큰 영향을 받기 때문이죠. 또 연체 기간이 길수록 평점 회복에 걸리는 시간도 길어지므로 오래된 연체는 빠르게 해결하도록 합시다.

둘째, 신용카드를 현명하게 활용하면 신용점수 향상에 도움이 됩니다. 신용카드를 쓴다는 건 신용거래를 한다는 의미이기에 적정 수준의 한도와 성실하게 상환하는 것만으로도 신용평점을 올릴 수 있습니다. 다만 주의할 점도 몇 가지 있는데요. 일례로 신용카드 한도액을 너무 낮게 잡는 것은 오히려 신용점수에 불리합니다. 한도까지 꽉 채워 카드를 사용할 경우 점수가 낮아질 수 있기 때문입니다. 한도를 넉넉히 설정해두고 한도액의 50% 이하로 카드를 사용하는 것이 좋다고 하네요. 그리고 가급적 신용카드보다 체크카드 사용이 좋습니다. 체크카드는 사용 즉시 통장 잔고에서 돈이 빠져나가므로 빚을 곧장 갚는 셈인 거죠. 체크카드를 월 30만 원 이상 6개월 이상 사용하거나, 6~12개월 꾸준히 사용하면 적게는 4~40점까지 신용점수를 올릴 수 있다고 하는군요.

셋째, 신용점수를 올려줄 자료를 제출하는 것도 점수 상향에 도움이 됩니다. 통신요금, 국민연금, 건강보험료, 도시가스비 등 각종 공과금을 그동안 잘 납부해왔다는 기록을 신용평가회사에 제출하면 가점을 받을 수 있는데요. 특히 요즘에는 카카오뱅크나 토스, 뱅크샐러드 등 핀테크 기업들이 개인정보를 위탁받아 대신 서류를 내주는 서비스도 제공하고 있으니 알아보면 좋겠네요.

참고로 은행 등에서 신용을 조회하면 그것만으로도 신용등급이 떨어진다는 것은 그저 루머이니 걱정하지 않아도 됩니다. 다만 불법 대부업체에서 신용을 조회하는 것은 신용에 타격을 줄 수 있으니 주의해야 합니다. 또 꾸준히 적금을 하는 것은 칭찬할 만한 경제 활동이지만 신용등급에는 별다른 영향을 주지 못한답니다. 그러니 만약 대출금이 있다면 대출을 먼저 갚고 적금을 하는 것이 신용등급에는 유리하겠네요.

 기자의 한마디

신용점수는 돈을 빌리고 쓰는 경제 활동을 원활하게 하도록 돕는 일종의 신분증과도 같습니다. 신용점수에 대한 개념과 관련 제도의 변화에는 언제나 촉각을 세워둬야겠죠.

○━▸ 대출이자

신용·주담대 4% 중반 눈앞…
영끌족·빚투족 초비상

① 26일 기준금리가 15개월 만에 0.25%포인트 인상되면서 은행권의 대출금리도 4% 중반대 진입을 눈앞에 두고 있다. 주택담보대출(주담대)·신용대출 금리가 이미 4%(최고 금리 기준)를 넘은 가운데 금융기관의 대출금리 인상이 잇따를 것으로 보인다. 이자부담 가중에 금융당국의 대출 조이기에 따른 대출 절벽까지 더해지면서 '영끌족(영혼까지 끌어모은다는 뜻)'이나 '빚투족(빚내서 투자)'의 이중고가 계속될 것으로 보인다.

이날 금융권에 따르면 KB국민·신한·하나·우리은행 등 ② 4대 시중은행의 신규 취급액 코픽스 기준 주담대 금리는 2.62~4.198%로 집계됐다. 주담대 변동금리는 올해 1월 2.44~3.99%에서 2월에 소폭 하락한 뒤 지속적으로 오르는 추세였다. ③ 일찍이 한국은행에서 연내 금리 인상을 시사하자 은행들이 대출금리에 미리 반영해왔다. 일부 은행에서는 지난 6~7월부터 주담대 금리가 최고 4%를 넘어서기도 했다. KB국민은행이 7월 말 2.5~4.0%, 하나은행이 6월 말 2.747~4.071%를 기록했다. 이들 은행의 신용대출 금리(1등급 1년) 또한 이달 19일 기준 2.9%~4.01%로 상한선이 4%를 넘어섰다.

④ 은행권은 기준금리 인상분을 대출금리에 반영하기 위한 작업에 들어갔다. 은행권의 한 관계자는 "대개 기준금리 인상에 따라 코픽스가 미세 조정돼온 만큼 오는 10월에 발표하는 코픽스가 얼마나 오를지 지켜봐야 한다"고 말했다.

은행권에서는 금리 인상으로 빚투·영끌족, 자영업자 등의 이자부담이 상당할 것으로 내다봤다. ⑤ 저금리 기조에 따라 신규 취급해온 가계대출의 81.5%가 변동금리 대출이기 때문이다. 대출금리가 0.25%포인트 오르면 가계의 이자부담이 약 3조 원 늘어나는 것으로 추산된다. / 2021년 8월 26일

용어 설명

- **주택담보대출(주담대):** 집을 담보로 한 대출입니다.
- **금융당국:** 금융정책과 감독을 담당하는 정부 기관으로, 금융위원회와 금융감독원을 합쳐서 말합니다.
- **코픽스 금리:** 주담대 금리의 기준이 되는 금리입니다. 은행들의 평균적인 자금 조달 원가를 반영해 산출하며 한 달에 한 번씩 변경돼 발표됩니다.
- **변동금리:** 대출을 받을 때 기준으로 삼는 금리로 변동금리는 시중금리가 변할 때마다 오르내리지만, 고정금리로 받은 대출은 금리가 변하지 않습니다.

이 기사 왜 중요할까?

'한국은행이 기준금리를 올리는 게 나에게 어떤 영향을 미칠까?'라고 생각하는 독자들을 위해 금리 인상 뉴스와 단골 세트로 등장하는 기사입니다.

이 기사가 쓰인 날은 2021년 8월 27일로 한국은행이 기준금리를 1년 3개월 만에 0.5%에서 0.75%로 올린 날입니다. 0.25%포인트라고 하면 "애개, 얼마 안 되네"라고 여길 수 있죠. 그러나 모든 경제 영역의 근간이 되는 기준금리는 아주 조금만 움직여도 파장이 큽니다. 대표적인 것이 바로 대출금리입니다. 그래서 기준금리가 인하 또는 인상되면 반드시 대출금리에 대한 기사가 따라 나옵니다. 국내 가계부채가 1,800조 원을 넘어섰고 이 중 주택담보대출이 약 1,000조 원에 육박할 정도로 비중이 가장 큽니다. 그다음은 신용대출로 200조 원에 달합니다.

주담대 금리는 코픽스라는 금리에 연동됩니다. 은행들도 다른 곳에서 돈을 빌리고 여기에 마진을 얹어 대출해줍니다. '돈 장사'라는 말이 그래서 나온 것이죠. 은행들의 주요 자금 조달 방법은 예금을 받거나 채권을 발행하는 것입니다. 8개 은행들은 자신들이 지불하고 있는 예금·은행채 금리를 평균 내서 매달 15일 은행연합회 사이트에 공개합니다. 은행들의 자금 조달 원가가 바로 코픽스인 셈입니다.

주담대 금리는 코픽스 금리에 대출하는 사람의 개별 신용도에 따라 가산금리를 얹어 산출됩니다. 이 가산금리에서 은행들이 수익을 내는 것이죠. 기준금리가 오르면 예금, 은행 채권의 금리가 덩달아 오르면서 코픽스 금리도 오르고 결국 주담대 금리까지 뛰는 연쇄 인상 효과가 일어나게 됩니다. 물론 신용대출 금리도 오를 수밖에 없습니다. 식재료 값이 오르면 식당 주인이 임대료, 인건비 등을 더해 메뉴판 가격표를 변경하는 것과 같습니다.

기사 함께 읽기

기사의 전문에서는 기준금리가 주담대 금리를 끌어 올리면서 4% 중반을 눈앞에 두고 있다는 상황을 전달합니다(①). 2021년 코픽스 기준 주택담보대출 금리가 2~4% 초반대(②)인데, 기준금리가 오르면 여기서 추가적으로 오를 수밖에 없기 때문입니다. 특히 기준금리가 오를 것에 대비해 은행들이 그동안 금리를 살금살금 올려오긴 했습니다(③). 원래는 아무리 비싼 주담대 금리도 4% 미만이었지만 금리 인상을 눈치챈 은행들이 2021년 6~7월에 선제적으로 올리면서 4%를 넘어선 것입니다.

자, 실제로 8월이 돼서 금리 인상 이벤트가 벌어졌으니 은행들은 이제는 당당하게 금리를 올릴 명분이 생긴 것이므로 추가로 금리를 올리기 위한 내부 검토를 진행하고 있습니다(④). 주담대 금리를 얼마나 올려야 할지 보려면 기본이 되는 코픽스 금리가 먼저 결정돼야 합니다. 그래서 은행들은 일단 코픽스 금리가 결정되면 액션을 취할 태세입니다. 앞서 설명한 것처럼 코픽스 금리는 매달 15일에 공개됩니다. 2021년 8월 말에 기준금리가 인상이 됐으니 9월에 본격적으로 예금과 은행채 금리가 오르게 되고 이는 10월 15일에 발표하는 코픽스에 반영되기 때문에 은행권의 관계자가 10월 코픽스 금리를 지켜보겠다고 한 것입니다.

결국 이렇게 대출금리가 오르면 그동안 빚을 많이 내 집을 사거나 투자를 한 영끌족의 부담이 커질 수밖에 없습니다. 대출을 받을 때 변동금리와 고정금리 중에 선택할 수 있는데요. 금리 하락기에는 변동금리가 고정금리보다 낮습니다. 지난해보다 올해의 금리가 낮고, 이번 달보다 다음 달의 금리가 싸지기 때문입니다. 그래서 그동안 변동금리를 선택해서 대출을 받았던 대출자들의 비중이 훨씬 높습니다(⑤).

기준금리가 더 오르면 영끌족들의 주머니에서 나가야 할 이자가 갈수록 불어날 수밖에 없습니다. 그런 와중에 빚도 계속 늘고 있어서 빚도 줄이고, 금리 인상에 대한 서민 살림살이도 살펴야 하는 게 금융당국의 향후 과제가 될 것입니다.

TIP

▶ 퍼센트(%)와 퍼센트포인트(%p)

경제기사를 읽을 때 쉽게 지나칠 수 있는 개념이 %와 %포인트입니다. 100에서 110으로 오르면 10%가 상승한 것이죠. 그런데 10%에서 15%로 늘면 5%포인트 늘었다고 표현해야 합니다. 즉 두 개의 % 간 단순 빼기한 값이 %포인트입니다. 금리가 1%에서 1.5%로 늘면 0.5% 증가가 아니라 0.5%포인트가 증가한 것입니다. 금리가 1%에서 1.5% 뛰었을 때 %로 따지면 50%가 늘어난 셈이기 때문입니다.

💬 기자의 한마디

기준금리가 오르면 대출금리가 연쇄적으로 오르면서 대출자들의 원리금 상환 부담이 늘어납니다. 이렇게 한국은행의 금리 인상은 직접적으로 우리 삶에 영향을 끼칩니다.

○━ ETF

메타버스 ETF 뜬 날,
170억 몰렸다

TIGER Fn 등 4종 국내 첫 상장

네이버·카카오 등 편입 종목에

엔피·이노뎀 등 관련 테마주 '쑥'

비대면 추세 확산에 기대감 커져

① '메타버스'에 투자할 수 있는 상장지수펀드(ETF)가 상장 첫날부터 흥행 돌풍을 일으켰다.

13일 한국거래소와 금융투자업계에 따르면 이날 4개 운용사에서 동시에 상장한 4종의 메타버스 ETF에는 170억여 원의 뭉칫돈이 몰렸다. ② 메타버스란 가상·추상·초월을 의미하는 '메타(Meta)'와 세계를 의미하는 '유니버스(Universe)'의 합성어로 현실 세계와 같은 사회·경제·문화 활동이 이뤄지는 3차원 가상세계를 일컫는다. 5세대(5G) 통신기술의 상용화와 가상현실(VR)·증강현실(AR) 등의 기술 발전, 코로나19 사태에 따른 비대면 문화의 추세 확산에 따라 앞으로 산업 전반을 이끌 트렌드로 주목받고 있다.

③ 이날 증시에 상장한 4종의 메타버스 ETF 중 가장 큰 인기를 끈 상품은 미래에셋자산운용이 선보인 'TIGER Fn메타버스' ETF다. 이 상품은 국내 메타버스 관련 키워드 빈도가 높은 상위 21개 종목을 유동 시가총액 가중 방식으로 구성한 에프엔가이드의 메타버스 테마지수를 추종한다. 와이지엔터테인먼트(10.10%), 하이브(9.80%), JYP Ent.(9.71%), 네이버(9.51%), LG이노텍(8.72%) 등을 편입해 엔터주의 비중이 상대적으로 높다. 이 상품에는 112억 원의 거래대금이 몰렸다. ④ 또 삼성자산운용이 출시한 'KODEX K-메타버스 액티브'는 47억 원어치가 거래됐는데 이날 상장

한 4종의 상품 중 유일한 액티브 ETF로 주목받았다. 상품은 하이브(9%)와 펄어비스 (263750)(8%), 크래프톤(8%) 등 게임·엔터테인먼트 관련 콘텐츠 기업 비중이 70%로 구성됐다. 최창규 삼성자산운용 ETF컨설팅 본부장은 "메타버스 산업이 초기 시장인 만큼 관련 기업이 빠르게 변화하는 점에 주목해 지수 대비 자유롭게 운용할 수 있는 액티브 ETF를 선택했다"고 설명했다.

이밖에 KB자산운용의 'KBSTAR iSelect메타버스'는 메타버스 관련 키워드의 빈도와 산업 노출도, 매출 연동률, 미래 성장성을 점수화해 평균치 이상인 기업을 구성 종목으로 한 iSelect 메타버스지수를 추종한다. 에스엠(11.26%)과 하이브(9.89%), 네이버(9.83%) LG이노텍(9.04%), 카카오(035720)(8.82%) 등을 담고 있다. NH아문디 자산운용의 'HANARO Fn K-메타버스MZ'는 가상세계를 구현하는 산업에 투자하는 '에프앤가이드 K-메타버스MZ지수'를 추종하며 펄어비스(11.01%)와 네이버(10.34%), 하이브(10.33%), LG유플러스(9.54%), SK텔레콤(9.05%) 등으로 구성돼 다른 상품 대비 통신사 비중이 높은 것이 특징이다.

⑤ 한편 이날 메타버스 ETF 상장에 따른 패시브 자금이 유입되며 ETF에 편입된 메타버스 관련 기업들의 주가도 강세를 보였다. 네이버, 카카오가 각각 2.69%, 3.08% 상승했고, 펄어비스는 3.23% 올랐다. 메타버스 테마주로 꼽히는 자이언트스텝(4.51%), 맥스트(5.63%), 이노뎁(7.59%), 엔피(13.83%) 등도 강세를 보였다. / 2021년 10월 14일

용어 설명

- **상장지수펀드(ETF):** 특정한 지수의 움직임을 따라가며 운용되는 인덱스(패시브) 펀드의 일종인데, 거래소에 상장돼 실시간으로 매매할 수 있다는 특징이 있습니다. 단순하게 지수를 추종하는 상품이 대다수를 차지하고 있어 운용 수수료가 저렴한 편입니다.

  다만, 최근에는 해당 지수보다 변동폭을 크게 만든 레버리지(2배) 상품이나, 반대로 추종하며 수익을 얻게 만든 인버스(-1배) 및 인버스 2×(일명 '곱버스', -2배) 등도 자주 발행되고 있습니다. 또 단순히 지수를 그대로 따라가는 것을 넘어 지수 이상의 수익률을 얻기 위해 적극적으로 운용하는 액티브 ETF도 주목받고 있습니다.

이 기사는 왜 중요할까?

경제신문 증권 면의 중요한 역할 중 하나는 유망한 재테크 상품을 소개하는 것입니다. 한마디로 '요즘 뜨는' 투자 상품을 발 빠르게 캐치해 기사화함으로써 대중에게 투자 정보를 제공하는 것인데요. 원래 트렌드에 돈이 몰리고, 돈이 몰리는 것이 트렌드라고 하니, 투자 정보뿐 아니라 트렌드까지 확인할 수 있는 이런 기사는 발 빠른 재테크를 위해 틈틈이 읽어두는 것도 좋습니다.

기사 함께 읽기

새로 증시에 상장된 메타버스 ETF라는 금융 상품이 출시되자마자 투자자들에게 인기를 끌고 있다는 내용을 담은 기사입니다. 전문에서 표현하듯 상장 첫날부터 흥행 돌풍을 일으켰다는데요(①). 4개 상품이 상장됐는데 170억 원의 뭉칫돈이 몰렸다고 하는군요. 메타버스에 대한 간단한 설명도 해주는데요(②). 메타버스가 생소한 분들이라면 이때 메모를 해두어도 좋겠네요.

여기서 잠깐! ETF라는 금융 상품이 낯선 독자들도 있을 것 같습니다. ETF
란 간접투자 상품인 펀드의 일종인데요. 다만 가입과 환매 절차가 복잡한 펀
드와 달리 ETF는 증시에 상장돼 직접 거래할 수 있다는 점에서 차이가 있습니
다. 펀드를 개별 주식처럼 거래할 수 있도록 만든 상품인 셈이죠.

그러면 개별 주식과는 어떤 차이가 있을까요? 개별 주식이 하나의 기업에
대한 투자라면 ETF는 다양한 기업에 분산투자해서 투자 위험을 줄인 상품이
라고 설명할 수 있습니다. 반도체를 예로 들자면 삼성전자와 같이 국내 대표
반도체 기업을 개별 주식으로 매수할 수도 있지만, 삼성전자나 SK하이닉스를
비롯해 10~20개의 반도체 기업들을 골고루 담고 있는 반도체 ETF를 매수할
수도 있는 겁니다.

투자자의 입장에서 부연해보자면 반도체 산업이 호황을 거둬 관련 기업들
의 주가가 모두 오르는 과정에서 삼성전자의 주가가 가장 많이 올랐다면 삼성
전자 주식만을 샀던 투자자가 가장 큰 수익을 올릴 것입니다. 하지만 다른 반
도체 기업의 주가는 대부분 올랐는데 하필 삼성전자는 주가가 하락하는 경우
가 발생했다면 ETF 투자자만이 웃었을 겁니다. 즉 개별 주식이 ETF보다 '하이
리스크, 하이 리턴(고위험, 고수익)'에 가까운 투자 상품인 겁니다. 혹자는 주식은
기업에 투자하고, ETF는 산업에 투자한다는 식으로 표현하기도 하더군요.

또 ETF는 개별 주식으로는 접근하기 어려운 분야도 투자할 수 있도록 했다
는 점에서는 펀드와 비슷합니다. 일례로 금에 투자하려면 현물을 사거나 금시
장에서 선물거래 등을 해야 하는데, 세계 각국에서 만들어지는 금지수를 추종
하는 ETF를 주식시장에서 매수한다면 비슷하게 금에 투자하는 효과를 낼 수
있는 겁니다.

다시 기사로 돌아와서 이날 증시에 상장해 거래를 시작한 4종의 ETF 특징
과 상장 첫날 투자자들의 주목도 등에 대해 하나하나 상세히 소개합니다(③, ④).

각 ETF가 어떤 자산운용사의 상품인지, 어떤 지수를 추종하는지, 어떤 종목을 담고 있는지 나름 상세히 소개하고 있으니 관심이 있다면 찬찬히 읽어보면 됩니다. 읽다가 더 알아보고 싶다면 해당 ETF를 운용하는 자산운용사 홈페이지에 들어가 설명도 읽어보고요.

끝으로 이들 ETF의 상장으로 이 상품들이 담고 있는 개별 종목들의 주가도 강세를 보였다는 사실을 전하는데요(⑤). ETF는 특정 지수를 따라가도록 설계돼 있기 때문에 해당 지수에 포함된 종목(상품)을 기계적으로 사고파는 식으로 운용됩니다. ETF에 돈이 몰리면 몰릴수록 지수에 포함된 종목을 많이 사들이게 되니 지수에 포함된 개별 종목의 주가에도 수급 호재가 되는 셈인 거죠. 마지막 문단은 이처럼 ETF를 쫓는 패시브 자금이 증시에 어떤 영향을 미치는지도 간략히 설명해주었네요.

TIP

▶ 복잡한 ETF 이름, 한 번에 이해하기

사람들이 금융투자를 어렵게 생각하는 이유는 복잡한 용어 탓이기도 합니다. 그냥 산다고 하면 될 걸 '매수'라고 한다거나, 여러 상품을 묶어서 거래한다고 하면 쉬울 것을 '바스켓 매매'라고 합니다. 심지어 금융 상품의 이름조차 어려운데요. 기사에 나온 ETF만 하더라도 이름부터 상당히 길고 복잡합니다. 하지만 사실 ETF 이름에는 규칙이 있습니다. 그러니까 규칙만 이해한다면 사실 전혀 어렵지 않다는 겁니다. 그 규칙이란 이렇습니다.

ETF 이름＝자산운용사 브랜드＋추종하는 기초지수＋주요 특징

그럼 이 규칙을 보고 몇 개 같이 읽어볼까요? 우선 'TIGER 차이나전기차SOLACTIVE'라는 ETF를 보겠습니다. 우선 TIGER는 미래에셋자산운용의 ETF 브랜드인데요. 즉 미래에셋자산운용에서 출시한 ETF라는 점을 알 수 있죠. 그리고 이 ETF가 추종하는 기초지수가 '차이나전기차SOLACTIVE'인 겁니다. 이 기초지수는 독일의 지수산출기관인 솔랙티브(Solactive)사에서 중국이나 홍콩에 본사를 두고 있는 전기차 산업 관련 기업들의 성장을 추종하기 위해 만들어진 지수(China Electric Vehicle Index)입니다. 즉 해당 상품은 중국 전기차 산업에 투자하는 국내에 상장된 해외 ETF인 겁니다. 해외 ETF는 국내 상장된 국내 지수를 활용한 ETF와 달리 매매차익에 15.4%를 과세한다는 점도 알아두면 좋습니다. 반면, 국내 주식형 ETF의 경우는 매매차익에 대한 과세가 없습니다.

하나 더 보겠습니다. 'KODEX K-신재생에너지액티브'라는 상품인데요. KODEX는 삼성자산운용의 ETF 브랜드이므로 삼성자산운용이 출시한 신재생에너지 관련 ETF라는 걸 알 수 있습니다. 어떤 지수를 추종하는지 알려면 ETF를 조금 더 자세히 봐야 하는데요. 포털 사이트나 자산운용사 홈페이지 등에서 해당 ETF에 대한 설명을 찾아보면 '기초지수'라는 항목이 눈에 띌 겁니다. 이 기초지수가 바로 이 ETF가 추종하는 지수인데요. 이 상품의 경우 'FnGuide K-신재생에너지 플러스 지수'가 기초자산이기에 이런 이름이 붙었군요.

비교지수정보

FnGuide K-신재생에너지 플러스 지수

Fnguide K-신재생에너지 플러스 지수는 유가증권시장 및 코스닥 상장 종목 중 기초필터링을 통과한 종목들로 유니버스를 구성하고, '신재생에너지' 키워드 기반 머신러닝으로 종목별 키워드 유사도 스코어링을 통해 '신재생에너지' 관련성이 높은 종목을 선정하여 구성한 지수입니다.

연 2회 지수 정기변경을 실시합니다. (6월/12월 선물옵션 만기일 이후 2영업일째에 수행)

지수정보 자세히 보기 >

그리고 이름 마지막에 액티브라는 단어가 눈에 띄죠? 지수를 단순히 추종하기보다는 자산운용사가 해당 지수보다 더 높은 수익률을 내기 위해 노력하는 상품이라는 점을 알 수 있습니다. 이런 상품은 지수를 그대로 따라가는 상품보다는 수수료가 조금 더 비싸다는 점도 알아두면 좋겠네요.

💬 **기자의 한마디**

기사를 읽다 보면 유망 재테크 상품에 대한 정보도 쏠쏠히 얻을 수 있답니다. 다만 투자는 자신의 몫, 정보만 취득하고 투자할지 말지 여부는 신중히 결정해야겠죠.

○━ 기업공개, 상장

'몸값 72조' 쿠팡…
'빅 보드'로 화려한 입성

美 증시 상장…최종 공모가 35弗

물류·신사업에 실탄 5조 원 투자

① 쿠팡이 72조 원의 기업 가치를 평가받으며 미국 뉴욕 증시에 입성했다.

창업 10년 만에 유통 공룡으로 거듭난 쿠팡이 이번 상장으로 확보한 5조 원가량의 자금으로 국내 유통시장을 더욱 세차게 뒤흔들 것으로 전망된다.

② 쿠팡은 11일(현지 시간) 주당 공모가 35달러(약 3만 9,756원)로 뉴욕증권거래소(NYSE)에 상장했다. 종목코드는 'CPNG'다. 이는 쿠팡이 전날 제시했던 공모 희망가 32~34달러보다 높은 가격이다. ③ 쿠팡은 당초 알려진 것보다 1,000만 주 많은 1억 3,000만 주를 공모한다. 이에 따라 쿠팡은 이번 상장으로 45억 5,000만 달러(약 5조 1,700억 원)를 조달하게 된다.

④ 이날 쿠팡은 NYSE 개장을 알리는 '오프닝 벨'을 울리며 미국 증시 데뷔를 화려하게 장식했다. NYSE는 세계 최대 증권거래소로 '빅 보드(Big Board)'라고도 불린다. 현지 시간으로 오전 9시 30분 김범석 쿠팡 이사회 의장과 강한승·박대준 대표, 거라브 아난드 쿠팡 CFO 등 주요 관계자들이 오프닝 벨 행사장에 모습을 드러냈다. 김 의장이 직접 개장을 알리는 벨을 누르며 쿠팡의 상장을 알렸고, 함께 자리한 관계자들이 박수를 치며 환호했다. 이들 뒤에 자리한 대형 스크린으로는 쿠팡 배송 직원과 오픈마켓 셀러, 고객들이 온라인으로 상장을 지켜보는 장면이 흘러갔다. 고객 감동 사연 이벤트에 응모해 선정된 고객 강유록 씨를 비롯해 1만 번째 쿠팡 친구(배송 직원) 김단아 씨, 쿠팡 마켓플레이스에 입점한 이라미 베츠레시피 대표 등 9명이 온라인을 통해 쿠팡의 미국 증시 데뷔를 축하했다. 이날 미국 뉴욕 월스트리트의 뉴욕증

권거래소 건물에는 쿠팡의 상장을 알리는 대형 현수막과 태극기가 함께 게양되기도 했다.

⑤ 쿠팡의 상장은 지난 2014년 알리바바 이후 최대이자 미국 증시에 상장한 아시아 기업 중 네 번째로 큰 규모로 국내는 물론 현지 투자자들에게도 크게 주목받았다. 월 스트리트저널(WSJ)은 공모가 기준으로 쿠팡의 기업가치가 630억 달러(약 71조 5,617억 원)에 달할 것으로 보인다고 분석했다. 롯데쇼핑·신세계·이마트·현대백화점 등 국내 주요 유통 상장사의 시가총액을 모두 합친 것보다 많은 금액이며 최대 경쟁사인 네이버의 시총(약 62조 원)도 훌쩍 뛰어넘는다. ⑥ 창업자인 김범석 이사회 의장 등 쿠팡 경영진은 상장 이후 현지에서 향후 투자 계획 등을 밝힐 예정이다. 쿠팡은 앞서 상장으로 확보한 실탄을 물류·신사업·콘텐츠 등 쿠팡 생태계 확장에 투입할 예정이라고 밝힌 바 있다. / 2021년 3월 12일

용어 설명

- **상장(Listing):** 증권거래소에서 매매할 수 있는 종목으로 지정하는 일입니다. 시장에 명패를 내건다는 뜻이며, 영어로도 시세표에 이름을 올린다는 의미를 지니고 있습니다. 각 거래소는 공신력을 위해 일정한 심사 기준을 설정해 상장할 기업을 선별하는데, 기업은 상장 후에도 일정 요건에 미달하거나 불공정 행위를 하는 등 계약을 위반하면 상장폐지될 수 있습니다.

- **종목코드(티커, Ticker):** 주식에 부여되는 특정 코드를 말하며 알파벳 혹은 숫자로 표기합니다. 종목코드는 나라마다 다른데, 미국 주식은 알파벳, 한국 주식은 숫자, 홍콩은 알파벳·숫자의 혼합 등으로 만들어집니다. 예컨대 삼성전자의 종목 코드는 005930이고, 미국 증시에서 테슬라는 TSLA 등입니다.

- **공모(Public Offering):** 광범위한 불특정 다수의 일반 투자자를 대상(법률상으로는 50인 이상)으로 증권의 취득과 청약을 권유하는 행위를 말합니다. 공모 청약은 이 같은 유가증권의 공개 모집 등에 신청하는 행위를 말합니다.

- **뉴욕증권거래소(NYSE):** 미국 뉴욕의 월가에 위치한 세계 최대 규모의 증권거래소로, '빅 보드(Big Board)'라는 애칭으로 유명합니다. 기술주 중심의 나스닥(NASDAQ), 중소기업과 ETF 등을 중심으로 거래되는 아멕스(AMEX)와 함께 미국 3대 증권거래소로 꼽힙니다.

이 기사는 왜 중요할까?

국내 코스피와 코스닥에 상장된 기업 수는 2021년 12월 기준 2,000개가 넘습니다. 이 중에는 건실한 기업도 있지만 적자에 적자를 거듭하는 한계 기업도 있죠. 이렇게 수많은 기업이 증시에 상장돼 거래되고 있다 보니 '상장기업'이라는 의미가 별거 아닌 것처럼 여겨지기도 합니다.

하지만 상장이란 아무 기업이나 할 수 있는 게 절대 아닙니다. 주식을 매개로 불특정 다수의 투자자들에게 대규모 자금을 조달할 수 있는 기회이니만큼 아무에게나 그런 기회를 줄 수는 없겠죠. 실제 주요 거래소들은 투자자들을 보호하기 위해 엄격한 기준 아래 증시에서 거래될 수 있는 상장기업을 골라냅니다. 그래서 회사를 창업해 키워온 기업인들에게 상장이 결정된다는 것은 일종의 '가문의 영광'이라고도 할 정도죠.

'로켓 배송'으로 유명한 쿠팡이 뉴욕 증시에 상장했던 이날의 기사를 보면 이 같은 축제 분위기가 잘 드러납니다. 특히 뉴욕증권거래소라는 세계에서 가장 큰 거래소에 상장했으니 영광의 크기가 아주 클 겁니다. 기업에게 상장이란 어떤 의미인지 기사를 통해 이해해볼까요?

기사 함께 읽기

기사의 도입부에서는 쿠팡이 72조 원의 기업 가치를 인정받으며 미국 뉴욕증권거래소에 화려하게 데뷔했다는 내용을 담고 있습니다(①). 72조 원은 어떻게 계산된 걸까요? 1주당 공모가인 35달러(약 3만 9,756원)를 기준(②)으로 발행된 주식의 총수를 곱해 시가총액을 내보니 630억 달러, 당시 한화 기준 약 71조 5,617억 원에 달했다고 합니다. 이게 얼마나 큰돈인지 등에 대한 상세한 내용은 기사 마지막 문단(⑤)에 부연되고 있는데요. 미국 증시에 상장한 아시아 기업 중 네 번째로 큰 규모이고, 국내 기업과 비교하자면 네이버보다 높은 평가를 받은 것이라고 하네요.

다시 두 번째 문단으로 돌아와 쿠팡은 원래 전날까지 공모가를 주당 32~34달러로 희망했다는데요. 투자하겠다는 기관이 상당해 원래 공모 예정 물량인 1,000만 주보다 많은 1억 3,000만 주를 35달러의 공모가로 발행하는 데 성공했다고 합니다. 35달러씩 1억 3,000만 주를 발행하는 데 성공했으니 이번 공모로만 약 45억 5,000만 달러(약 5조 1,700억 원)를 확보할 수 있었던 셈이죠(③).

다음 문단부터는 쿠팡의 뉴욕 증시 데뷔의 풍경이 묘사됩니다(④). 오전 9시 30분 오프닝 벨을 울리고 회사를 이끈 주역들이 잇따라 모습을 드러내죠. 거래소 외벽에는 태극기도 걸렸다는군요. 이 같은 축하 의식은 한국의 대표 거래소인 한국거래소(KRX)에 기업이 상장할 때도 만나볼 수 있습니다. 2021년 카카오뱅크 상장 당시에는 거대한 라이언 인형이 거래소 로비를 장식했고, 하이브(舊 빅히트) 상장 때는 방시혁 의장이 직접 와서 한국의 '오프닝 벨'이라고 할 수 있는 북을 치기도 했답니다.

끝으로 기사는 증시 상장으로 대규모 자금을 조달한 쿠팡이 앞으로 여러 투자를 이어갈 것이라는 입장을 밝히며 마무리하네요(⑥).

TIP

▶ 상장과 기업공개

증권 면의 기사를 읽다 보면 증시에 신규 상장하는 기업에 대해 '기업공개(IPO, Initial Public Offering)에 나선다'는 표현을 자주 보게 될 겁니다. 그래서인지 상장과 기업공개가 같은 의미라고 이해하는 분도 많을 텐데요. 엄밀히 말해서 둘은 다르답니다.

우선 상장은 말 그대로 시장(場)에 기업의 주식을 올린다(上)는 의미로, 증권거래소에서 주식을 거래할 수 있도록 허락하는 행위를 의미합니다. 증권거래소가 규정하고 있는 일정 수준의 요건을 충족한 기업들에 한해 그들이 발행하는 주식을 증권시장에서 거래할 수 있도록 자격을 주는 행위가 바로 상장인 거죠.

반면 기업공개는 상장하기 전에 회사를 소개하며 회사 주식을 외부 투자자들에게 처음으로 파는 행위를 지칭합니다. 즉 기업이 최초로 주식을 공개 모집하는 일이라는 겁니다. 다시 설명하자면 회사 창업자 등 일부만 주식을 나눠 갖고 있던 기업이 회사 경영 정보를 공개하고 가치평가를 받아 새로운 주식(신주)을 발행, 외부 투자자들로부터 주식을 팔고 자금을 조달받는 행위 전반을 일컫는 용어가 기업공개인 겁니다.

그렇다면 두 용어를 왜 함께 쓰고 있을까요? 그건 바로 기업이 상장하기 위해 반드시 거쳐야 하는 절차가 바로 기업공개이기 때문입니다. 기업공개를 거친 기업은 증시에 상장돼 재무제표 등 회사의 주요 경영 정보를 정기적으로 공시할 의무를 지닌 '공개기업'이 되는데요. 사실 기업 입장에서는 회사가 돈을 얼마 벌었고 얼마를 썼다는 내용을 비롯해 빚이 많다거나 신제품 개발에 실패했다거나 하는 회사의 치부도 낱낱이 드러내야 하기에 공개기업으로 있는 일이 상당히 부담되기 마련입니다. 그럼에도 많은 기업이 상장과 대규모 기업공개를 꿈꿉니다. 기업이 필요한 자금 조달을 가장 원활히 할 수 있는 곳이 바로 주식시장이기 때문입니다.

 기자의 한마디

주식에 관심이 있는 사람이라면 누구나 들어보았을 단어가 바로 기업공개와 상장입니다. 어떤 기업이 상장을 준비하고 있다는 소식을 접한다면, 투자하기 전에 기업공개된 정보를 보고 재무적으로 건전한 회사인지, 미래가 튼튼한 회사인지 파악해보세요.

부동산

부동산 공화국인 대한민국에서 살아남기!

부동산 기사에는 현실에 바로 적용할 수 있는 꿀 정보가 가득합니다.

세입자 권리 보호부터 내 집 마련의 꿈까지, 부동산 기사 읽기로 이뤄

보세요.

○━ 청약

맞벌이도 '특공' 기회…
민간 특공 30% 추첨제로

생애최초·신혼 특공에 추첨제 도입

소득·혼인·자녀수 상관없어

청포족 패닉 바잉 막을까

① 고소득 맞벌이 부부나 1인 가구, 자녀가 없는 신혼부부 등 청약 사각지대에 놓인 청년층에게도 이달 15일부터 추첨으로 아파트 특별공급(특공)을 받을 수 있는 길이 열린다.

4일 국토교통부는 이 같은 내용이 담긴 '생애최초 주택 특별공급 운용지침' 개정안과 '신혼부부 주택 특별공급 운용지침' 개정안을 행정 예고하고 15일부터 시행한다고 밝혔다. ② 핵심 내용은 신혼부부·생애최초 특공 물량의 30%를 추첨제로 돌린 것이다. 지난해 기준 민영주택의 신혼부부·생애최초 특공 물량은 약 6만 가구로 추첨제 물량은 약 1만 8,000가구로 추산된다.

이번 제도 개편은 소득이 기준을 초과하는 맞벌이 부부나 1인 가구에게 청약 기회를 더 많이 주자는 취지다. ③ 최근 집값 상승의 원인으로 청약 당첨 가능성이 낮은 청포족들의 패닉 바잉이 꼽히고 있기 때문이다.

이번 개정안이 시행되면 ④ 1인 가구와 도시근로자 월평균 소득 160%를 초과하는 맞벌이 가구도 특공을 신청할 수 있다. / 2021년 11월 4일

용어 설명

- **청약:** 사전적 의미는 '계약을 맺고자 한다는 의사 표시'로 부동산과 증권 시장 등에서 두루 사용됩니다. 이 중 부동산 시장에서 청약은 아파트 분양 (새로 지은 아파트를 신청자들에게 처음으로 파는 것)을 신청하는 것을 뜻합니다.

- **특별공급(특공):** 청약은 크게 일반공급과 특별공급으로 나뉩니다. 먼저 일반공급은 아파트를 분양하는 지역에 거주하고 있는 무주택자로 청약 통장을 갖고 있는 사람이라면 누구나 신청할 수 있습니다. 특별공급은 분양 물량 중 일정 비율을 장애인, 신혼부부, 생애최초 주택 구입자 등 사회적 약자나 주거 안정이 우선적으로 필요한 사람들만 우선 신청할 수 있도록 한 것입니다.

- **청포족:** 청약 포기족의 줄임말로 가점이 적어 청약 당첨 가능성이 낮은 2030세대를 일컫습니다.

- **도시근로자 월평균 소득:** 통계청에서 해마다 집계하는 도시근로자의 월평균 소득을 뜻합니다. 가구수에 따라 1~5인 가구 이상의 월평균 소득으로 분류하는데, 정부에서 특별공급 등 소득 자격 기준이 필요한 분야에 이 도시근로자 월평균 소득을 자주 사용합니다.

이 기사는 왜 중요할까?

주택청약통장은 갖고 있지만 청약이 뭔지, 어떻게 하는 건지 잘 모르는 분이 많을 겁니다. 청약 관련 기사를 읽어봐도 생소한 단어가 많아 친해지기 쉽지 않은 것도 사실입니다. 하지만 청약은 내 집 마련뿐 아니라 부동산 시장의 흐름을 볼 수 있는 가늠쇠이자 부동산 규제의 중요한 도구로도 사용되고 있습니다. 당장 청약할 계획이 없더라도 청약 관련 기사에 늘 관심을 가져야 하는 이유입니다.

특히 이 기사는 내 집 마련을 꿈꾸는 2030세대라면 더더욱 눈여겨봐야 합니다. 정부가 청약 제도를 바꿔 1인 가구나 아이 없는 신혼부부처럼 청약 가점이 낮은 사람에게도 청약 당첨의 기회를 주겠다는 내용이거든요. 본인이 수혜 대상인지 꼼꼼히 따져보고 남들보다 빨리 청약에 도전한다면 당첨의 행운을 쥘 수 있을지도 모릅니다.

청약 규칙은 굉장히 복잡한 데다 부동산 시장 상황에 따라 매우 자주 바뀝니다. 그런데 만일 이런 복잡한 자격 조건을 제대로 확인하지 않고 자격이 맞지 않는 사람이 청약을 신청했다 덜컥 당첨되면 검증 과정에서 청약 자격이 박탈되고 한동안 청약 신청이 제한되는 페널티까지 받게 됩니다. 이런 사태를 막기 위해서라도 청약 전 최신 청약 규제 동향을 꼭 파악하기 바랍니다.

기사 함께 읽기

이 기사는 그동안 청약의 사각지대에 놓여 있던 아이 없는 신혼부부나 1인 가구에게 청약 당첨의 기회를 준다는 내용을 담고 있습니다(①). 과연 어떻게 이들에게 기회를 준다는 걸까요?

이 내용을 이해하기 위해서는 청약 제도에 대한 약간의 지식이 필요합니다. 청약은 크게 일반공급과 특별공급으로 나뉘어 있습니다. 단어 설명에서 알려드린 것처럼 특별공급은 취약 계층이나 신혼부부 등 당장 집이 필요한 사람들을 위해 분양 물량의 일부를 할당해주는 제도인데요. 특별공급도 경쟁률이 치열하긴 하지만 일반공급보다는 그나마 덜한 편입니다. 그래서 특별공급 대상에 포함된다면 청약 당첨의 기회가 더 높아지는 일종의 특혜를 누리게 됩니다. 그러니 아무에게나 특별공급 자격을 줄 수는 없겠죠? 특별공급은 소득 기준이 엄격하며 철저하게 청약 점수 순으로 당첨자를 선정합니다. 이를 '100% 가점제'라고 부릅니다. 청약 점수는 무주택 기간이 길수록, 자녀나 부모 등 부양가족이 많을수록 높습니다.

기사에 따르면 우선 특별공급의 소득 기준이 완화됐습니다(④). 원래 신혼부부 특별공급의 소득 기준은 도시근로자 월평균 소득의 120~130%인데 이를 160%로 늘린 것입니다. 참고로 2인 가구 기준으로 2021년 도시근로자 월평균 소득의 160%는 730만 56원입니다.

또한 정부는 100% 가점제로만 운영해온 신혼부부·생애최초 특별공급 물량에서 30%를 떼어내 추첨으로 뽑는다고 합니다(②). 추첨제로 하겠다는 건 점수를 보지 않겠다, 즉 자녀가 없어도, 젊어도(무주택 기간이 짧아도) 운이 좋으면 당첨될 수 있는 길이 열린 것입니다. 하늘에 맡겨야 하는 걸 특혜라고 할 수 있을까 싶죠? 그래도 내 집 마련이 간절한 사람들에겐 가능성 '제로'보다는 단 0.001%의 가능성도 소중할 겁니다.

그런데 정부는 갑자기 왜 청포족 달래기에 나섰을까요? 기사에서는 그 이유가 청포족들의 패닉 바잉(Panic Buying)을 막기 위해서라고 해석하고 있습니다(③). 패닉 바잉은 단어 그대로 공황에 빠져 닥치는 대로 사들인다는 뜻입니다. 최근 수년간 집값이 급등하자 "가만히 있으면 안 되겠다"는 불안 심리가 작동해 많은 사람이 주택 구매에 뛰어들었습니다. 특히 청약 당첨 가능성이 차단돼 있던 청포족에서 이런 현상이 더욱 심했죠. 정부는 이런 청포족에게 청약의 문을 살짝 열어줘 당장 집을 사기보다는 조금 더 지켜보고 기다리도록 유도하고 있는 것입니다.

TIP

▶ 내 청약 점수는 몇 점일까?

한국부동산원에서 운영하는 청약 포털 청약홈(www.applyhome.co.kr) 또는 청약홈 모바일 앱에서 예상 청약 가점을 확인할 수 있습니다. 청약홈에서는 이 외에도 청약 일정 확인 및 청약 접수가 가능하기 때문에 청약에 관심 있다면 꼭 알아두세요.

청약홈보다 더 세부적인 내용이 궁금하거나 애매한 부분이 있다면 국토교통부 홈페이지에서 [정책자료] → [정책Q&A]에서 '주택청약 FAQ' 게시글을 보기 바랍니다. 2021년 7월 기준으로 무려 438개에 달하는 청약 제도에 대한 질문에 국토부가 직접 답을 해둔 자료입니다.

〔청약홈 홈페이지〕

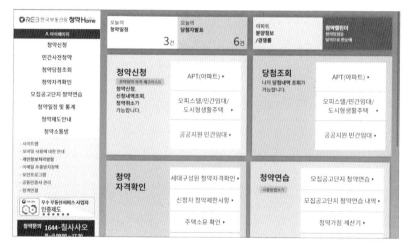

▶ 보도자료, 기자가 아니어도 볼 수 있어요

부동산 대책처럼 중요한 발표를 할 때, 정부는 정확한 언론 보도를 위한 '보도자료'를 만들어 기자들에게 배포합니다. 사실 이 자료는 기자가 아니어도 누구나 볼 수 있는데요. 정책 발표 다음 날 해당 부처의 홈페이지에 '보도자료' 또는 '공보자료'라는 이름으로 게

재됩니다.

기사는 지면의 제한이 있다 보니 핵심적인 내용만 다룰 뿐 아주 세세한 내용을 다 싣지는 못합니다. 그래서 세부 내용까지 모두 포함돼 있는 보도자료를 읽어보면 오히려 정책의 취지나 맥락이 더 잘 이해되는 경우도 있습니다. 내용이 복잡한 보도자료의 경우 별도로 Q&A를 첨부해 놓기도 하고요.

다만, 정부에서 발표하는 자료이다 보니 당연하게 정부의 주장을 옹호하는 내용이 대부분인데요. 때문에 정책으로 인해 발생할 수 있는 부작용이나 허점도 파악하기 위해선 기사도 참고하는 것이 좋겠죠.

💬 기자의 한마디

한번 만들어지면 잘 바뀌지 않는 법규, 규정들과 달리 청약 규정은 정말 자주 바뀌는 편입니다. "난 가능성이 없어"라고 미리 포기하지 말고, 관련 기사를 자주 검색해보세요.

🔑 집값

멈춰 있던 강남 집값
8주 만에 상승 전환

① 정부의 전방위적은 부동산 규제 강화에도 서울 강남권 아파트 값이 꿈틀대고 있다. 재건축 추진이 양호한 단지를 중심으로 강남3구(강남·서초·송파구)가 상승세로 전환했다.

26일 한국감정원이 11월 넷째 주(23일 기준) 전국 주간 아파트 가격 동향을 조사한 결과 전국의 주간 아파트 매매 값은 0.23% 상승해 지난주(0.25%)보다는 오름세가 줄었지만 여전히 높은 수준이다.

서울 아파트값 상승률은 지난주와 같은 0.02%였다. ② 강남구는 압구정동 현대아파트 등 재건축 추진 기대감으로 지난주까지 7주 연속 보합(0.00%) 혹은 마이너스에서 이번 주 0.03% 상승으로 분위기가 반전됐다. 서초(0.02%)·송파구(0.02%)도 지난주보다 상승폭이 커졌다. 이 밖에 동대문구(0.05%), 강북구(0.04%), 관악구(0.04%) 등도 상승폭이 확대됐다.

③ 이번 조사에서는 비규제지역의 풍선 효과가 두드러졌다. 정부의 신규 규제지역 지정 효과로 수도권 아파트값은 0.15% 올라 지난주(0.18%)보다 상승폭이 줄었다. 하지만 수도권의 몇 안 되는 비규제지역으로 남아 있는 파주시는 지난주 0.78% 상승에 이어 이번 주 1.06% 상승을 기록하며 상승 폭이 커졌다. / 2020년 11월 26일

용어 설명

- **강남3구:** 부동산 기사에서 '강남 집값'이라고 하면 강남구가 아닌 강남 3구를 의미할 가능성이 큽니다. 강남3구는 강남구, 서초구, 송파구입니다.

- **보합:** 부동산 가격이나 주가가 오르지 않고 그대로 머물러 있는 것을 보합이라고 합니다. 강보합, 약보합이라는 말도 있는데요. 강보합은 오르긴 올랐지만 아주 소폭일 때, 약보합은 떨어지긴 떨어졌으나 역시 아주 조금 떨어졌을 때 사용합니다.

- **풍선 효과:** 풍선을 손가락으로 꾹 누르면 다른 쪽이 튀어나오죠. 마찬가지로 어떤 지역의 집값이 많이 올라 부동산 규제를 시행하면 해당 지역의 집값은 누를 수 있지만 아직 규제가 없는 다른 지역의 집값이 오르는 현상을 말합니다.

- **비규제지역:** 다른 지역에 비해 집값이 안정적이어서 부동산 규제를 적용받지 않는 지역을 뜻합니다. 대부분 수도권이나 광역시를 제외한 지방 중소 도시들이 해당합니다. 규제지역에 비해 주택담보대출을 받기도 쉽고 청약 문턱도 낮은 편입니다. 참고로 규제지역에는 투기지역, 투기과열지구, 조정대상지역 등이 있습니다. 집값 상승률과 청약 경쟁률 등을 고려해 지정합니다.

이 기사는 왜 중요할까?

기사에 등장하는 한국감정원은 한국부동산원의 옛 이름입니다. 한국부동산원에서는 매주 목요일 전국의 아파트값, 전셋값 동향을 발표하고 많은 언론이 이 내용을 기반으로 기사를 쏟아냅니다. 기사에는 가격 변동률뿐 아니라 이 지역의 집값이 왜 올랐는지, 또 왜 떨어졌는지 전문가들의 해설도 달려 있죠. 때문에 한국부동산원의 주간 아파트 동향 기사를 꾸준히 보면 부동산 시장의 흐름이 어떤지, 어떤 이유로 집값이 움직이는지를 쉽게 파악할 수 있습니다. 그런데 왜 전체 집값이 아닌 아파트값만 발표하는 걸까요? 먼저 국내 주택의 60% 이상이 아파트로 그 비중이 높습니다. 또 크기와 모양, 입지가 제각각인 주택과 달리 아파트는 어느 정도 규격화돼 있기 때문에 통계화하기 쉽다는 이유도 있습니다.

기사 함께 읽기

이 기사는 집값 동향, 그중에서도 강남 집값을 주제로 잡았습니다(①). 집값이 가장 많이 오른 지역이어서 강남 집값을 고른 걸까요? 그렇진 않습니다. 기사에 보면 강남구 집값이 0.03%, 서초구와 송파구는 0.02% 오르는 데 그쳤습니다. 반면 동대문구는 0.05%, 강북구도 0.04%나 올랐습니다(②). 그렇다면 기자가 강남 집값에 주목한 이유는 무엇일까요? 바로 강남 집값이 서울, 나아가 전국 집값 변동의 선행지표 역할을 하기 때문입니다.

강남3구는 서울 내에서도 집값이 높은 지역입니다. 또한 한강변에 위치해 재건축 시 큰 가치 상승이 기대되는 재건축 단지들도 많죠. 그래서 강남3구에는 이 지역에 거주하기 위해 집을 구매하는 사람도 있지만 투자를 위해 집을 사는 사람의 비중도 매우 높습니다. 2021년 1월 부동산 정보업체 경제만랩이 분석한 한국부동산원 아파트 매입자 통계에 따르면 2020년 1~11월 강남3구에서 거래된 아파트 매매 건 가운데 서울 외 지역에 사는 사람이 아파트를 산 경우가 25.6%를 차지했습니다. 강남3구에서 거래된 아파트 4채 중 1채가 외지인이 사들인 것입니다.

이런 특성 때문에 집값이 오를 것 같으면 강남에 가장 먼저 돈이 몰립니다. 반면, 정부가 재건축 규제나 대출 규제를 강화하면 바로 거래가 확 줄어드는 지역이기도 합니다. 때문에 계속 보합이던 강남 집값이 7주 만에 반전에 성공

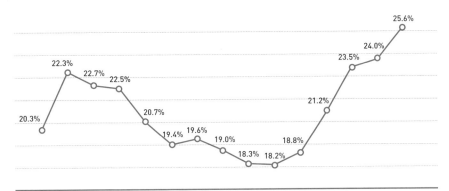

〔연간 1~11월 타 지역 거주자들의 강남3구 아파트 매입 비중〕

25.6%
24.0%
23.5%
22.3%
22.7%
22.5%
21.2%
20.7%
20.3%
19.4% 19.6%
19.0%
18.8%
18.3% 18.2%

2006 2007 2008 2009 2010 2011 2012 2013 2014 2015 2016 2017 2018 2019 2020 (년)

자료: 한국부동산원

했다(②)는 것은 향후 다른 지역의 집값도 연쇄적으로 오를 수도 있다는 것을 의미합니다.

서울의 상황을 소개한 뒤 기사는 수도권으로 초점을 옮깁니다. 정부가 수도권에서 아파트값 상승률이 높았던 지역을 신규 규제지역으로 지정하면서 해당 지역의 아파트값은 주춤했지만 아직 규제가 없는 파주시의 아파트값이 크게 올랐다는 내용입니다(③). 정부는 2020년 11월 20일 김포시와 대구 수성구, 부산 해운대·수영·동래·연제·남구 등 7개 지역을 조정대상지역으로 지정한 바 있습니다. 당시 파주시 외에도 충남 천안시, 울산 등 규제를 피한 지역의 집값이 오르는 현상이 공통적으로 관찰됐습니다. 규제로 집값을 누르면 인근 다른 지역의 집값이 뛰어 오르는 '풍선 효과'의 전형적인 사례입니다.

부동산 기사를 읽다 보면 이 기사처럼 강남 집값 동향을 중심적으로 다룬 것은 물론 '강남의 특정 아파트 단지가 수십억 원에 거래됐다', '강남 청약에 수십만 명이 몰렸다' 하는 소식을 자주 볼 수 있을 겁니다. 이런 기사를 보면서 '나는 무주택자고 강남 집값은 나랑 상관없는 이야기야'라고 생각한 적 있나요? 하지만 앞서 말씀드린 것처럼 강남 집값은 부동산 시장 동향과 투자자들의 분위기를 엿볼 수 있는 중요한 단서입니다. 강남 집값이 움직이면 강남 인근 지역에서 서울 외곽으로, 수도권으로 집값 상승 또는 하락의 불씨가 옮겨붙을 수 있다는 점을 생각하면 이런 기사의 의미를 제대로 이해할 수 있을 겁니다.

 기자의 한마디

표면적으로는 강남 집값을 이야기하는 기사이지만 사실은 부동산 시장의 분위기와 전망을 전달하고 있었습니다. 어떤 기사를 읽든 '다음엔 무슨 일이 벌어질까, 어떤 영향을 미칠까'를 생각해보는 습관을 가져보세요.

⚡ 주택담보대출

청년·무주택자 대출길 열린다…
정부 LTV·DTI 완화 추진

① 금융위원회가 주택담보인정비율(LTV)과 총부채원리금상환비율(DSR) 등 대출 규제를 10%포인트(p) 완화하는 방안을 추진한다.

은성수 금융위원장은 4일 출입기자와 학계에 보낸 공개서한에서 "필요 시 부동산 시장 안정 기조를 훼손하지 않는 범위 내에서 현행 청년층과 무주택자에게 제공되는 LTV, DSR 10% 추가 허용 등 혜택의 범위와 대상을 확대하는 방안도 관계부처와 협의할 계획"이라고 밝혔다.

② 현재 투기과열지구와 조정대상지역에서 9억 원 이하 주택의 LTV는 각각 40~50%, 9억~15억 원 구간은 20~30%가 적용되고 있다. ③ 여기에 일정 요건을 갖춘 무주택자에게는 10%포인트가 추가 허용되는데 가산 포인트를 더 확대하는 방안 등을 추진하겠다는 것이다.

④ 올해 총부채상환비율(DTI)을 DSR로 대체하는 방안이 추진되는 가운데 DTI도 LTV와 동일하게 무주택자에게 10%포인트가 추가 허용되는 방안이 유력하다. 현재 투기과열지구에서 9억 원 이하 주택의 DTI인 40%에 10%포인트를 추가하는 식이다.

/ 2021년 3월 4일

용어 설명

- **주택담보인정비율(LTV):** 담보대출을 받을 때 주택 가격에서 담보로 인정해주는 비율을 말합니다. LTV가 40%, 구매하려는 집의 가격이 6억 원이라면 2억 4,000만 원을 대출받을 수 있습니다.
- **총부채상환비율(DTI):** 연간 소득에서 갚아야 할 주택담보대출 원리금의 비중을 뜻합니다.
- **총부채원리금상환비율(DSR):** DTI보다 강력한 대출상환능력 평가 기준입니다. 연소득에서 주택담보대출 원리금은 물론 자동차 할부금, 학자금 대출, 신용대출 등 갚아야 할 모든 대출 원리금의 비중을 의미합니다. 즉 DTI보다 DSR을 적용할 때 대출 가능 금액이 더 줄어듭니다.

이 기사는 왜 중요할까?

2023년 8월 KB부동산이 발표한 월간 주택시장 동향에 따르면 서울 아파트 평균 매매 가격은 11억 8,519만 원을 기록했습니다. 비싼 집값 때문에 집을 장만하려는 사람들에게는 대출이 가장 먼저 고려해야 할 조건입니다. 바로 이런 점 때문에 대출은 정부가 집값을 잡을 수 있는 강력한 규제 수단이 되기도 합니다. 그중에서도 가장 대표적인 규제가 바로 이 기사에서 언급되는 LTV, DTI, DSR 3총사입니다.

의견 수렴에 수개월에서 1년이 걸리기도 하는 다른 규제들과 달리, 이런 대출 규제는 효과를 극대화하기 위해 보통 발표 직후 유예 기간 없이 바로 시장에 적용되곤 합니다. 정부에서 대출 규제를 강화한다고 발표해서 지점에 전화해보면 아직 내용이 전달되지 않아 은행 직원들도 내용을 모를 정도로 갑작스럽게 시행됩니다. 그러니 주택 구매를 준비하고 있다면 부동산 기사를 더욱 꼼꼼히 모니터링하며 대출 규제에 변화가 있는지 살펴봐야겠습니다.

기사 함께 읽기

같은 서울 안에서도 강남과 강북의 집값은 차이가 매우 큽니다. 때문에 부동산 규제도 집값이 높고 상승세가 큰 지역과 그렇지 않은 지역을 구분해서 시행됩니다. 이른바 규제지역이 그것입니다. 규제지역은 기사에 등장하는 투기과열지구와 조정대상지역으로 나뉘는데요. 두 규제지역 모두 물가 상승률보다 집값 상승률이 현저히 높은 지역, 주택 투기가 성행하고 있거나 성행할 우려가 있는 지역에 대해 국토교통부와 시·도지사가 지정할 수 있습니다. 투기과열지구는 조정대상지역 중에서도 부동산 과열 정도가 극심한 곳에 적용하는데요. 2023년 9월 현재 서울에서는 강남구와 서초구, 송파구, 용산구 등 4개 지역만이 투기과열지구로 지정돼있지만, 이 기사가 쓰일 당시에는 서울 전 지역이 투기과열지구로 묶여있었습니다.

이렇게 규제지역으로 지정되면 집을 살 때 대출 규제도 심해지고 청약 자격도 강화되며 분양권 전매(다른 사람에게 판매함)도 불가능해집니다. 기사에 나온 대로 현재 투기과열지구와 조정대상지역에서 9억 원 이하 주택의 주택담보인정비율(LTV)은 40~50%, 9억~15억 원 구간은 20~30%가 적용되고 있습니다(②). 주택 가격에 따라 다르기는 하지만 무주택 실수요자나 서민층에게는 통상 LTV 10%포인트를 추가로 더 인정해주고 있습니다(③).

이 기사는 이러한 LTV 추가 인정 혜택을 20%포인트로 늘린다는 내용을 담고 있습니다(①). 즉 무주택 실수요자 등 일정 자격을 갖추면 기존에는 집값의 50~60%만 대출이 됐지만 이젠 집값의 60~70%까지 대출을 받을 수 있게 한다는 것입니다.

또 한 가지 완화되는 것은 총부채상환비율(DTI)입니다(④). 기존에는 무주택 실수요자의 경우 투기과열지구에서 DTI가 50%로 제한돼 있었습니다. 이를 무주택 실수요자에 한해 10% 올려 60%로 운영한다는 게 정부가 추후 발표한 내용입니다. 기사에서 밝히고 있는 추가적인 정보는 DTI를 DSR로 대체한다는 것입니다. DSR은 DTI보다 강한 대출 규제입니다.

이렇듯 정부는 아직 집값 상승세를 잡아야 한다고 인식하고 있는 것을 알 수 있습니다. 그런데도 일부 규제를 완화한 이유는 무엇일까요? 집을 살 때 대출의 영향을 가장 많이 받는 사람들은 사실 현금이 충분치 않은 서민이나 청년층입니다. 집값을 잡는다는 이유로 대출 규제를 대폭 강화하면서 실수요자들까지 대출 길이 막히자 불만이 커지던 상황이었습니다. 집값 안정이 중요하다지만 정부에서도 계속 터져 나오는 불만을 외면할 수는 없었고, 결국 이런 조치까지 내놓게 된 것입니다.

TIP

▶ LTV, DTI, DSR

자꾸 봐도 헷갈리는 LTV, DTI, DSR. 예시로 알아볼까요? 연봉 5,000만 원인 A씨가 서울 마포구의 8억 원짜리 아파트를 산다고 가정해봅시다. 2022년 현재 LTV는 40%까지 허용됩니다. 즉 집값의 40%인 3억 2,000만 원을 대출로 조달할 수 있다는 얘기죠.

이번엔 DTI를 계산해볼까요? 연봉 대비 1년 동안 갚아야 할 주택담보대출 원리금이 DTI라고 했죠? A씨는 은행 상담 끝에 금리 3.5%에 30년 분할 상환, 원리금 균등 방식으로 대출을 받기로 결정했습니다. 네이버 이자 계산기로 계산해보니 다달이 약 143만 6,943원씩 갚아야 합니다.

1년 동안 상환할 주택담보대출 원리금을 더해보니 1,724만 3,316원(143만 6,943원×12개월)이네요. A씨의 연봉 대비 약 34.5%입니다. 현재 서울의 9억 원 이하 주택의 DTI는 40%로 제한되고 있으니 A씨는 무사히 대출을 받을 수 있을 것 같습니다.

하지만 문제가 있습니다. 3억 2,000만 원의 주택담보대출만 받아서는 집값을 치르기에 모자란다는 겁니다. A씨의 전셋집 보증금, 적금, 부모님의 지원금 등을 닥닥 긁어모아도 여전히 6,000만 원 정도가 부족한 상황입니다. 아무래도 신용대출을 추가로 받아야 할 것 같

은데요. 과연 대출이 나올까요?

조금 어려울 것 같습니다. DSR 때문입니다. A씨가 6,000만 원을 금리 5%에 3년 만기, 원리금 균등 방식으로 대출받는다고 가정하면 월 상환액은 179만 8,254원, 연간 상환액은 2,157만 9,048원(179만 8,254원×12개월)입니다. 주택담보대출과 합하면 1년 동안 총 3,882만 2,364원(주택담보대출 연간 상환액 1,724만 3,316원+신용대출 연간 상환액 2,157만 9,048원)을 갚아야 하는 거죠. A씨 연봉의 약 77.6%를 빚 갚는 데 써야 한다는 얘깁니다. 현재 서울 등 규제지역에서 6억 원이 넘는 집에 대해 주택담보대출을 받은 경우 DSR은 40%가 상한선입니다. A씨는 신용대출액을 줄이거나 상환 기한을 길게 늘려 월 상환 금액을 줄여야 대출을 받을 수 있는 거죠.

💬 기자의 한마디

대출 규제가 강화되면 부동산 시장이 과열된 것으로, 반대로 정부가 대출 규제를 푼다면 집값이 하락세라는 것을 의미합니다. 꼭 집을 살 계획이 없더라도, 정부의 규제 소식은 부동산 시장 분위기를 읽을 수 있는 중요한 신호라는 점을 기억하세요.

🔑 공시지가

공시가 19% 급등…
14년 만에 최대치

아파트 14년 만에 최대 상승

세종 71% · 경기 23% · 서울 20%↑

올해 전국 공동주택 공시가격이 평균 19%가량 뛰면서 14년 만에 최대 상승률을 기록했다. 서울이 20% 가까이 올랐고 세종시는 70% 폭등했다. ① 공시가격은 재산세, 종합부동산세 등 세금 부과와 건강보험료 산정의 기준으로 활용된다.

② 16일 국토교통부가 공개한 올해 1월 1일 기준 공동주택 공시가격안을 보면 전국이 19.08% 상승했다. 지역별로는 서울이 19.08%(전년 5.98%) 올라 20%에 육박했다. 행정수도 이전 이슈 등으로 아파트값이 크게 들썩였던 세종은 무려 70.68%(5.76%)의 상승폭을 기록했다. 경기도가 23.96%(2.72%)로 세종에 이어 전국에서 가장 높은 상승폭을 보였다. ③ 이에 따라 시세와 공시가격의 차이를 나타내는 공시가격 현실화율은 올해 70.2%로 지난해(69.0%)보다 1.2%포인트 높아졌다.

④ 공시가격 폭등으로 종부세 대상이 되는 공시가격 9억 원 초과 전국 공동주택도 21만 가구가 늘어난다. 지난해 30만 9,361가구였던 9억 원 초과 공동주택은 올해 52만 4,620가구로 69.5%(21만 5,259가구)나 급증했다. / 2021년 3월 16일

용어 설명

- **공동주택 공시가격:** 공시가격이란 토지나 주택에 대해 정부가 산정해 공시하는 가격을 말합니다. 공동주택이란 아파트를 말합니다.
- **종합부동산세(종부세):** 고가의 부동산에 매기는 일종의 부유세로 2005년부터 시행됐습니다. 2023년 9월 현재 주택 종부세 기준은 소유 주택의 공시가격 합계액이 9억 원을 초과하는 자입니다. 단, 1세대 1주택자는 주택 공시가격이 12억 원을 초과할 때 종부세 부과 대상이 됩니다.

이 기사는 왜 중요할까?

해마다 연말연초가 되면 부동산 공시가와 세금에 대한 기사들이 쏟아집니다. 정부가 1년에 한 번 부동산 공시가격을 조사하고 확정하는 시기이기 때문입니다. 전국의 토지와 주택에 일일이 가격을 매겨서 그걸 기준으로 세금을 부과하는 일이라니 얼마나 중요하고도 논란이 많은 작업일지 예상되죠? 부동산 공시와 관련한 단어가 어렵고 세금 관련 내용은 더더욱 복잡하지만 해마다 같은 시기에 되풀이되는 기사 패턴입니다. 때문에 한 번만 잘 익혀두면 두고두고 편하게 기사를 읽을 수 있을 겁니다.

기사 함께 읽기

이 기사는 공동주택 공시가격에 관해 다루고 있습니다. 공시가격이란 실제 거래되는 시세와는 다른, 국가에서 정한 기준에 따라 산정한 가격입니다. 그냥 시세를 쓰면 되지, 정부는 뭐 하러 해마다 힘들게 공시가격을 산정하는 걸까요? 부동산 시세에는 변수가 너무도 많기 때문입니다.

일단 시세라는 것 자체가 고정된 것이 아니라 시시각각 변하는 값이라 어느 시점을 기준으로 삼아야 할지 정하기 어렵습니다. 시세와 동떨어진 아주 비싼 가격이나 턱없이 낮은 가격에 거래되는 사례도 심심치 않게 있고요. 이렇게 대표라고 보기 힘든 특이한 가격이 공시가격이 된다면 어떻게 될까요? 세금이 과도하게 또는 너무 적게 부과되는 사례가 생길 수 있습니다. 기사에서 언급한 대로 공시가격은 세금과 건강보험료 산정 등에 영향을 미치는 굉장히 중요한 기준입니다(①). 이런 중요성 때문에 정부가 해마다 전문가들을 동원해서 공시가격을 별도로 산정하는 것입니다.

그렇다면 공시가격은 시세와 얼마나 차이가 날까요? 시세 대비 공시가격의 비율을 현실화율이라고 하며 2022년도 현실화율은 71.5%입니다(③). 집값에 비해 공시가격이 너무 낮다는, 즉 현실화율이 너무 낮다는 지적에 따라 정부는 해마다 현실화율을 올리고 있는 추세입니다.

부동산의 종류에 따라 공시가격은 세 가지로 나눌 수 있습니다. 먼저 기사에 등장한 공동주택, 즉 아파트 공시가격입니다. 이 외에 일반 주택을 대상으로 한 개별 단독주택 공시가격과 토지에 가격을 매긴 공시지가가 있습니다.

그런데 공시가격 기사를 보다 보면 이 세 종류 말고도 표준지가, 표준주택 공시가격이라는 단어가 나올 때가 있습니다. 표준 공시가격은 공시가격 산정 절차와 관련이 있는데요. 정부의 한정된 인원으로 전국의 토지와 주택가격을 산정하는 건 한계가 있습니다. 그래서 지역별로 대표적인 토지, 주택의 가격을 정부가 산정해주면 이를 기준으로 시장·군수·구청장이 나머지 대부분의 부동산 공시가격을 산출해냅니다. 이렇게 정해진 가격에 부동산 소유주가 이의를 제기한다면 가격을 조정해주기도 합니다만, 조정되는 비율은 극히 드뭅니다. 기사에 공동주택 공시가격이 아닌 공시가격안(②)이라고 표현한 이유가 바로 이것 때문입니다. 가격안을 먼저 공개하고 전문가, 소유주들로부터 의견을 받아 수정한 뒤 최종 확정 발표하는 방식입니다.

공시가격 기사에는 '세금 폭탄' 이야기가 자주 언급됩니다. 이 기사도 이번 공동주택 공시가격 폭등으로 종부세 대상 공동주택이 무려 21만 가구가 늘어난다고 지적하고 있습니다. 하지만 세금은 집집마다, 개인의 조건에 따라 워낙 다르게 부과되기 때문에 읽는 이의 냉정한 판단이 필요합니다. 실제로 보유세에는 고령자나 주택을 오랫동안 보유한 경우, 부부가 공동명의로 보유하고 있는 경우 등에 대해 세금을 깎아주는 다양한 공제 제도가 있어 공시가격 상승률에 비해 세금 부담은 크지 않을 수 있습니다. 물론 수입 없이 집 한 채만 있는 은퇴자들의 경우 해마다 오르는 세금이 부담될 수 있습니다.

끝으로 부동산 세금은 집이 있는 사람들만 상관 있는 이슈가 아닙니다. 세금이 오르면 오를수록 집주인들이 세입자에게 부담을 전가해 전세나 월세가 오를 가능성이 크기 때문에 결국 무주택자와도 깊이 연관된 사안입니다.

TIP

▶ 우리 집 공시가격은 얼마일까?

자신이 거주하는 집이나 보유 중인 토지의 공시가격이 궁금하다면 국토교통부 부동산 공시가격 알리미 홈페이지(www.realtyprice.kr)에서 확인할 수 있습니다. 소유하고 있는 곳이 아니어도 주소만 알고 있다면 공시가격은 누구나 확인 가능합니다.

💬 기자의 한마디

세금 관련 기사들은 '세금 폭탄', '폭등' 같은 자극적인 제목이 달리는 경우가 많습니다. 하지만 제목의 뉘앙스와 기사의 내용이 다소 다를 수 있습니다. 아무래도 제목은 더 많은 독자의 눈길을 끌기 위해 과장하는 측면이 없지 않으니까요. 정말 폭등인지 스스로 판단하고 싶다면 부동산 세금 관련 기사에 등장하는 사례를 확인해보세요. 사례는 정해진 계산식에 따른 것이니 과장이 있을 수 없습니다.

⚬━┓ 전세

신축빌라 깡통주택 주의보…
강서구 82%가 보증금 날릴 위험

① 신축빌라에서 이른바 깡통주택이 속출하고 있다. 깡통주택은 전세가가 매매가를 넘어서거나 차이가 거의 없어 집을 팔아도 세입자에게 보증금을 돌려주지 못하는 주택을 말한다.

② 18일 부동산 플랫폼 다방을 운영하는 스테이션3가 국토교통부 실거래가 자료를 바탕으로 올해 지어진 서울 신축빌라의 상반기 전세 거래 2,752건을 전수 조사한 결과 전체의 26.9%(739건)가 전세가율 90%를 웃돌았다. 전셋값이 매매가와 같거나 더 높은 경우도 19.8%(544건)에 달했다.

깡통주택 비율이 가장 높은 곳은 강서구였다. 전세 351건 가운데 290건(82.6%)이 전세가율 90%를 웃돌았다. 100가구 가운데 82가구가 깡통주택인 셈이다. 화곡동이 252건으로 강서구 깡통주택의 대부분을 차지했다. 도봉구는 40건 가운데 전세가율 90%를 넘는 전세가 22건(55%)에 달하며 그 뒤를 이었다.

최근 심각한 아파트 전세난으로 빌라 전세를 찾는 사람들이 증가하고 있어 이 같은 깡통주택에 대한 각별한 주의가 필요하다. / 2021년 8월 19일

용어 설명

- **깡통주택:** 임대 보증금과 주택담보대출을 합한 금액이 집값보다 더 높거나 비슷한 수준인 집을 말합니다. 만일의 사태에 집을 팔아도 보증금을 돌려줄 수 없어 세입자가 피해를 볼 수 있습니다. 텅텅 비어서 깡통이나 다름없다는 의미로 깡통주택, 깡통전세라고 합니다.
- **전세가율:** 매매가 대비 전세 보증금 비율을 말합니다.

이 기사는 왜 중요할까?

목돈을 보증금으로 걸고 이사할 때 돌려받는 전세 제도는 전 세계에서 우리나라가 유일하다고 합니다. 전세는 다달이 나가는 월세를 절약할 수 있기 때문에 세입자가 자산을 형성하기에 유리한 구조입니다. 요즘은 전세를 선호하는 현금부자들도 있다고는 하지만, 여전히 전세는 서민들의 삶과 밀접한 관련을 맺고 있습니다. 때문에 집값 동향만큼이나 전세시장 분위기는 중요한 부동산 뉴스 소재입니다.

특히 이 기사는 세입자들의 보증금을 위협하는 깡통전세의 위험성을 전하고 있는데요. 2030세대가 주로 선택하는 원룸이나 오피스텔 전세도 요즘 1~2억 원은 기본입니다. 그런데 만약 이렇게 큰돈을 돌려받지 못하게 된다면 얼마나 당혹스러울까요. 자신의 보증금을 지키기 위해서라도 이런 전세시장 분위기에 대한 기사를 꼼꼼히 읽으며 관련 지식을 쌓아보세요.

기사 함께 읽기

깡통주택은 보증금과 대출금을 더한 금액이 집값에 육박하는 집을 뜻합니다(①). 그럼 이런 깡통주택은 언제, 어떻게 발생할까요? 먼저 집주인의 의도와 상관없이 깡통주택이 속출하는 시기가 있습니다. 바로 집값 하락기입니다. 임차 계약은 보통 2년 동안 유지되는 반면 집값은 시시각각 움직입니다. 때문에 집값이 급락하면 보증금이 집값보다 높아지는 현상이 일어날 수도 있습니다.

또한 과도한 갭 투기로 인해 깡통주택이 발생하기도 합니다. 1억 원짜리 집이 있다고 칩시다. 이 집을 그냥 구매하려면 당연히 시세대로 1억 원이 필요하겠죠. 그런데 이 집에 전세입자가 살고 있고, 보증금이 7,000만 원이나 된다면 어떨까요? 3,000만 원만 있어도 집을 살 수 있습니다. 대신 전세입자에게 보증금을 돌려줘야 할 의무를 새로운 집주인이 이어받기만 하면 됩니다. 그런데 알고 보니 이 집주인의 재산은 3,000만 원이 전부였습니다. 세입자가 이사 갈 때가 되어 보증금을 달라고 해도 줄 능력이 없는 거죠. 결국 피해는 세입자가 감당할 수밖에 없습니다.

나아가 어떤 사람들은 이런 방식으로 집을 여러 채 사들여서 세입자를 바꿀

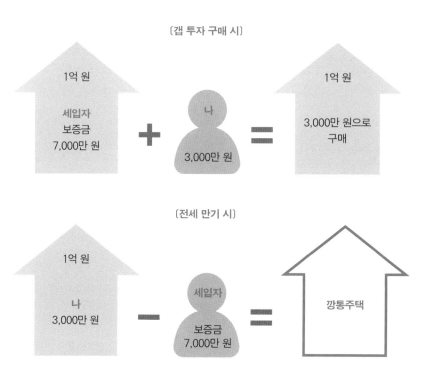

때마다 전세금을 올립니다. 집값은 그대로인데 보증금만 치솟고, 결국은 보증금을 날릴 위험이 큰 깡통주택들이 양산됩니다.

끝으로 이 기사에서 주목한 것과 같이 신축빌라의 사례가 있습니다. 신축빌라에 깡통전세가 유난히 많은 이유는 무엇일까요? 건물을 새로 지을 때 충분한 자본 없이 대출로 집을 짓는 경우가 많기 때문입니다. 융자가 많이 끼어 있는 집은 깡통주택으로 전락할 가능성이 크죠.

깡통전세를 피하려면 전세 계약 시 해당 집에 대출금이 얼마나 있는지 부동산등기부등본을 제대로 확인해야 합니다. 참고로 부동산등기부등본은 주소만 알면 대법원 인터넷 등기소에서 쉽게 떼어볼 수 있습니다. 등기부등본 확인이 가장 정확하지만, 전세가율을 확인하는 것도 상당히 도움이 됩니다. 기사에서도 깡통주택의 위험성을 전세가율로 보여주고 있는데요(②). 전세가율이

〔국토교통부 실거래가 공개 시스템〕

란 집값 시세 대비 전세 보증금의 비율입니다. 신축빌라의 26.9%가 전세가율이 90%에 달했다고 하는데요. 만약 시세가 3억 원인 집이라면 전셋값이 2억 7,000만 원을 넘는 수준인 겁니다. 2021년 11월 기준 서울 아파트 전세가율이 57.2%인 것을 고려하면 얼마나 심각한 상황인지 짐작이 가죠?

전세가율을 계산해보고 싶은데 시세는 어떻게 확인하면 좋을까요? 같은 건물에 매매 물건이 나와 있는 집이라면 부동산이나 인터넷으로도 시세를 확인할 수 있지만, 그런 경우는 많지 않습니다. 이럴 땐 국토교통부 실거래가 공개 시스템(rt.molit.go.kr)을 활용할 수 있습니다.

국토교통부 실거래가 공개 시스템은 아파트부터 연립, 다세대, 단독주택은 물론 오피스텔과 상가, 토지의 실거래가를 확인할 수 있는 곳입니다. 이 사이트에서 해당 집이 과거에 실제 얼마에 거래됐는지 확인해보거나 인근에 위치한 비슷한 규모의 집이 거래된 가격을 체크해보면 전세 보증금이 적정한 수준인지를 대강 짐작할 수 있습니다.

TIP

▶ 갭 투자

이 기사에는 등장하지 않지만 깡통주택과 밀접한 연관을 맺고 있는 단어입니다. 일부러 전세입자가 있는 집을 구매하는 방식으로, 전세 보증금을 제외한 나머지 금액만 조달하면 되기에 집주인의 구매 부담이 상대적으로 낮습니다. 하지만 제때 전세 보증금을 돌려주지 못할 가능성이 크다는 문제가 있습니다. 실제로 수십, 수백 채를 갭 투자 방식으로 사들이고 높은 보증금에 세입자를 구한 뒤 돈을 돌려주지 않아 세입자들의 집단 피해가 발생하는 사고도 종종 발생합니다. 때문에 정당한 투자가 아닌 갭 투기로 불러야 한다는 비판의 목소리도 높습니다.

▶ 집주인과 갈등을 겪고 있는 세입자라면

일찌감치 이사 사실을 알렸는데도 집주인이 보증금을 돌려주지 않는다고 할 때, 뜬금없이 월세를 훅 올려달라고 할 때 세입자는 당혹스럽기 그지없습니다. 이럴 때 도움을 받을 수 있는 곳이 바로 주택임대차분쟁조정위원회(www.hldcc.or.kr)입니다. 개인이 풀기 힘든 임대차 문제를 나라에서 해결해주는 곳인데요. 전세 보증금이나 월세, 집수리 비용 부담, 묵시적 갱신 등 임대차에 관한 다양한 갈등을 다룹니다. 상담전화는 무료고 실제 갈등 조정이 진행되는 경우도 비용이 매우 저렴합니다. 서울 시민이라면 서울시 전월세 보증금지원센터(120, 02-731-6720~1)에서도 상담과 법률 지원을 받을 수 있습니다.

전세입자의 경우 전세보증보험에 가입해두는 것도 방법입니다. 전세보증보험은 보증금을 돌려받지 못하는 상황에서 세입자에게 보증금을 미리 지급하고 나중에 집주인에게 이 금액을 추징합니다. 집주인이 주택임대사업자라면 전세보증보험 가입이 의무적이지만 그렇지 않은 집도 많기 때문에 체크해보고 꼭 가입하시기 바랍니다.

 기자의 한마디

집주인이 괜찮다고 해도, 부동산 중개인이 걱정 말라고 해도 본인이 판단하기에 위험하다면 부동산은 절대 계약해선 안 됩니다. 평소 이런 부동산 사기나 피해 기사들을 숙지하고 있다면 정확한 판단을 내리는 데 큰 도움이 되죠. 부동산 사기나 법의 허점을 노린 편법도 시대에 따라 변화합니다. 특히 세입자라면 이런 트렌드(?)를 잘 파악해둬야 합니다.

☛ 재건축

압구정 2구역
재건축 조합설립인가

서울 강남의 대표 재건축 단지인 압구정 2구역이 재건축 조합설립인가를 받으면서 이 일대 재건축 시장에 훈풍이 돌 것으로 보인다.

① 13일 관련 업계에 따르면 강남구 압구정 2구역(신현대 9·11·12차)은 전날 강남구청으로부터 조합설립인가 통보를 받았다. 지난달 10일 조합설립인가를 신청한 지 약 한 달 만이다.

② 오랜 기간 제자리걸음이던 압구정 재건축이 활기를 띠기 시작한 이유는 규제 덕분이다. 지난해 정부가 '6·17 대책'을 통해 서울을 비롯한 투기과열지구 재건축 단지에선 2년 이상 실거주한 조합원에게만 신축 입주권을 주겠다고 발표했다. 다만 관련 규제가 담긴 도시 및 주거환경정비법 개정 전까지 조합설립 신청을 마친 단지는 실거주 의무가 적용되지 않는다는 예외조항을 뒀다. 이에 압구정 재건축 단지들이 조합설립에 속도를 내기 시작했다. 압구정 4구역과 5구역은 지난 2월 조합설립을 마쳤으며 3구역도 조만간 조합설립을 마무리할 예정인 것으로 알려졌다. / 2021년 4월 13일

용어 설명

- **재건축:** 노후한 아파트 단지를 허물고 새로 아파트를 짓는 것을 말합니다. 부동산 기사에 자주 등장하는 '정비사업'은 재건축과 재개발을 뜻합니다. 재개발이 노후되고 열악한 저층 주거지의 도시환경을 재정비하는 사업이라면, 재건축은 기반시설은 양호하지만 주거환경이 열악한 공동주택을 대상으로 합니다. 정비사업은 모두 도시 및 주거환경정비법의 적용을 받습니다.

〔재개발과 재건축의 차이〕

구분	설명
재개발사업	정비기반시설이 열악하고 노후·불량건축물이 밀집한 지역에서 주거환경을 개선하거나 상업지역·공업지역 등에서 도시기능의 회복 및 상권 활성화 등을 위하여 도시환경을 개선하기 위한 사업
재건축사업	정비기반시설은 양호하나 노후·불량 건축물에 해당하는 공동주택이 밀집한 지역에서 주거환경을 개선하기 위한 사업

- **조합:** 재건축·재개발 사업지 주민들로 이뤄진 단체로 재건축·재개발사업의 법정 추진 주체입니다.

이 기사는 왜 중요할까?

낡아 쓰러질 듯한 외관, 녹물 때문에 늘 생수를 사다 먹어야 하는 낡은 아파트가 주변의 신축 아파트 못지않은 비싼 가격에 거래되는 경우를 종종 볼 수 있습니다. 이런 아파트 대부분이 알고 보면 재건축이 진행 중이거나 진행 가능성이 있는 곳들이죠. 오래된 아파트 단지는 보통 구도심에 위치해 교통이나 교육환경 등 입지가 뛰어나기 때문에 새로운 아파트로 탈바꿈할 경우 높은 가치 상승이 예상됩니다. 이런 미래 가치가 반영돼 있기 때문에 낡은 재건축 아파트의 가격이 그토록 비싼 것입니다.

아파트를 허물고 또 아파트를 짓는 재건축이나 주택밀집지역을 철거하고 아파트를 짓는 재개발은 법으로 정해진 절차를 밟고 인허가를 받아야만 진행될 수 있습니다. 가격이 높고 시장의 관심도가 높은 재건축 단지의 경우 각 절차나 인허가를 받을 때마다 기삿거리가 되곤 합니다. 이 기사와 함께 정비사업 진행 절차를 대략적으로 알아두면 앞으로 관련 기사를 읽을 때 큰 도움이 될 겁니다.

기사 함께 읽기

서울, 강남, 한강변에 위치한 압구정 재건축지구는 전국 재건축 단지 중에서 가장 많은 스포트라이트를 받는 곳입니다. 참고로 보통 재건축은 단지별로 진행되는데, 이 지역은 노후 아파트가 워낙 광범위하게 펼쳐져 있는 데다 부동산 시장에서 갖는 중요성 때문에 몇몇 단지를 묶어 총 6개 재건축 구역으로 지정한 상태입니다. 재건축을 기다리는 압구정 아파트는 총 24개 단지, 1만 466가구 규모에 달합니다.

이 기사는 압구정 2구역이 강남구청으로부터 조합설립인가를 받았다는 소식을 전하고 있습니다(①). 조합설립인가는 재건축 절차 중 초기 단계에 해당합니다. 재건축과 재개발의 사업 절차는 상당히 유사한데요. 크게 '안전진단 → 정비구역 지정 → 조합설립추진위원회 승인 → 조합설립인가 → 사업시행인가 → 관리처분계획인가 → 철거 → 착공 → 분양' 순으로 진행됩니다.

정비사업의 시작을 알리는 안전진단에 대해서 잠깐 설명할게요. 먼저 노후 아파트는 준공 30년이 지나야 안전진단을 받을 수 있는 자격을 얻습니다. 노후 저층 주거지의 경우 해당 구역에 노후 건축물이 3분의 2 이상일 것 등 여러 기준을 충족해야 재개발사업을 할 수 있습니다. 안전진단 결과는

A·B·C·D·E 5등급으로 나뉘는데요. A~C 등급은 유지 보수만 해도 건축물 안전성에 문제가 없다는 인증이고, D·E 등급은 건물 노후화로 구조적인 안전성이 떨어져 재건축이 필요하다는 인증입니다.

안전진단 D·E 등급을 받으면 해당 아파트 단지에는 '안전진단 통과 경축' 등의 현수막이 걸립니다. 사실 안전진단에서 낮은 등급을 받았다는 건 건물이 너무 낡고 위험하다는 의미인데, 이를 두고 '통과'나 '경축'이라는 단어를 붙이는 게 어색하게 느껴지기도 합니다. 하지만 재건축을 통해 새 아파트 거주와 집값 상승의 두 마리 토끼를 잡게 된 소유주들 입장에서는 이런 진단 결과가 반가울 수밖에 없겠죠.

안전진단에서 재건축 가능 등급을 받으면 조합설립추진위원회를 거쳐 조합설립인가를 받아야 합니다. 정비사업에서 가장 중요한 요소는 바로 사업을 진행하는 주민들이니까요. 일정 비율 이상의 주민 동의를 얻어 조합이 설립돼야만 다음 절차로 넘어갈 수 있습니다.

기사에서는 압구정 일대 재건축 단지들이 상당히 빨리 조합설립인가를 받았다고 소개하는데, 그 이유가 정부의 '조합원 2년 실거주 의무'를 피하기 위해서라고 밝히고 있습니다(②). 정부는 2020년 6·17 부동산 대책에서 재건축 단지에 2년 이상 실제 거주했던 소유주만 조합원으로 인정한다는 규제를 새로 도입했습니다. 단, 예외를 뒀는데요. 법 개정 전까지 조합설립 신청을 마무리하면 이런 의무에서 제해주기로 한 겁니다.

거주를 위해 내 집 장만을 꿈꾸는 일반 사람들의 생각으로는 자기 집에 2년도 거주한 적이 없는 소유주들이 있다는 게 잘 이해가 안 될 수도 있습니다. 하지만 앞서 말씀드린 것처럼 압구정 재건축 단지는 전국 재건축 단지 중 가장 큰 관심을 받는 곳으로 투자자들도 전국구입니다. 훗날 재건축 수혜를 기대해 구매만 해두고 전세를 놓는 소유주들이 굉장히 많다는 의미죠. 만일 조합설립인가를 받지 못해 규제 대상이 될 경우 살고 있는 세입자를 내보내고 당장 짐을 싸서 낡은 아파트로 들어가 2년을 살아야 합니다. 또한 2년을 채우지 못할 경우 신축 아파트 입주권을 받지 못하고 일정 금액만 받고 집을 팔아야 하는 상황이 올 수도 있습니다. 재건축을 어렵게 만든 규제가 오히려 재건축 사업 속도를 높이는 효과를 낸 겁니다. 주민들의 사업 의지가 중요한 재개발·재건축사업에서는 이런 상황이 생각보다 자주 벌어집니다.

TIP

▶ 재건축·재개발 정보는 물론 인터넷 무료 강의까지

서울시에서 운영하는 정비사업(재건축·재개발) 포털 정비사업 정보몽땅(cleanup.seoul. go.kr)에서는 서울의 지역별 정비사업 진척 상황과 최신 제도는 물론 정비사업에 대한 전문가들의 온라인 강좌까지 무료로 들을 수 있습니다.

〔서울시 정비사업 정보몽땅〕

▶ 국내 최대 부동산 커뮤니티 부동산 스터디

네이버 카페 부동산 스터디(cafe.naver.com/jaegebal)는 회원 175만 명에 달하는 국내 최대 부동산 커뮤니티입니다. 서울은 물론 전국의 재건축·재개발 소식과 분위기뿐 아니라 부동산 기사 공유도 활발해 손품을 팔면 알짜 정보를 얻을 수 있습니다.

〔부동산 스터디 카페〕

💬 **기자의 한마디**

어떤 지역에 재건축·재개발이 진행된다는 건 새 아파트가 들어설 뿐만 아니라 넓은 도로와 상업시설, 학교 등 기반시설들이 확충된다는 뜻입니다. 당연히 사업구역 인근 지역 부동산에도 호재이니 인근 부동산에 관심을 가져보는 것도 좋습니다.

기업 / 산업

09

삼성, LG와 같은 대기업부터 지금 막 발을 뗀 스타트업까지 다양한 기업들이 역동적으로 혁신하고 성장하면서 우리 경제의 생태계를 구성하고 있습니다. 경제기사에서도 가장 중요하게 다루는 것이 기업들의 활동상인데요. 맥락을 알고 보면 뉴스가 더 흥미롭겠죠.

이사회의 '반란'…
'거수기' 거부, 경영안건 부결

기업 이사회가 기존의 '거수기' 역할을 거부하며 의사결정에 적극 참여하고 있다. 환경·사회·지배구조(ESG) 경영을 본격화하고 있는 SK그룹은 계열사 이사회에서 경영진이 올린 안건을 부결했다.

① 30일 SKC에 따르면 전날 열린 이사회에서 영국 배터리 음극재 업체 넥시온과의 합작법인 투자 안건이 이사들의 반대로 부결됐다. 이번 부결은 전체 이사회 7명 중 4명으로 구성된 사외이사들이 주도한 것으로 알려졌다. ② 사외이사들은 배터리 소재 부문을 강화한다는 비전 자체에는 동의하지만 리스크 사항을 추가 검토하자는 취지로 반대표를 던진 것으로 전해졌다. 이에 따라 SKC는 투자안을 보완해 다음 이사회에 안건으로 올릴 예정이다.

과거에는 총수나 CEO와 친분 관계가 있는 저명인사를 사외이사로 영입하고 주요 의사결정 사항에 대해 반대 없이 '프리패스'하는 것이 일반적이었지만 지금은 차단되는 것이다.

SKC의 한 관계자는 "투자 시기를 비롯한 다양한 의견이 제기됐다"며 "매달 이사회에서 대여섯 건의 안건을 검토하는데 외부에 공개되지만 않을 뿐 종종 반려되는 경우가 있다"고 설명했다. / 2021년 10월 1일

용어 해설

- **이사회:** 주식회사의 중요 경영 사항을 결정하는 기구입니다. 이사회는 이사들로 구성되는데, 여기서 말하는 이사란 '상무', '전무'와 같은 직함이 아니라 법인 등기부등본에 올라가는 '등기 이사'를 의미합니다.

- **사외이사:** 이사회는 회사 경영진에 속하는 사내이사와 회사 외부의 전문가인 사외이사로 구성됩니다. 일정 규모 이상의 상장기업에서는 이사회 멤버의 4분의 1 이상, 자산 규모 2조 원 이상의 상장기업은 과반수 이상을 사외이사로 선임해야 합니다.

이 기사는 왜 중요할까?

카페를 운영한다고 가정해봅시다. 사업 확장을 위해 점포 이전을 추진할 경우 누가 결정할까요? 사장인 내가 결정하면 됩니다. 나 혼자 투자해서 차린 점포이니 온전히 내가 결정할 수 있습니다. 잘 돼도 내 덕, 못 돼도 내 탓이죠.

그러나 규모가 큰 주식회사라면 이야기가 달라집니다. 이런 회사들은 자본을 댄 투자자가 대주주 한 명이 아니라 여러 명이고, 거래소에 상장된 회사의 경우에는 불특정 다수의 투자자가 있습니다. 대주주 혹은 경영진이 독단적으로 사옥 이전이나 무리한 공장 확장을 추진해서 회사에 손해가 난다면 그 피해는 다수의 투자자에게 돌아갑니다. 회사 경영 상황이 악화되면 직원이나 회사에 돈을 빌려준 은행들까지도 악영향을 미칠 수 있습니다.

그래서 일정 규모가 되는 회사는 이사회를 두도록 해서 회사의 중요한 사항들을 결정하고 회사 경영진을 감독하게 합니다. 특히 유가증권시장 상장사의 경우 대주주, 흔히 '오너'들의 전횡을 견제하도록 사외이사를 의무적으로 선임하게 하고 있습니다. 또 코스닥시장에서도 자산 규모 1,000억 원 이상이면 사외이사를 둬야 합니다.

사외이사 제도의 취지는 대주주로부터 독립성을 확보한 외부의 전문가가 이사회에서 경영진을 견제하도록 하자는 것입니다. 경영진은 대주주가 임명한 사장이나 임원들이기 때문입니다. 그러나 이 같은 취지에 맞게 사외이사 제도가 운영되어온 것은 아닙니다. 그동안 대기업의 사외이사 자리는 검찰, 국세청, 공정위 등 힘이 센 기관의 전관(전직 관료)들을 선임하거나 실무 경험이 많지 않은 교수들이 상당수였습니다. 전문성을 갖고 경영진을 견제하기보다는 외부의 방패막이 역할을 해주거나 거수기 역할을 해왔던 것이 사실입니다.

그러나 최근 들어 이 같은 관행에 변화의 조짐이 나타나고 있습니다. 이사회에서 거수기 역할을 거부하고 안건을 부결시키는 일들이 종종 벌어집니다. 기사에 소개된 SKC 이사회의 결정도 그런 맥락에서 중요한 사안으로 언론에서 주목한 사건입니다.

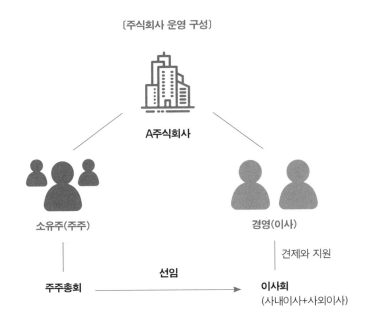

[주식회사 운영 구성]

A주식회사

소유주(주주)

경영(이사)

견제와 지원

주주총회 ──── 선임 ────▶ 이사회
(사내이사+사외이사)

기사 함께 읽기

화학소재 기업인 SKC는 배터리 소재 기업으로의 변신을 꾀하고 있습니다. 경영진들은 이를 위해서 영국의 배터리 음극재(2차전지 핵심 소재 중 하나) 회사와 합작법인 설립을 추진하면서 이를 이사회 안건으로 올렸습니다(①). 합작법인 설립과 같이 막대한 자금이 소요되는 중요한 안건은 당연히 이사회 의결을 받아야 하기 때문입니다.

그런데 SKC 이사회에서 이 안건을 부결시켰는데요. 그 주역은 사외이사들이었습니다. SKC와 같은 대형 상장사의 경우 이사회 멤버의 절반 이상을 사외이사로 선임해야 하는 요건 때문에 총 7명의 이사 중 4명이 사외이사였습니다. 이들의 의견이 일치되면 충분히 경영진을 견제할 수 있는 구조입니다. 이들은 신사업 추진 자체는 반대하지 않지만 리스크를 조금 더 검토해보라는 의견을 제시했고, 이에 경영진은 이를 보완해 다시 이사회에 상정할 계획이라고 밝혔습니다(②). 실제로 이후에 SKC 이사회에서는 합작법인 안건을 승인했습니다.

앞으로는 이런 이사회 풍경에 대한 기사를 더 자주 볼 수 있을 것으로 예상됩니다. 최근 들어 사외이사의 책임을 엄격하게 묻는 법원의 판결이 늘어나고 있기 때문입니다. 향후 문제가 될 만한 결정에 가담했다가 손해배상책임을 지게 될 것을 우려하는 이사들이 좀 더 꼼꼼하게 리스크를 관리하게 될 것입니다.

TIP

▶ 주주총회

이사회가 주주를 대신해 일상적으로 경영에 관여한다면, 주주들은 1년에 최소 한 번 정도 열리는 주주총회를 통해서 더 중요한 사항에 대해 결정을 내립니다. 배당, 이사선임, 합병·분할과 같은 중대한 사항이 주주총회 결정 대상입니다.

매년 1회 정기주총이 개최돼야 하고 필요할 경우 임시 주총도 소집돼야 합니다. 정기주총에서는 결산기(보통 12월 말) 종료일로부터 3개월 이내에 열리도록 돼 있습니다. 12월 결산 법인은 3월 말경에 주총을 열기에 '슈퍼 주총 데이'가 등장하게 됩니다.

우리나라에서 그동안 주주의 권리에 대한 관심도가 떨어졌기에 주총의 중요도도 낮았습니다. 경영진이 추진하는 대로, 정확히 말하면 대주주가 원하는 대로 중요 사항들이 속전속결로 결정되는 경우가 대부분이었습니다. 그러나 최근 개인투자자들의 주식투자가 급속히 늘고, 기관투자자들도 투자 관리자로서의 의무를 다하기 위해 주총에서 목소리를 키우고 있습니다.

 기자의 한마디

이사회는 경영진을 지원하고 견제하는 균형 잡힌 역할을 해야 해요. 특히 이사회가 제대로 굴러가려면 사외이사들이 제 목소리를 내야 합니다.

⚿ 반도체

"TSMC 잡는다"… 삼성전자, 시스템 반도체에 2030년까지 171조 투자

삼성전자가 ① 2030년까지 시스템 반도체 시장에서 세계 1위가 되기 위해 38조 원을 추가로 투자한다. 앞서 발표했던 투자액 133조 원과 합치면 총 171조 원을 쏟아붓는 셈이다. ② 삼성전자는 또 세계 최대 규모의 평택 반도체 3라인(P3)을 내년 말까지 준공해 메모리 반도체 부문에서는 다른 업체와 '초격차'를 더 벌리겠다는 전략이다.

삼성전자는 13일 평택캠퍼스에서 열린 'K-반도체 벨트 전략 보고대회'에서 투자계획을 발표했다. 이 자리에서 삼성전자는 지난 2019년 '시스템 반도체 비전 2030'에서 밝혔던 133조 원의 투자 계획에 38조 원을 추가해 2030년까지 총 171조 원을 투입하기로 했다.

③ 현재 세계 1위 파운드리 업체인 TSMC는 향후 3년간 1,000억 달러(약 110조)를 생산능력 확대에 투자할 계획이라고 지난달 밝혔다. 올해 1월 발표한 280억 달러(약 31조 원)까지 합치면 향후 4년간 총 투자액은 144조 원에 달한다. TSMC는 파운드리 시장 50% 이상을 차지할 정도로 압도적인 1위다. ④ 다만 7나노미터(nm) 이하 미세 공정에서는 2위 삼성전자와 격차가 상대적으로 크지 않다.

⑤ 이날 삼성전자는 또 최첨단 공정의 메모리 반도체 생산 확대를 위해 평택 3라인(P3)을 2022년 하반기에 완공하고 본격적인 생산에 들어갈 것이라고 공개했다. 김기남 삼성전자 부회장은 "한국이 줄곧 선두를 지켜온 메모리 분야에서도 추격이 거세다"면서 "수성에 힘쓰기보다는 결코 따라올 수 없는 '초격차'를 벌리기 위해 선제적 투자에 앞장서겠다"고 밝혔다.

평택 P3라인은 공장 길이가 700m로 P2(400m)의 1.75배에 달하고 클린룸은 축구장 25개 크기로 반도체 라인 중 세계 최대 규모다. 삼성전자는 이곳에 극자외선(EUV) 기술이 적용된 14나노 D램과 5나노 로직 제품을 비롯한 최첨단 공정의 반도체를 생산할 계획이다. / 2021년 5월 14일

용어 설명

- **시스템 반도체(비메모리 반도체):** 연산, 제어 등 정보 처리 기능을 가진 반도체입니다. 컴퓨터의 중앙처리장치(CPU)나 스마트폰의 애플리케이션 프로세서(AP) 등이 대표적인 시스템 반도체인데, 온갖 종류의 기계에 들어가는 '비규격화'된 제품입니다. 따라서 종류가 다양한 대신 부가가치가 상대적으로 높습니다.

- **메모리 반도체:** 정보 저장 기능을 가진 반도체로 컴퓨터를 살 때 저장 공간을 더 확보하기 위해 추가 구매하는 D램이 메모리 반도체에 속합니다.

- **파운드리(Foundry):** 시스템 반도체를 위탁받아 생산하는 업체입니다. 반도체의 설계도만 그리는 회사인 '팹리스(Fabless, 공장이 없다는 뜻)' 기업들이 파운드리 회사에 위탁생산을 맡깁니다.

- **미세공정:** 더 많은 정보를 저장하기 위해 반도체 안에서 전기 신호들이 지나다니는 회로의 선폭을 가늘게 하는 공정을 말합니다. 회로의 선폭은 나노미터(nm) 단위로 1nm는 10억 분의 1m, 머리카락 굵기의 10만 분의 1 세계입니다. 극자외선(EUV) 기술을 사용하면 더 세밀하게 회로를 그릴 수 있습니다.

이 기사는 왜 중요할까?

반도체는 한국 경제의 압도적인 1위 먹거리 산업입니다. 반도체 용어와 산업에 대한 기본적인 이해가 있으면 경제 뉴스에 자주 등장하는 삼성전자를 비롯한 반도체 기업에 대한 기사를 좀 더 쉽게 읽을 수 있습니다.

우선 기본 개념부터 잡고 가볼까요? 반도체 종류는 크게 보면 두 가지가 있습니다. 메모리 반도체와 시스템(비메모리) 반도체가 그것입니다. 메모리 반도체는 말 그대로 정보를 저장하는 기능을, 시스템 반도체는 시스템이 굴러가도록 하는 연산 기능을 담당합니다. 시스템 반도체는 스마트폰, PC, 자동차, 냉장고, 밥솥 등 온갖 종류의 기계에 모두 탑재되는데, 기계 종류별로 다른 반도체가 쓰이다 보니 다품종 소량 생산됩니다. 반면 메모리 반도체는 규격화돼 있어 소품종이 대량 생산됩니다. 인간 두뇌로 치면, 메모리 반도체는 암기 능력, 시스템 반도체는 계산하고 추리하는 능력이라고 비유할 수 있습니다.

생산의 관점에서 보면 반도체는 크게 팹리스와 파운드리 기업으로 나눠집니다. 팹리스 기업은 생산 공장 없이 반도체 설계만 전문적으로 하고, 파운드리 업체는 설계 능력 없이 팹리스로부터 주문을 받아 위탁 생산만 합니다. 쉽게 말해 케이크의 레시피만 죽어라고 연구하는 회사가 따로 있고, 이 레시피에 따라서 기가 막히게 잘 만들어주는 회사가 따로 있는 것입니다. 이렇게 나눠서 하는 이유는 전문화를 위해서입니다.

팹리스와 파운드리는 주로 시스템 반도체를 설계하고 생산합니다. 팹리스의 대표적인 회사가 애플과 테슬라입니다. 자신들의 스마트폰이나 전기차에 꼭 맞는 시스템 반도체를 설계도만 그려서 파운드리 회사에 위탁 생산을 맡깁니다. 빅테크 기업들은 자체 반도체 설계능력이 있지만, 대부분의 기업은 팹리스만 전문으로 하는 회사에 필요한 반도체 설계를 맡깁니다. 미국과 대만에 다양

〔반도체의 구분〕

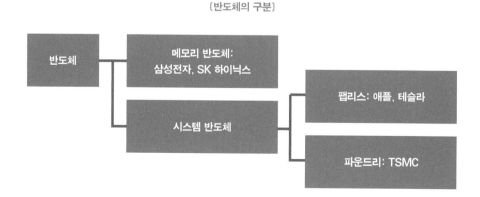

한 팹리스 회사가 있습니다.

팹리스와 파운드리 설명을 들으면 왠지 설계를 하는 팹리스가 더 상위의 기술을 가진 고부가가치 회사인 것처럼 들리고, 파운드리 회사는 단순 위탁만 받는 하위의 저부가가치 회사인 것처럼 느껴지지만 실은 그렇지 않습니다. 시스템 반도체 생산을 잘하려면 고도의 최첨단 설비를 갖춰야 하는데 이것이 쉽지 않기 때문입니다.

현재 메모리 반도체 시장의 1위는 삼성전자, 2위는 SK하이닉스입니다. 그러나 시스템 반도체 생산, 즉 특히 파운드리 시장에서는 대만의 TSMC가 시장점유율 50%로 압도적인 1위입니다. TSMC는 시가총액이 전 세계 반도체 회사에서 2위를 차지할 정도이고, 2020년 기준 영업이익이 약 22조 원을 넘어서며 삼성전자보다 더 많은 돈을 벌었습니다.

특히 시스템 반도체와 이를 생산하는 파운드리 시장은 앞으로 갈수록 커질 전망입니다. 자율주행, 전기차, 메타버스, AR, VR 기기들은 메모리 반도체뿐만 아니라 시스템 반도체가 많이 필요하기 때문입니다. 실제로 TSMC는 생산 주문량이 폭증해 감당하기 힘들 정도라고 합니다. 그 때문에 삼성전자도 파운드리 시장으로 확장을 위해 공을 들이고 있습니다.

기사 함께 읽기

이 기사는 삼성전자가 밝힌 향후 반도체 전략을 다뤘습니다. 핵심은 두 가지입니다. 시스템 반도체 생산, 즉 파운드리 시장에서 세계 1위 TSMC를 추격하겠다는 것, 그리고 현재 1등을 하고 있는 메모리 반도체에서 더욱 압도적으로 1위를 달성하겠다는 것입니다. 다시 한번 설명하자면 기사에서 말하는 시스템 반도체란 시스템 반도체의 생산능력, 즉 파운드리 회사로서의 능력을 말하는 것입니다.

현재 1위인 TSMC를 잡는 목표 시점을 2030년으로 잡았고 이를 위해 171조 원을 투자한다는 방침입니다(①). 여기서 투자란 생산라인을 깔기 위해 투입하는 비용입니다. 원래 2019년에 향후 약 10년간 133조 원을 파운드리에 투자하겠다고 밝힌 바 있는데요. TSMC가 3년간 110조 원을 쏟아붓겠다는 발표(③)를 하고 나서 삼성이 이번에 투자 규모를 확대했습니다. 다만 기간(각각 3년과 10년)을 고려하면 두 회사의 투자 규모의 차이가 크기 때문에 실제로 삼성이 목표한 대로 TSMC를 제칠 수 있을지는 의문이 드는 것도 사실입니다. 거대한 장치 산업인 반도체는 결국 자본력이 중요한 싸움이기도 합니다.

그러나 삼성전자가 TSMC를 따라잡을 필살기는 기술력입니다. 특히 7nm 이하의 미세공정에서만큼은 메모리 반도체에서 갈고 닦은 기술력이 뛰어나기에 삼성은 한번 해볼 만한 싸움이라는 입장입니다(④). 미세공정으로 제조된 반도체일수록 크기가 작고 성능이 뛰어나 고부가가치 제품입니다.

한편 삼성전자는 메모리 반도체를 생산하는 세 번째 공장을 평택에 짓고 있는데요. 바로 P3공장입니다. P1과 P2는 현재 가동 중입니다. 삼성전자는 세계 최대 반도체 공장이 될 P3의 준공 시기에 대해서 이번에 2022년 하반기로 못을 박았습니다(⑤). 메모리 반도체 분야에서 왕좌를 지켜나가기 위해서 준공을 서두르겠다는 뜻을 밝혔습니다. 빨리 공장을 열어 돌릴수록 맹추격해오는 다른 업체들을 따돌릴 수 있기 때문이죠. 특히 P3라인의 경우 규모도 규모이지만 최첨단 공정, 즉 미세공정이 가능한 생산라인이라는 점에서 기대를 모으고 있습니다.

💬 **기자의 한마디**

한국 경제의 큰형 역할을 하는 삼성전자! 핵심 사업인 반도체 분야에서 글로벌 시장에서의 주도권을 놓치지 않기 위해 해외 기업들과 치열하게 경쟁하고 있답니다.

○━ 2차전지

"차세대 기술로 붙자"…
韓中日 배터리 2차 대전

한중일 배터리 업체들이 1회 충전에 800km 이상 주행 가능한 차세대 고효율 배터리 기술을 놓고 각축전을 벌이고 있다. 지금까지는 ① 배터리 대량 생산 체제를 구축해 규모의 경쟁을 벌였다면 올해부터는 고효율 배터리 기술 선점을 두고 경쟁하는 배터리 전쟁 2라운드에 접어든 것이다.

10일 배터리 업계에 따르면 차세대 배터리를 두고 ② 한국은 하이니켈 배터리, 중국은 나트륨 배터리, 일본은 전고체 배터리 개발 경쟁을 벌이고 있다.

③ 일본 도요타자동차는 지난 7일 세계 최초로 전고체 배터리를 장착한 전기자동차를 공개했다. 오는 2030년까지 배터리 개발에 1조 5,000억 엔(약 16조 원)을 투자하겠다는 청사진도 밝혔다. 이번에 공개한 차는 시제품으로 실제 제품이 양산되는 시점은 2025년 이후로 전망된다. 그동안 하이브리드차에 집중하다 전기차 전환에 뒤처졌다는 평가를 받았던 도요타가 글로벌 전기차 배터리 경쟁의 새로운 포문을 열었다는 평가가 나온다.

이에 앞서 중국 최대 배터리 제조사 CATL은 자체 개발한 1세대 나트륨이온 배터리를 7월에 공개했다. ④ 리튬이온 배터리의 주원료인 리튬이 비싸기 때문에 나트륨을 핵심 소재로 삼아 저렴한 배터리를 내놓겠다는 구상이다. 배터리 80%를 충전하는 데 걸리는 시간도 15분 정도에 불과한 것으로 전해졌다.

⑤ 국내 배터리 업계는 기존 리튬이온 배터리의 질적 수준을 한 단계 높인 하이니켈 배터리를 통해 일본·중국과의 경쟁에서 승기를 잡겠다는 구상이다. LG에너지솔루션은 하이니켈 배터리 기술을 앞세워 테슬라·제너럴모터스(GM)·현대자동차 등을 고객사로 두고 있다. 삼성SDI는 니켈 함량을 88% 이상으로 높인 차세대 배터리 '젠5'를 올 하반기부터 BMW에 공급하기로 했으며 SK이노베이션도 내년 출시 예정

인 미국 포드의 전기트럭에 들어갈 하이니켈 배터리를 납품할 예정이다.

⑥ 한중일 3국 배터리 업계가 서로 다른 종류의 배터리를 개발하고 있지만 궁극적으로는 전고체 배터리가 전기차 시장의 게임체인저가 될 것이라는 전망이 나온다. 다만 전고체 배터리는 기술 개발까지 상당한 시일이 걸릴 것이라는 게 업계의 관측이다. 김필수 대림대 교수는 "전기차 전환에 늦은 도요타가 전고체 배터리로 판도를 단번에 뒤엎겠다고 벼르지만 아직 저렴한 비용으로 양산되기까지는 상당한 시일이 걸릴 것"이라고 말했다. / 2021년 9월 11일

용어 설명

- **2차전지:** 1차전지는 한 번 쓰고 버리지만 2차전지는 충전을 통해 반복 사용 가능한 전지를 말합니다.
- **리튬이온 배터리:** 주요 소재에 리튬이 사용된 2차전지를 말합니다. 국내 업체들이 주도하는 삼원계 배터리(LCM)와 중국 업체들이 주도하는 리튬인산철(LFP) 모두 리튬이온 배터리의 일종입니다. 휴대전화, 노트북 등의 배터리뿐만 아니라 전기차 배터리도 리튬이온 배터리입니다.
- **전고체 배터리:** 리튬이온 배터리의 뒤를 잇는 차세대 배터리입니다. 리튬이온 배터리에는 액체 전해질이 들어가지만 전고체 배터리는 전해질이 고체여서 안정성, 수명, 성능 등 모든 면에서 뛰어납니다.

이 기사는 왜 중요할까?

전기차 시장이 급성장하면서 여기에 들어가는 배터리 시장도 급속도로 커지고 있습니다. 우리나라는 배터리 시장에서 중국에 이어 2위를 차지하고 있는데요. LG화학이 단일 회사로 전 세계에서 두 번째로 많은 배터리 물량을 생산하고 있습니다. SK이노베이션, 삼성 SDI 등과 합쳐 국내 배터리 3사는 2021년 기준으로 전 세계의 전기차 배터리 시장점유율의 3분의 1을 차지하고 있습니다. 중국은 전 세계 1위 업체인 CATL 혼자서 30% 이상을 생산해내고 있으며, 이외에 BYD 등을 합쳐 40%가량을 담당하고 있습니다. 일본의 파나소닉은 세계 3위의 배터리 회사입니다. 요컨대 한중일 3개국이 전 세계 전기차 배터리 제조 공장 역할을 맡고 있습니다.

현재 전기차 시장은 폭발적인 성장의 초입 단계입니다. 글로벌 컨설팅사인 딜로이트는 향후 10년간 연평균 30%씩 '폭풍 성장'할 것이라는 전망을 내놨습니다. 전기차 시장이 성장하면 덩달아 배터리 시장 역시 동반 성장하게 되는데요. 이 시장을 아시아 제조 강국 3개국이 노리고 있는 형국입니다.

저력을 가진 일본의 파나소닉도 초기에 테슬라와 손잡으면서 시장에 앞서 진출했지만, 패스트 팔로어인 한국은 LG화학을 중심으로 빠르게 따라잡았습니다. 가장 뒤처졌던 중국은 방대한 내수 자동차 시장을 기반으로 한국과 일본을 제치고 1등으로 올라섰습니다.

현재 우리나라의 산업에서 반도체가 가장 큰 비중을 차지하고 있고, 다음으로 자동차, 기계, 석유화학 등의 비중이 크지만 수 년 후에는 배터리 산업의 비중이 급격히 커질 전망입니다. 이에 따라 배터리 기사도 갈수록 많이 등장하게 될 텐데요. 배터리 시장의 현황을 머릿속에 넣어둔다면 이런 기사들이 훨씬 쉽게 읽히겠죠.

기사 함께 읽기

배터리 시장은 누가 더 빨리 많이 생산해내느냐, 즉 대량 생산이 관건이었습니다. 이는 아직도 유효한 과제이기는 하지만 이 기사에서는 한 발 더 나아가 맥을 짚고 있습니다. 바로 한중일 3개국 배터리 회사들의 차세대 배터리 전략입니다.

미래 배터리의 핵심은 한 번 충전에 따른 주행거리입니다. 전기차의 최대 단점이 바로 충전의 불편함이기 때문입니다. 또한 배터리 제조에 들어가는 원재료값이 비싼 것도 문제로 꼽힙니다. 생산단가를 낮추고 주행거리를 늘리기 위채 3개국이 서로 다른 차세대 배터리 개발에 나서고 있는데요. 그래서 이를 배터리 전쟁의 새로운 국면, 즉 2라운드라고 평가한 것입니다(①).

한국은 하이니켈 배터리, 중국은 나트륨 배터리, 일본은 전고체 배터리를 차세대 주력 배터리로 삼아서 기술 경쟁을 벌이고 있습니다(②). 이들 배터리는 아직 본격적인 양산이 시작되지는 않았지만 현재 리튬이온 배터리의 단점, 즉 가격이 비싸고 효율이 떨어지는 점을 보완할 수 있습니다.

우선 도요타자동차는 세계 최초로 전고체 배터리 시제품을 공개하고 그에 대한 투자 및 생산 계획을 밝혔습니다(③). 하이브리드차에서 앞서 갔던 일본은 그동안 전기차에서 뒤처진 이유는 전기차 배터리 성능을 개선하느라 공을 들였기 때문입니다. 일본 제조업체 특유의 완벽주의가 발동되다 보니 충전과 안전성 면에서 아무래도 완벽하지 않은 현재의 배터리를 탑재한 전기차를 내놓기 꺼렸던 것이죠. 그래서 도요타는 '꿈의 배터리'라고 불리는 전고체 배터리 개발에 전력해왔고 이번에 발표했습니다. 다만 역시 생산 시기가 2025년이라는 점이 한계로 보입니다.

가성비 좋은 배터리에 집중해온 중국은 차세대 배터리 역시 원가 경쟁력에 초점을 맞췄습니다. 기존에 중국이 생산해오던 배터리에 들어가는 리튬은 가격이 비싸고 생산량이 제한적이기 때문에 대신 가격이 싸고 생산량이 풍부한 나트륨을 써서 배터리를 만들겠다는 전략입니다(④). CATL은 나트륨 배터리의 단점인 낮은 출력을 보완하는 기술을 개발했고, 이를 바탕으로 앞으로 대량 생산하겠다는 구상입니다.

한국 3사의 경우 니켈 함량을 크게 늘린 배터리 카드를 꺼냈습니다(⑤). 하이 니켈 배터리는 기존 전기차 배터리보다 용량과 출력을 높일 수 있고, 기존 배터리보다 코발트 함량이 크게 낮아 생산단가를 낮출 수 있습니다. 코발트는 희귀 금속으로 배터리 소재 중에서 가장 비싼 재료 중 하나입니다. 기존 배터리에서 재료 배합 비율을 바꾼 것이어서 양산 가능 시기가 일본이나 중국의 차세대 배터리보다 빠릅니다.

그러나 이는 당장 필요한 수요에 대응하기 위한 배터리로, 궁극적으로는 혁신적인 기술이 적용된 전고체 배터리로 배터리사들이 향할 수밖에 없습니다(⑥). 다만 누가 됐든 전고체 배터리를 대량 생산해낼 수 있는 기술과 설비를 갖추기까지는 상당한 시일이 소요될 것으로 보입니다. 그때까지 차세대 배터리 기술 동향은 경제신문들이 산업 섹션에서 다루는 주요 뉴스가 될 것입니다.

 기자의 한마디

반도체를 이어 한국을 먹여 살릴 신사업으로 떠오른 전기차 배터리 시장에 LG, 삼성, SK 등 대기업이 모두 뛰어들었습니다. 특히 한중일 기업들의 배터리 삼국지에서 한국 기업들이 승기를 잡을 수 있을지 주목됩니다.

⊶ ESG

요즘 기업들 '이것' 안 지키면 퇴출…
대세된 ESG

환경(Environment) · 사회(Social) · 지배구조(Governance)의 영문 앞글자를 딴 ESG가 기업을 웃고 울리고 있다. ESG는 기업의 비(非)재무적 성과를 측정하는 지표이다. ① '사회공헌'처럼 여겨졌던 ESG를 중요한 투자 기준으로 삼는 투자사 · 연금 등 '큰손'이 늘어나면서 재계에서는 '착한 기업'으로 거듭나기 위해 작업이 한창이다.

㈜한화(000880)는 화약 · 방산부문 내 분산탄(집속탄) 사업을 분할해 다음 달 2일 별도의 독립법인 '코리아 디펜스 인더스트리(KDI)'를 세우고, 이를 우리사주조합에 넘길 계획이다. KDI는 종업원 지주사로 전환할 방침이다. ② 한화는 그룹의 주력이자 오너가 3세인 김동관 한화솔루션 사장이 이끄는 태양광 사업에 걸림돌인 집속탄 사업을 완전히 법적으로 분리하기 위해서 이 같은 결정을 내린 것으로 알려졌다. 집속탄은 한 개의 탄 안에 수백 개의 소형 폭탄이 들어가 있는 구조로 살상 범위가 축구장보다 넓다. 하늘에서 수백 발이 쏟아지는 모습에 '강철비'라고 표현하기도 한다.

집속탄은 정밀 타격 무기와 달리 많은 사상자를 낼 수 있어 국제사회로부터 비인도적인 무기라는 비판을 받아왔다. 유럽 등에서는 집속탄 생산 업체에 대한 투자를 금지하고 있다. 실제로 노르웨이 연기금은 ㈜한화를 2007년부터 13년째 '투자 블랙리스트'에 올려놓고 있으며, 2018년 네덜란드 금융사들은 한화의 태양광 계열사인 한화솔루션과의 사업 추진을 중단하기도 했다.

삼성물산(028260)은 국내 비(非)금융사 최초로 석탄 관련 사업에서 철수를 결정했다. 삼성물산 이사회는 지난 27일 석탄 관련 투자 · 시공 · 무역 사업에 있어 신규 사업은 전면 중단하고 기존 사업은 완공 · 계약종료 등에 따라 순차적으로 철수한다는 탈석탄 방침을 전격 결정했다. ③ 석탄 때문에 ESG 점수가 깎이면 LNG발전 플랜트, 도로 · 항만 등 건설, 신재생에너지 사업 등에서 자금조달이 어려워질 수 있다는 판단에 따른 것이다. 특히 코로나19 충격이 기업의 지속가능성에 대한 경각심을 불러일으키면서 ESG의 중요성은 더욱 부각되고 있다. ④ 세계 최대 자산운용사 블랙록의 최고경영자 래리 핑크는 지난 7월 주요 글로벌 기업에 보낸 서신을 통해 "코로나 세계에서 가장 분명해진 것은 고객과 직원, 사회를 생각하는 기업들이 미래에 승리자가 된다는 것"이라고 말했다. / 2020년 10월 30일

용어 설명

- **ESG 투자:** 기업의 이익, 성장, 배당 등과 함께 환경, 사회 및 지배구조를 고려하는 투자를 말합니다. 기존의 지속 가능한 투자, 사회적 책임 투자, 윤리적 투자, 임팩트 투자를 포괄하는 상위 개념입니다.

- **비재무적 성과:** 기업이 매출, 영업이익, 순이익 등의 재무제표상 숫자로 나타나는 성과 외에 친환경, 사회공헌, 다양성 포용 등의 가치를 달성하는 것을 말합니다.

- **블랙록:** 세계 최대 자산운용사로 래리 핑크가 회장으로 있습니다. 그는 2020년 초 자신이 투자한 기업들에 공개서한을 보내 "앞으로 투자 결정 시 지속 가능성을 기준으로 삼겠다"고 밝혔으며 이후 기업들 사이에서 ESG 열풍이 불고 있습니다.

이 기사는 왜 중요할까?

최근 국내 기업들 사이에서 ESG 경영 바람이 거세게 불고 있습니다. 기업들은 하루가 멀다 하고 ESG위원회 설립이나 ESG 경영 전략에 대한 보도자료를 내고, 뉴스로 이런 활동들이 조명됩니다.

ESG 경영 중에서 환경은 탄소배출이나 폐기물 발생 감축에 대한 노력을 평가합니다. 신재생에너지, 전기차 등의 기업들이 대표적인 사례지만 IT 기업들도 화석연료 사용량을 줄이고 신재생에너지 사용을 통해 '탄소배출량과 흡수량을 동일하게 맞추는' 넷제로(탄소중립)에 동참하고 있습니다. 애플과 구글은 2030년까지, 아마존은 2040년까지 목표 시한을 정했습니다. 마이크로소프트는 2030년까지 탄소배출 마이너스를 달성하겠다는 더 야심 찬 목표를 내놓기도 했죠. 우리나라 정부도 2050년 탄소중립 시나리오를 공개하면서 국내 기업들도 온실가스인 탄소 감축을 위한 방안을 내놓고 있습니다.

ESG 중에서 환경(E) 부문은 목표나 실천 방안이 명확한데 반해, 사회(S)와 지배구조(G)는 다각적이고 정성적인 평가가 많이 들어갑니다. 사회(S)의 경우 직원 고용에 있어서 성평등, 사회적 약자에 대한 배려, 가족친화 경영, 노사 관계 등과 같은 내부 경영뿐만 아니라 그 회사가 제공하고 있는 제품과 서비스가 사회에 끼치는 영향까지 고려 대상입니다.

지배구조(G)는 회사가 주주 친화적인 경영을 할 수 있는 의사결정 구조를 갖추고 있는지를 평가합니다. 회사는 리스크를 미리 감지하고 대처할 수 있어야 회사의 가치가 올라가서 소액주주를 포함한 전체 주주에 이익이 됩니다. 특히 대주주의 전횡을 견제할 수 있는 이사회를 갖추고 있는지는 지배구조를 평가할 때 중요한 요소입니다.

ESG 경영의 중요도가 갈수록 높아지는 이유는 사회적인 압력뿐만 아니라 기관투자자들의 요구가 거세지고 있기 때문입니다. 이 기사에서는 이 같은 요구에 부응해 달라지고 있는 국내 기업들의 움직임을 보도했습니다.

기사 함께 읽기

예전에는 연말연시에 불우이웃을 돕는 정도의 사회공헌 활동만 했던 기업들이 이제는 사업의 철수 등과 같이 회사 경영의 중요한 결정을 내리는 데 있어서 ESG 요소를 고려하고 있습니다. 이제는 ESG가 '선택'이 아니라 '필수'가 됐는데요. 이유는 투자사와 연금 등 '큰손'들이 투자를 결정할 때 ESG를 중요 항목으로 보고 있기 때문입니다(①). 이들이 ESG를 소홀히 하는 회사로부터 투자금을 회수해버린다면 회사는 존립이 불가능하기에 기업들이 ESG 경영에 활발히 나설 수밖에 없는 상황이라고 소개하고 있습니다.

기사는 그 논거로 한화와 삼성물산의 예를 들었습니다. 한화의 경우 신재생에너지, 화학 등 다양한 사업을 영위하고 있고 그중 하나가 분산탄(집속탄) 사업이었습니다. '강철비'라는 별칭을 가진 집속탄은 대표적인 비인도적 무기로 꼽힙니다. 한화는 국내의 다른 방산업체와 함께 글로벌 연기금의 '투자 배제 블랙리스트'에 올라 있었습니다. 살상 무기를 만드는 회사에는 투자하지 않겠다는 것이죠. 한화는 이 같은 ESG 투자를 의식해 이번에 집속탄 산업을 별도의 회사로 분리했습니다(②). 한화는 자신들이 하고 있는 태양광 산업은 대표적인 신재생 사업으로 ESG 투자자들이 좋아할 만한 투자 대상이지만, 무기 사업 때문에 투자자들의 외면을 받고 있기 때문에 이 같은 결정을 내렸습니다. 일단 별도 법인으로 분리한 집속탄 사업 부문은 장기적으로 매각 등을 통해 처분할 것으로 예상됩니다.

삼성물산 역시 온실가스를 배출하는 석탄 관련 사업에서 손을 떼기로 했습니다. 석탄 발전 사업이 투자자들의 눈 밖에 날 경우, 회사 차원에서 자금이 필요해 주식이나 채권을 발행할 때 투자자들이 외면할 수 있다는 우려 때문입니다(③).

기업들이 일시적인 사회공헌 활동 수준에서 벗어나 사업 구조까지 재편하는 이유는 힘이 센 글로벌 투자자들의 요구가 더욱 거세지고 있기 때문입니다. 이를 주도하고 있는 사람은 바로 세계 최대 자산운용사의 수장인 래리 핑크입니다. 일반적인 자산운용사 사장들이 조용히 투자 수익률만을 챙기는 것과 달리 그는 공개적인 서한을 투자 기업들에게 보내 압박을 가하고 있는 인물로 유명합니다(④). 'ESG 투자의 현재와 미래'를 가늠할 수 있다는 관점에서 종종 뉴스에 등장하는 래리 핑크의 서한이나 인터뷰를 주목해보시길 바랍니다.

💬 **기자의 한마디**

이제는 돈만 잘 버는 기업은 점점 인정받지 못하는 추세죠. 시민단체뿐만 아니라 투자자들도 사회, 환경을 생각하는 '착한 기업'들을 선호하는 시대가 왔습니다.

코로나에도 '제2 벤처 붐'…
국내 유니콘 15곳 역대 최다

① 코로나19에도 불구하고 '제2의 벤처 붐'이 이어지고 있는 가운데 국내 유니콘 기업(기업 가치 1조 원을 인정받은 비상장사)이 15곳으로 역대 최고를 기록했다.

22일 중소벤처기업부는 지난해 말 기준 국내 유니콘 기업이 13개로 집계됐다고 밝혔다. 올해 '직방' 등 3곳이 추가됐지만 쿠팡이 미국 뉴욕 증시 상장으로 유니콘에서 제외돼 19일 기준으로 유니콘은 15곳이라고 설명했다.

② 올해 새롭게 탄생한 유니콘 기업은 직방, 두나무, 컬리 등이다. 직방은 '프롭테크(Proptech) 분야'를 선도하고 있다. 프롭테크란 부동산(Property)과 기술(Technology)을 결합한 용어로 빅데이터, 정보통신기술, 인공지능 등을 접목한 혁신 기술 부동산 서비스를 의미한다. 두나무는 가상자산 거래사이트(암호화폐 거래소) 시장점유율 1위 업비트를 운영하고 있다. 컬리는 '마켓컬리'를 서비스하는 기업으로 새벽 배송 등 비대면 유통을 선도한 기업이다.

M&A, 상장 등으로 현재 유니콘은 15곳이지만 유니콘 이력이 있는 기업은 23개인 것으로 나타났다. ③ '배달의민족'을 서비스하는 우아한형제들을 비롯해 하이브, 카카오게임즈, 더블유게임즈, 펄어비스 등은 상장을 비롯해 M&A로 이제는 유니콘에서 제외됐다.

쿠팡의 뉴욕 증시 입성 이후 한국 스타트업에 대한 글로벌 시장의 관심도 커지고 있다. 모바일 ④ 숙박 예약 업체였던 '야놀자'는 여가 플랫폼으로 탈바꿈해 관련 업계를 선도해 소프트뱅크 비전펀드II로부터 2조 원 규모의 투자유치를 이끌어냈다. 업계의 한 관계자는 "글로벌 투자를 유치한 유니콘 기업의 경우 한국에서 성공한 여러 가지 비즈니스 모델로 사업을 다각화해 해외 시장 진출은 물론 상장까지 이어질 수 있다"며 "글로벌 투자자들 역시 한국의 혁신적인 스타트업과 글로벌화할 수 있는 비즈니스 모델에 부쩍 관심이 많아졌다"고 전했다. / 2021년 7월 23일

용어 설명

- **스타트업:** 창업한 지 얼마 되지 않은 벤처기업으로, 기술 기반의 기업으로 기존에 없던 새로운 가치를 제공함으로써 기업의 성장을 도모합니다.
- **비상장사:** 아직 거래소에 상장되지 않은 기업을 말합니다. 창업자, 초기 투자자와 일부 기관투자자들만 주주로 구성돼 있습니다.

이 기사는 왜 중요할까?

전 세계에서 가장 큰 기업인 애플은 창업자인 고 스티브 잡스가 자신의 집 차고에서 창업한 스토리로 유명하죠. 현재 내로라하는 국내외의 대기업들도 한때는 직원 한두 명이었던 시절이 있었습니다. 누구에게나 올챙이 시절이 있듯이 말입니다. 지금은 국내 최대 플랫폼 공룡이 된 네이버, 카카오도 자그마한 벤처 회사에서 시작됐습니다.

자연계가 끊임없이 순환하기 위해서 생명이 탄생, 성장, 사멸의 길을 걷듯이 산업계도 끊임없이 번창하기 위해서는 수많은 기업이 탄생하고 그중 일부가 살아남아 큰 기업으로 성장해야 합니다. 이런 과정이 막혀 있다면 그 나라의 경제는 활력을 잃고 늙어갈 것입니다.

때문에 언론에서도 벤처기업 생태계에 관심을 많이 갖고 보도하고 있습니다. 스타트업과 벤처기업은 사전적 정의는 다소 다르지만 실질적으로는 같은 의미로 쓰입니다. 다만, 벤처기업은 '벤처기업 육성에 관한 특별법'에는 정부의 인증을 받은 기업으로 정의돼 있어 스타트업이 좀 더 넓은 의미로 사용된다고 할 수 있습니다.

스타트업 기업들은 초기에는 창업자들이 소액의 종잣돈으로 회사를 차리지만 점차 외부에서 투자를 받아 몸집을 키워나갑니다. 이를 벤처투자라고 합니다. 신생기업의 미래만 보고 투자하는 기관을 벤처캐피털(VC)이라고 합니다.

벤처투자는 망할 확률도 높지만 한번 성공하면 대박을 낼 수 있는 하이 리스크, 하이 리턴 투자입니다. 아주 초기 단계에 자금을 대주는 것을 '엔젤투자'라고 합니다. 회사가 아무것도 아닐 때 알아봐주는 투자자에 대한 고마움이 크기에 엔젤이라는 이름이 붙은 것입니다. 그리고 성장의 단계별로 벤처투자를 받는 것을 '시리즈A, B, C'라고 합니다.

예를 들어 당근마켓 창업자들은 카카오에서 나와 2015년에 회사를 세웠습니다. 그리고 2016년에 첫 벤처투자인 시리즈A로 13억 원의 자금을 받았습니다. 그 이후에도 IT 투자에 필요한 자금을 충당하기 위해 중간중간 투자금을 유치했으며, 2021년 7월에 시리즈D로 1,789억 원을 수혈받았습니다. 그사이 회사는 사용자가 1,500만 명이 넘어서는 대표 중고거래 플랫폼으로 성장했습니다. 이렇게 회사 규모를 키워가는 것을 '스케일업'이라고 합니다.

투자금을 받을 때마다 기업의 가치를 재평가하는데 그 가치가 1조 원이 넘어서면 유니콘이 됩니다. 기사에서 흔히 "3조 원의 밸류(기업가치)로 1,800억 원을 유치했다"는 표현을 볼 수 있습니다. 투자를 하면 회사의 지분을 나눠주게 되는데 이때 회사의 가치에 따라 지분율이 달라집니다.

예컨대 아주 초기에 당근마켓에 10억 원을 투자했다면 지분의 20%를 받을 수 있었을 것입니다. 이때 회사의 밸류는 50억 원(50억×10%=10억 원)인 셈입니다. 그러나 회사가 무럭무럭 성장해서 지금은 기업가치가 3조 원까지 뛰었습니다. 지금은 1,800억 원을 투자하고 지분을 17%도 못 받게 됩니다. 그런데도 뒤늦게라도 투자하는 이유는 회사의 장래가 더 밝아 보이기 때문입니다. 이에 더해 거래소에 기업공개(IPO)를 하게 되면 더 큰 수익을 낼 수 있습니다.

기사 함께 읽기

2021년에 들어서면서 제1의 벤처 붐(1998~1999년)에 이어 20년 만에 '제2의 벤처 붐'이 불면서 유니콘 기업들의 숫자도 크게 늘었습니다(①). 새롭게 유니콘 반열에 오른 회사는 직방, 두나무, 컬리입니다(②). 이는 이들 회사가 2021년 투자 자금을 유치하면서 1조 원이 넘는 가치를 인정받았다는 의미입니다.

유니콘 기업들은 IT 기술을 결합해 기존에 없던 새로운 서비스를 제공하는 곳들입니다. 직방의 경우 일일이 부동산중개업소를 찾아다니며 발품을 팔아야 하는 불편을 없애고 앱을 통해 부동산 거래를 용이하게 해줬습니다. 두나무는 직관적이고 쉬운 코인 거래 서비스를 제공합니다. 컬리는 국내에 첫 '새벽배송'을 도입해 직장인들의 장보기 걱정을 크게 덜어줬습니다.

기존에 유니콘이었던 기업들이 상장하거나 더 큰 기업에 인수(M&A)되면 유니콘 상태를 졸업합니다. 대표적인 기업이 쿠팡, 배달의민족 등입니다(③).

조만간 1조 원 가치를 인정받을 예비 유니콘도 있고, 이미 1조 원을 훌쩍 뛰어넘는 평가를 받은 곳도 있습니다. 이 정도의 투자금을 받아 성장하려면 외국의 벤처캐피털(VC)이 들어와야 하는데요. 외국 자금을 받는 데 성공한 대표적인 곳이 쿠팡입니다. 그리고 제2의 쿠팡 신화를 쓸 회사로 숙박 플랫폼 야놀자가 꼽힙니다. 소프트뱅크로부터 2조 원의 목돈을 지원받은 야놀자는 앞으로 이 자금으로 추가 투자를 단행해 해외에도 진출하고 더 큰 회사로 발돋움하려고 추진하고 있습니다(④). 앞으로 신문에서 더 많은 K유니콘의 기사를 볼 수 있기를 기대해봅니다.

TIP

▶ 유니콘 vs. 데카콘 vs. 헥사콘

창업자들은 혁신적인 기술이나 아이디어를 갖고 스타트업을 창업합니다. 이 회사의 싹수를 알아보고 초기에 엔젤투자자들이 돈을 대줍니다. 이후에는 벤처캐피털의 투자를 받아 이 자금으로 사업을 불려갑니다. 이 과정을 '스케일업'이라고 하는데요. 여기서 이 스타트업의 제품이나 서비스에 대해 소비자들이 열광하면 유니콘 기업으로 성장할 수 있습니다. 물론 극히 일부의 스타트업만 유니콘 기업이 돼서 살아남을 수 있습니다. 그래서 실제로 보기 힘든 전설 속의 동물인 유니콘으로 불리는 것이겠죠. 국내 유니콘의 대표적인 사례가 바로 이 기사들에 등장하는 회사들입니다.

주식시장에 상장하면 일반투자자들까지 투자할 수 있는 기업이 되면서 유니콘 딱지를 떼게 됩니다. 이 기사에는 나와 있지 않지만, 야놀자가 소프트뱅크로부터 인정받은 기업가치는 약 10조 원입니다. 이를 데카콘이라고 부릅니다. 기업가치가 100조 원이 넘으면 헥사콘이라는 별칭으로 불립니다.

유망한 비상장기업에 투자할 수 있는 기회는 그동안 벤처캐피털과 같은 기관투자자에게 집중돼 있었는데요. 최근에는 비상장 주식을 거래할 수 있는 앱이 나와서 일반투자자들도 쉽게 접근할 수 있습니다. 대표적인 앱이 '증권플러스 비상장', '서울거래소 비상장' 등입니다.

💬 기자의 한마디

스타트업이 혁신적인 기술과 아이디어로 사업에 성공하면 1조 원 이상의 가치를 인정받는 기업으로 성장하기도 합니다. 물론 극히 일부만 성공하기 때문에 희귀한 사례라고 해서 유니콘이라고 불린대요.

암호화폐

"무시하기엔 너무 커 버렸다."

뱅크오브아메리카(Bank of America)는 암호화폐 시장을 이렇게 표현했습니다. 새로운 화폐가 등장하고, 관련 비즈니스가 태동하고 있습니다. 용어가 낯설지만 다가오는 미래를 이해하고 싶다면 꼭 읽어보세요.

⊶ 비트코인

비트코인 사상 첫 7,000만 원 돌파…
상승 이유는?

비트코인이 7,000만 원을 돌파하며 신고가를 새로 썼다.

① 14일 오전 7시 52분 빗썸 기준 BTC 가격은 전일 대비 2.19% 상승한 7,019만 2,000원이다. 같은 시간 코인마켓캡 기준 BTC는 전일 대비 7.23% 오른 6만 996.92달러에 거래되고 있다.

② BTC 시가총액은 1조 1,377억 7,741만 달러(1,293조 840억 원)다. BTC 시장점유율은 62%를 기록했다. 암호화폐 데이터 제공 업체 알터너티브닷미에 따른 크립토 공포탐욕지수는 전일 대비 4포인트 상승한 74포인트다. '탐욕' 상태를 지속하고 있다.

③ 암호화폐 전문매체 코인데스크는 BTC 급등 배경으로 조 바이든 미국 대통령의 경기 부양책을 지목했다. 지난 11일(현지시간) 바이든 대통령은 1조 9,000달러(약 2,100조 원) 규모의 경기 부양책에 서명했다. 미 가정 약 90%에 1인당 최대 1,400달러 (159만 원)의 현금을 지급하는 게 경기부양안 골자다. 각종 소셜미디어 플랫폼에선 지난 13일부터 현금을 받았다는 이야기가 올라오고 있다. 이러한 현황이 BTC 상승으로 이어졌단 분석이다.

④ 실제 암호화폐 데이터 분석 업체 글래스 노드에 따르면 지난 13일(현지시간) 기준 BTC를 0.01개 이상 보유한 지갑주소는 890만 143개에 달했다. 사상 최대치를 경신한 수치다.

⑤ 제한 추(Jehan Chu) 홍콩 트레이딩 기업 케네틱(Kenetic) 공동 창업자는 "홍콩 증시 상장사 '메이투'가 최근 BTC를 매입하는 등 기관투자자들이 재무전략에 BTC를 지속적으로 추가하고 있다"고 전했다. 기관투자자 진입이 BTC 상승을 이끌었다는 분석이다. / 2021년 3월 14일

용어 설명

- **BTC:** 암호화폐 비트코인을 의미합니다. BTC가 발행되는 블록체인 플랫폼 이름도 '비트코인'이어서 혼동을 피하기 위해 암호화폐를 표현할 때는 뒤에 종목코드인 BTC를 함께 써줍니다.

- **BTC 시장점유율:** 전체 암호화폐 시가총액에서 비트코인(BTC) 시가총액이 차지하는 비중을 뜻합니다. BTC 시장점유율이 높다는 것은 BTC 가격이 오르는 동안 다른 암호화폐는 그만큼 가격이 상승하지 않았다는 의미입니다. 이 수치는 BTC에 대한 시장 신뢰도를 보여주기도 합니다. 2022년 5월 발생한 테라-루나 폭락 사태 이후로 BTC 시장점유율이 소폭 올랐습니다. BTC 외 다른 코인을 의미하는 알트코인에 대한 시장의 신뢰가 상대적으로 더 떨어졌기 때문으로 풀이됩니다.

- **크립토 공포탐욕지수:** 암호화폐 투자 심리를 수치로 나타낸 것입니다. 지수가 높을수록 투자 열기가 뜨겁다는 의미이며 '극도의 공포 → 공포 → 탐욕 → 극도의 탐욕' 등 수치에 따라 4단계로 분류됩니다. 국내 기업이 제공하는 수치로는 암호화폐 거래소 업비트 운영사 두나무가 만든 디지털자산 심리지수가 있습니다.

- **지갑주소:** 암호화폐를 보관하는 지갑(Wallet)에는 지갑별로 숫자와 알파벳으로 구성된 지갑주소가 있습니다. 은행에서 돈을 보낼 때 필요한 계좌번호와 비슷한 개념입니다. 암호화폐 지갑은 은행 계좌를 만들 때처럼 번거로운 신원 인증 절차를 거치지 않고 누구나 온라인상에서 간단하게 만들 수 있습니다. 또 기기로 된 하드월렛을 구매하는 방법도 있습니다. 지갑주소를 알면 해당 지갑의 거래 내역은 누구나 확인할 수 있지만 지갑 소유주가 누구인지는 특정하기 어렵습니다. 은행 계좌번호를 잘못 입력했을 경우에는 돈을 되찾을 방법이 있지만, 암호화폐는 지갑주소를 잘못

입력하면 되찾을 방법이 없습니다.

이 기사는 왜 중요할까?

비트코인(BTC)은 왜 오르거나 떨어지는 걸까요? 암호화폐를 대량으로 보유하고 있는 투자자를 '고래'라고 하는데요. 암호화폐 투자자가 많지 않았던 과거에는 일부 고래의 움직임에 따라 가격이 요동쳤습니다. BTC 가격이 변동하는 이유를 체계적으로 분석하기 어려웠다는 이야기입니다.

그러나 지난 2020년 하반기부터 상황이 조금씩 달라졌습니다. 코로나19 여파로 미국을 중심으로 전 세계 국가에서 경기부양책을 쏟아내면서 개인투자자는 물론이고 기관투자자들도 암호화폐 시장으로 눈을 돌리기 시작했습니다.

현금을 들고 있어 봐야 가치가 떨어지니 수량이 한정된 자산인 BTC에 관심을 갖게 된 겁니다. BTC는 발행량이 2,100만 개로 정해져 있습니다. 채굴량은 4년마다 절반으로 줄어들도록 설계돼 있죠. 2140년이 되면 채굴이 완료될 것으로 추정됩니다. 공급은 정해져 있는데 수요가 증가한다면 가치가 오를 것이라고 기대할 수 있습니다. BTC가 금에 비유되며 '디지털 골드'로 부상한 배경입니다.

이러한 이유로 다양한 신규 투자자가 암호화폐 시장에 진입하면서, BTC 가격은 미국의 경제 정책과도 상당한 연관성을 갖게 됐습니다. BTC가 인플레이션 헤지 수단으로 부상한 배경을 이해하면 관련 기사를 쉽게 읽을 수 있습니다.

기사 함께 읽기

암호화폐 가격 변동을 분석하는 전형적 기사입니다. 가격 변동 추이를 보여주고, 이유에 대해 설명하는 방식으로 구성됩니다. 2022년 6월 13일 기준 BTC는 2만 6,000달러선까지 떨어졌습니다. 암호화폐는 가격 변동성이 심한 만큼 이

기사는 내용보다 형식에 집중해주시길 바랍니다.

암호화폐는 암호화폐 거래소별로 가격이 다릅니다. 국내 유가증권시장은 한국거래소 한 곳에서 주관합니다. 사용자는 다양한 증권사를 이용할 수 있지만, 어느 증권사를 이용하든 주가는 동일하죠. 삼성증권을 이용하든 NH투자증권을 이용하든 삼성전자 주가는 특정 시점에 동일한 가격으로 거래됩니다.

반면 암호화폐는 각 거래소 안에서 암호화폐가 거래됩니다. 예를 들어 암호화폐 거래소 빗썸을 이용한다면 빗썸 고객끼리 암호화폐를 거래합니다. 현 시점에 빗썸에서 BTC가 7,019만 원에 거래되고 있다 하더라도 같은 시각에 다른 암호화폐 거래소에선 8,000만 원에 거래될 수 있다는 의미입니다.

이러한 이유에서 암호화폐 가격에 대한 기사를 쓸 때는 항상 국내 거래소와 해외 거래소에서 거래되는 평균 가격을 같이 씁니다(①). 전반적 추세를 전하기 위해서죠. 코인마켓캡은 데이터 제공에 동의한 전 세계 암호화폐 거래소 정보를 수집해 암호화폐 가격의 평균치를 냅니다. 이 사이트는 지난 2020년 글로벌 암호화폐 거래소 바이낸스가 인수했습니다. 이후로 데이터 객관성이 떨어진다는 비판도 나오고 있지만 관련 정보를 제공하는 사이트로는 가장 큽니다. 유사한 사이트로는 코인게코(CoinGecko) 등이 있습니다.

이 기사를 보면 BTC가 크게 상승한 반면, BTC를 제외한 알트코인은 오르지 않았다는 사실을 알 수 있습니다. BTC 시장점유율이 62%에 육박했다는 건 BTC 시가총액만 크게 올랐다는 의미죠(②).

다음 단락에선 BTC가 급등한 배경이 나옵니다. 미국 정부가 전 국민에게 현금을 지급했는데, 국민들이 그 돈으로 BTC를 사서 가격이 올랐다는 분석입니다(③). 미국 정부는 국민이 실물경제에 돈을 쓰길 기대하고 현금을 지급했을 텐데 국민은 그 돈으로 BTC에 투자한 겁니다. 이러한 내용을 뒷받침하는 사실이 다음 문장(④)에 나옵니다. BTC는 소수점 8짜리까지 쪼개서 살 수 있습니다. 0.00000001BTC를 1사토시라 합니다. BTC를 0.01BTC 넘게 보유한 지갑 주소가 역대 최고치를 기록했다는 것은 소액으로 BTC에 투자한 개인투자자가 급증했다는 의미로 풀이할 수 있습니다. 당시 시가로 따지면 한 지갑당 최소 699달러어치 BTC를 사들였다는 뜻이죠.

미 정부가 대규모 경기부양책을 집행하지 기관투자자들도 인플레이션 헤지 수단으로 BTC에 관심을 갖기 시작했습니다⑤. 기관투자자는 대량으로 BTC를 매입합니다. BTC 수량은 제한돼 있는데, 수요가 증가하면 가격이 오를 것이라고 기대할 수 있습니다. 기관투자자 유입이 BTC 가격에 긍정적 영향을 미치는 이유입니다.

2022년에 들어서면서 BTC 가격이 하락세를 보이고 있습니다. 미 정부가 금리인상 등 긴축정책을 펼치면서 주식 시장과 함께 BTC도 떨어졌습니다. 암호화폐 투자를 할 때 거시경제 흐름도 유심히 살펴봐야 하는 이유입니다.

TIP

▶ 알트코인

비트코인(BTC) 외의 모든 암호화폐를 '알트코인'이라고 칭합니다. 'Alternative Coins'의 줄임말이죠. 알트코인 중 시가총액이 가장 높은 암호화폐는 이더리움(ETH)입니다. 코인마켓캡(Coinmarketcap), 코인게코(CoinGecko) 등의 사이트를 방문하면 전 세계 주요 알트코인의 평균 가격, 시가총액, 거래량, 해당 코인이 상장된 거래소 등을 확인할 수 있습니다.

💬 기자의 한마디

암호화폐 시장에 진입하는 기관투자자가 증가하면서 암호화폐 가격은 거시경제 흐름에 좌우되는 경향이 짙어졌습니다. 주요 경제기사가 암호화폐 시장에 어떤 영향을 미치는지 주시한다면 투자에도 유용하게 활용할 수 있습니다.

○━ 채굴

중국 쓰촨성 채굴장 폐쇄…
비트코인 해시레이트 8개월 만 최저

① 비트코인(BTC) 해시레이트가 8개월 만에 가장 낮은 수치를 기록했다.

지난 18일(현지시간) 중국 쓰촨성 서부 야안시가 시내 비트코인 채굴업체 26개를 폐쇄했기 때문으로 풀이된다. 쓰촨성은 중국에서 채굴 규모가 두 번째로 큰 지역이다.

20일(현지시간) 비트인포차트에 따르면 비트코인 네트워크 해시레이트는 91.2EH/s까지 하락했다. 비트코인 해시레이트는 지난해 11월 90EH/s를 돌파한 이후 꾸준히 100EH/s 안팎을 유지해왔다.

② 중국 쓰촨성 야안시 채굴업체들이 폐업하면서 해시레이트도 급감한 것으로 보인다. 지난 18일 야안시 정부는 시내 채굴업체들의 폐쇄를 명령했다. 다만 대형 채굴업체 26개를 제외한 소규모 채굴장은 정부 감시를 피해 가동을 지속할 수 있을 것으로 보인다.

최근 네이멍구, 신장, 칭하이 등 채굴장이 잇따라 폐쇄되면서 쓰촨성은 마지막으로 남은 중국 대형 채굴지역이었다. 영국 케임브리지대 연구에 따르면 전 세계 비트코인 채굴의 10%가 쓰촨성에서 이뤄졌다.

③ 중국이 채굴업 단속에 나서면서 채굴업계가 미국을 중심으로 재편되고 있다. 중국을 떠난 채굴업체들이 채굴 시장 2위였던 미국으로 향하고 있다. ④ 미국은 암호화폐에 상대적으로 우호적일뿐더러 값싼 재생에너지를 사용할 수 있기 때문이다.

/ 2021년 6월 22일

용어 설명

- **채굴:** 채굴은 고난도 수학 문제를 푸는 작업입니다. 컴퓨터로 문제를 풀면 보상으로 암호화폐가 주어지는데 이러한 합의 알고리즘을 작업증명 방식(PoW, Proof-of-Work)이라고 합니다. 비트코인이 대표적인 PoW 방식입니다. 초기에는 개인용 컴퓨터로도 채굴이 가능했지만 난도가 높아져 고성능 컴퓨터(채굴기)가 필요한 수준입니다.
- **채굴장:** 전기료가 저렴한 곳에서 대량으로 채굴기를 돌리는 곳을 채굴장이라고 합니다.
- **해시레이트:** 채굴에 필요한 연산 처리 능력을 측정하는 단위입니다.

이 기사는 왜 중요할까?

비트코인(BTC) 해시레이트는 BTC 가격과 밀접한 관계가 있습니다. 해시레이트가 높으면 연산 처리 속도가 빨라져 BTC 채굴 경쟁이 증가하고, 채굴 난도가 높아집니다. 채굴 난도가 높아지면 채굴자 입장에선 생산단가가 올라가죠. 이 때문에 BTC를 높은 가격에 거래하게 되고, 시장에서 BTC 가격도 상승하게 됩니다.

반대의 경우도 생각해볼까요? 해시레이트가 떨어지면 연산 처리 속도가 느려지고, BTC 채굴 경쟁도 약화됩니다. 채굴 난도가 낮으면 채굴자는 적은 비용을 들이고도 BTC를 채굴할 수 있게 되죠. 즉 높은 가격에 BTC를 팔지 않아도 수익이 난다는 이야기입니다. 이는 BTC 가격 하락으로 이어질 수 있죠.

거꾸로 BTC 가격이 해시레이트에 영향을 미칠 수도 있습니다. 채굴기를 돌리려면 기기값에서부터 막대한 전기료까지 감당해야 합니다. BTC 가격이 떨어지면 채굴자 입장에서는 수익을 내기 힘듭니다. BTC가 지나치게 하락하면 전기료를 내며 채굴기를 돌리는 게 손해이니 차라리 채굴기를 끄는 거죠. 채굴기를 끄는 채굴자가 많아지면 해시레이트도 감소하겠죠? 이처럼 해시레이트는 BTC 투자를 할 때 주요한 참고 지표로 활용할 수 있습니다. 다만 최근에는 BTC 가격과 해시레이트 지표가 연동되지 않는 경우도 나오고 있습니다. 앞서 설명드렸듯 해시레이트 외에도 거시경제 등 BTC 가격에 영향을 미치는 변수가 많아졌기 때문입니다.

기사 함께 읽기

기사 전문에서부터 비트코인(BTC) 해시레이트가 8개월 만에 최저치를 기록했다는 사실이 나옵니다(①). 해시레이트가 낮아지면 BTC 가격 하락으로 이어질 수 있으니 그만큼 중요하게 살펴봐야 한다는 의미이죠.

그간 중국은 비트코인 해시레이트 점유율 1위 국가였습니다. 비트코인 채굴장이 중국에 몰려 있다는 이야기입니다. 그런데 중국이 2021년 들어 암호화폐 관련 사업을 전면 금지하면서 채굴장도 문을 닫아야 할 위기에 처했습니다(②). 중국에 있던 수많은 채굴장이 폐업하자 비트코인 해시레이트도 떨어진 겁니다.

해시레이트가 하락하면 BTC 가격에 악재로 작용할 가능성이 큰데요. 다행인 점은 미국이 이 틈을 비집고 비트코인 네트워크 주도권을 가져오고 있다는 겁니다(③). 미국은 중국과 달리 암호화폐를 제도권으로 진입시키려고 합니다. 코인베이스는 암호화폐 거래소로는 최초로 지난 2021년 4월 미국 나스닥에 입성하기도 했죠. 기사에서 표현한 것처럼 미국이 암호화폐에 '상대적으로 우호적'인 모습을 확인할 수 있습니다.

이어지는 내용도 주목할 필요가 있습니다. BTC를 채굴하려면 채굴기와 채굴기를 돌릴 장소, 그리고 24시간 안정적으로 공급되는 전기가 필요합니다. 특히 값싼 전기료를 확보하는 게 중요합니다. 전기료가 비싸면 채산성이 떨어지기 때문이죠. BTC를 채굴할 때는 상당한 전력이 필요합니다. 이 때문에 BTC 채굴이 환경 오염을 일으킨다는 비판이 제기됩니다. 이런 이유에서 채굴업자들이 상대적으로 저렴한 친환경 에너지를 사용할 수 있는 미국으로 향하고 있는 겁니다(④).

[비트코인 해시레이트 국가별 분포(2020년 2분기 기준)]

국가	점유율
중국	65.08%
미국	7.24%
러시아	6.90%
카자흐스탄	6.17%
말레이시아	4.33%
이란	3.82%
캐나다	0.82%
독일	0.56%
노르웨이	0.48%
베네수엘라	0.42%

출처: 케임브리지대체금융연구소

TIP

▶ 중국은 왜 암호화폐를 금지할까?

중국은 중앙은행디지털화폐(CBDC) 개발에 적극적입니다. CBDC란 민간이 발행하는 비트코인과 달리 각국의 중앙은행이 발행하는 디지털화폐를 말합니다. 중국은 CBDC에 디지털위안화(DCEP)란 명칭을 붙이고 지난 2020년부터 주요 도시에서 시범 운영을 시작했죠. DCEP를 상용화하려는 중국 입장에선 비트코인 등 암호화폐는 눈엣가시처럼 여겨질 수 있습니다. 특히 암호화폐는 익명성이 보장돼 통제가 어렵기 때문입니다.

앞서 설명드렸듯 암호화폐 지갑주소를 알아도 지갑 소유자가 누구인지는 특정하기 힘들죠. 중국 규제당국이 컨트롤 가능한 DCEP에 초점을 맞추고 암호화폐는 전면 금지한 배경을 추측할 수 있는 대목입니다.

반면 유럽연합(EU)은 2023년 전 세계 최초로 가상자산 관련 단독 법안인 미카(MiCA)를 제정하며 산업 양성화에 앞장서고 있습니다. 미카는 2024년 12월 30일부터 전면 시행될 예정입니다. 기업은 한 국가에서만 미카 라이선스를 획득하면 27개 회원국 모두에서 사업을 영위할 수 있게 됩니다. '미카 패스포팅' 제도죠. 법적 안정성이 확보된 유럽에 전 세계 가상자산 시장이 주목하고 있습니다.

한때 이 시장을 주도하던 미국은 주춤하는 모습입니다. 미국 증권거래위원회(SEC)의 제재가 강력해지면서 기업의 반발을 사고 있기 때문입니다. 2023년 6월 SEC는 바이낸스와 코인베이스를 상대로 차례로 소를 제기했습니다. 증권법을 위반했다는 주장입니다. 특히 SEC는 소장에서 폴리곤(MATIC), 샌드박스(SAND) 등 주요 알트코인을 미등록증권으로 지목했는데요. 명확한 법적 근거가 마련되지 않은 상황에서 시장에 혼란을 주고 있다는 비판이 제기됐습니다. 이에 2023년 8월에는 미국 하원의원이 게리 겐슬러 SEC 위원장의 해임을 요구하는 목소리가 나오기도 했습니다.

 기자의 한마디

비트코인 해시레이트는 비트코인 가격을 가늠할 수 있는 지표 중 하나입니다. 'Bitcoin Hashrate'를 검색하면 다양한 사이트에서 해시레이트를 확인할 수 있습니다.

🔑 스테이블코인, CBDC

영란은행
"CBDC가 미래 화폐로 적합"

① 영국 중앙은행(BOE, 영란은행)이 미래 디지털화폐로 중앙은행디지털화폐(CBDC)의 잠재력을 높게 평한 반면 스테이블코인에 대해선 회의적 전망을 제시했다.

24일(현지시간) 코인데스크는 앤드류 베일리 영란은행 총재가 "미래의 화폐가 어떤 모습일지 예측하기 어렵지만 프로그래밍 가능한 돈이 사용되기 시작했고, 화폐의 미래가 여기에 있다고 믿는다"고 말했다고 보도했다.

다만 베일리 총재는 스테이블코인 활용 가능성에 대해선 회의적 입장을 보였다. 그는 "크게 스테이블코인과 CBDC란 두 가지 선택지가 있다"며 ② "안정성이 떨어지는 스테이블코인보다는 CBDC가 미래의 디지털화폐로 적합하다"고 주장했다. 이어 "스테이블코인은 금융 안정성에 위협이 될 수 있어 규제가 필요하다"고 부연했다.

베일리 총재의 발언은 민간 기업이 발행하는 스테이블코인이 CBDC 경쟁자가 될 수 있다는 주장에 반론을 제기한 것으로 풀이된다. 최근 일각에선 스테이블코인이 현금의 유력한 대안이란 전망이 나오고 있다. ③ 미국 연방준비제도(Fed, 연준)에서는 미국이 CBDC를 자체 개발하는 것에 대한 회의론적 입장이 나오기도 했다. 민간이 발행한 스테이블코인이 이미 기술적으로 앞서 있기 때문이다.

베일리 총재는 CBDC가 성공적으로 상용화될 것이라 예상했다. 그는 "최근 몇 년간 현금 사용이 급감했다"며 "CBDC가 도입되면 소매 및 소비자 예금의 20%가 CBDC로 움직일 수 있다"고 내다봤다. / 2021년 11월 24일

용어 설명

- **스테이블코인:** 스테이블코인은 비트코인(BTC) 등 기존 암호화폐와 달리 가격이 안정돼 있는 코인입니다. 가격 변동성이 심하면 결제, 투자 영역 등에서 활용하기 어렵기 때문입니다. 2022년 5월 폭락한 테라USD(UST)는 암호화폐 루나(LUNA)를 이용해 가격 안정성을 유지하는 알고리즘 스테이블코인입니다. 이 사태로 법정화폐 담보 없이 알고리즘으로 작동하는 스테이블코인에 대한 규제 목소리가 높아졌습니다.

- **CBDC(Central Bank Digital Currency):** 중앙은행디지털화폐로 명칭에서 나타나듯 CBDC는 '중앙은행'이 발행한 디지털화폐입니다. 예를 들면 한국은행에서 현금으로 발행했던 법정화폐를 실물이 없는 디지털화폐로 발행한 것이 CBDC입니다.

이 기사는 왜 중요할까?

대표적 스테이블코인으로는 테더(USDT), 유에스디코인(USDC) 등이 있습니다. 이들 코인은 달러에 1대 1로 연동돼 있습니다. 1USDT는 1달러와 동일한 가치를 지니죠. 이처럼 민간에서 발행한 스테이블코인은 암호화폐 거래, 탈중앙화금융(De-Fi, 디파이), 결제 등에서 널리 사용되고 있습니다. 스테이블코인이 법정화폐와 1대 1로 연동된다면 법정화폐를 사용할 이유가 줄어들 수 있습니다. 법정화폐를 발행하는 중앙은행에서 스테이블코인에 위협을 느끼는 이유입니다. 실제 메타는 지난 2019년 스테이블코인 디엠(Diem)을 발행하겠다는 계획을 내놨다가 전 세계 금융 당국의 강한 반발에 부딪혀 백기를 들었습니다.

그럼에도 관련 시도는 이어지고 있습니다. 글로벌 금융 기업인 페이팔은 2023년 스테이블코인인 페이팔USD(PYUSD)를 내놨죠. 전 세계 중앙은행이 CBDC 논의에 적극적인 배경도 이 맥락에서 추론해 볼 수 있습니다. 통화 주권을 지키고, 현금 없는 사회에 대응하는 방안을 모색하기 위한 움직임이죠. 이 기사에선 이러한 이해관계가 뚜렷이 드러납니다.

　지난 2022년 테라, 루나 사태로 알고리즘 스테이블코인이었던 테라 USD(UST)가 폭락한 이후엔 스테이블코인을 규제하려는 움직임에 속도가 붙었습니다. 유럽연합(EU)이 2023년 제정한 전 세계 최초 가상자산 관련 단독 법안인 미카(MiCA)에서는 가치를 담보하는 방식에 따라 스테이블코인을 자산준거토큰, e머니토큰 등으로 분류했습니다. 이들 코인에 대해선 일반 가상자산보다 발행 요건을 까다롭게 했다는 평가가 나옵니다.

기사 함께 읽기

　영국 중앙은행의 입장이 기사 전문에 단적으로 제시됐습니다(①). 민간의 스테이블코인 발행사와 중앙은행 간 이해관계를 파악하고 있다면 쉽게 납득이 갈 만한 내용입니다. 앤드류 베일리 영란은행 총재의 발언은 타당한 비판이기도 합니다. 실제 일부 스테이블코인은 안정성이 떨어진다는 의혹을 받고 있습니다(②). USDT를 발행한 테더사가 대표적입니다. 테더사는 미국 법무부 조사를 받았는데요. 테더사는 보유한 달러 예치금만큼 USDT를 발행하는 방식으로 코인 안정성을 유지합니다. 쉽게 말해 테더사가 100억 USDT를 발행했다면, 테더사는 100억 달러를 자금으로 보유하고 있어야 하죠. 그런데 테더사는 충분한 자금 없이 암호화폐를 발행했다는 의혹을 받고 있습니다. 2021년 12월 기준 테더 이슈는 아직 의혹이 해소되지 않은 상황입니다. 일각에선 테더 이슈가 암호화폐 시장의 큰 리스크라는 우려도 나오고 있습니다.

　USDT는 코인마켓캡 기준 전 세계 암호화폐 시가총액 순위 4위를 기록하고 있습니다. 스테이블코인 시가총액으로 따지자면 전 세계 1위입니다. 2위 역시 미국 달러에 연동된 USDC입니다. 스테이블코인 분야에선 미국이 가장 앞서 있죠. 미국 입장에선 고민이 될 겁니다. 이미 발전해 있는 산업을 더 키울 것일지, 또는 중앙은행이 CBDC를 발행할 것인지 말입니다③. 미국은 CBDC 논의에 다소 소극적인 입장인데, 2022년에 들어서야 디지털 달러 연구에 착수하겠다고 밝혔습니다. 대신 법 테두리 밖에 있던 스테이블코인을 규제하려는 움직임을 보이고 있죠. 2023년 미국 금융 당국은 팍소스가 발행한 스테이블코인인 바이낸스USD(BUSD)의 발행 중단을 명령했고, 미 증권거래위원회(SEC)는 BUSD가 미등록증권이라고 주장하기도 했습니다. 스테이블코인을 제도권으로 끌어와 부작용을 최소화하겠다는 취지로 풀이됩니다.

스테이블코인을 활용하면 해외 송금이 간편해집니다. 법정화폐를 다른 화폐로 환전해 해외로 송금하려면 절차가 복잡하고, 수수료 등 비용도 높죠. 반면 스테이블코인을 활용하면 100달러를 송금하고 싶다면 100USDT를 수신인 지갑주소로 보내면 됩니다. 국내 주요 은행에서도 원화 기반 스테이블코인을 활용한 해외 송금 기술 검증을 진행했습니다. 다만 아직 규제 이슈가 있어 상용화되기까지는 시간이 걸릴 것으로 전망됩니다.

스테이블코인은 비트코인(BTC) 가격을 가늠하는 지표로도 활용됩니다. 업비트, 빗썸 등 국내 거래소에서 원화로 BTC를 거래하듯 해외 거래소에서는 USDT 마켓이 활성화돼 있습니다. 스테이블코인 USDT로 BTC, 이더리움(ETH) 등 암호화폐를 살 수 있죠. 암호화폐 거래소의 스테이블코인 보유액이 증가했다는 것은 그만큼 암호화폐를 거래하기 위한 자금이 거래소로 유입됐다는 의미로 풀이할 수 있습니다.

💬 **기자의 한마디**

CBDC가 나오면 기존 암호화폐는 어떻게 될까요? CBDC가 발행되면 기존 암호화폐는 무용지물이 될 것이라는 주장과 오히려 암호화폐 기반 인프라가 확충돼 산업이 활성화될 것이라는 의견이 팽팽히 대립하고 있습니다. 이러한 양측의 견해를 염두에 두고 기사를 읽으면 전 세계에서 CBDC와 암호화폐 산업을 바라보는 시각을 좀 더 깊이 있게 이해할 수 있습니다.

🔑 디파이

FATF "디파이 사업자도 가상자산사업자…
NFT는 목적에 따라 규제"

① 탈중앙화금융(DeFi, 디파이) 서비스 개발자나 소유자가 가상자산사업자로 분류돼 당국의 규제 대상이 될 가능성이 높아졌다. 대체불가능한토큰(NFT)은 가상자산은 아니지만 결제 또는 투자 목적으로 이용될 경우 규제 칼날을 피할 수 없을 것으로 예상된다.

국제자금세탁방지기구(FATF)는 지난 28일(현지 시간) 이러한 내용이 담긴 가상자산사업자를 위한 지침서 최종안을 공개했다. 지침서에는 NFT 및 디파이 관련 내용이 포함됐다. FATF는 최종안에서 가상자산을 디지털 방식으로 거래하거나 이전할 수 있고, 결제 또는 투자 목적으로 사용될 수 있는 가치를 디지털로 나타낸 것으로 규정했다. 이 정의에 따르면 NFT는 기본적으로 가상자산에 해당되지 않는다. 그러나 ② FATF는 NFT가 기능적으로 결제나 투자 목적으로 활용된다면 가이드라인하에서 규제할 수 있도록 했다.

디파이 서비스도 FATF 규제 대상에 포함됐다. ③ 소프트웨어에 해당되는 디파이 서비스는 가상자산 사업자에 해당되지 않지만 이 서비스에 통제권을 행사할 수 있는 개발자, 소유자, 운영자는 FATF 정의에 따라 가상자산사업자에 포함된다.

이에 따라 대다수 국내 디파이 서비스도 규제될 것으로 보인다. FATF 지침서가 국내 법에 바로 적용되는 것은 아니지만 회원국에 구속력이 있어 향후 지침안대로 법이 개정될 가능성이 크다. / 2021년 10월 29일

용어 설명

- **디파이**(DeFi, Decentralized Finance, **탈중앙화금융**): 디파이는 블록체인상 스마트 컨트랙트를 기반으로 작동되기에 은행 같은 중개자가 필요 없습니다. 스마트 컨트랙트란, 계약 조건이 충족되면 제3자의 개입 없이 프로그래밍된 대로 계약이 이행되도록 한 거래 규약입니다.

- **국제자금세탁방지기구**(FATF): 자금세탁방지에 필요한 국제 간 협력체제 지원을 위해 설립된 국제기구로, 지난 1989년 OECD 산하기구로 설립됐습니다. FATF에 가입하려면 FATF가 제시하는 자금세탁방지 관련 40개 권고사항을 3년 내에 이행해야 합니다. 이행 상황에 대해 회원국 간 상호평가를 받아야 함은 물론입니다. 즉 권고사항은 FATF 회원국 간 상호평가 등을 통해 사실상 구속력을 갖게 된다는 의미입니다. 한국은 지난 2009년에 정회원이 됐습니다.

- **가상자산사업자**(VASP, Virtual Asset Service Providers): 2021년 12월 기준 국내 현행법상 가상자산사업자를 규정하는 법률은 '특정금융거래정보의 보고 및 이용 등에 관한 법률(특금법)'이 전부입니다. 특금법은 '가상자산사업자를 ① 가상자산을 매도·매수하는 행위, ② 가상자산을 다른 가상자산과 교환하는 행위, ③ 가상자산을 이전하는 행위, ④ 가상자산을 보관 또는 관리하는 행위, ⑤ 가상자산 매도·매수 및 교환 행위를 중개, 알선하거나 대행하는 행위 등을 영업으로 하는 자'로 정의합니다. 특금법상 가상자산사업자에 해당되면 일정 요건을 갖추고 금융당국에 신고해야 하는데, 신고하지 않고 영업하면 불법 영업으로 간주돼 처벌받습니다.

- **가상자산**(Virtual Asset): FATF는 가상자산을 '디지털 방식으로 거래하거나 이전할 수 있고, 결제 또는 투자 목적으로 사용될 수 있는 가치를 디지털로 표현한 것'으로 정의합니다. 암호화폐, 가상통화, 가상화폐, 디지털

화폐, 디지털자산 등 다양한 명칭으로 불리며, 국내 유일한 가상자산 관련 법인 특금법에선 가상자산으로 표기하고 있습니다.

- **대체불가능한토큰(NFT, Non-Fungible Token)**: 고유한 데이터가 담긴 토큰입니다. 블록체인상에서 발행되지만 비트코인(BTC)과 달리 NFT끼리는 서로 교환이 불가능합니다. 예를 들어 A가 가진 1BTC와 B가 가진 1BTC는 서로 동등한 가치를 지닙니다. 이러한 특성은 대체가능한(Fungible) 특성입니다. 반면 NFT는 저마다 각기 다른 데이터를 갖고 있어 A가 발행한 NFT와 B가 발행한 NFT는 서로 다른 가치를 지닙니다. 이를 두고 '대체불가능한(Non-Fungible)' 특성이라고 합니다. NFT 발행 내역, 거래 이력 등은 블록체인상에 기록돼 신뢰할 수 있습니다.

이 기사는 왜 중요할까?

한국의 자금세탁방지 관련 규제는 FATF 권고안을 기준으로 제정됩니다. 국내에서 지난 2021년 3월부터 시행된 '특정금융거래정보법(이하 특금법)'도 FATF 지침서를 참고해 만들어졌습니다. 이 법안의 골자는 암호화폐 거래소 등 가상자산사업자에게 전통 금융기관에 준하는 자금세탁방지 의무를 부과하겠다는 겁니다. FATF 권고안은 당장은 아니더라도 추후 국내 관련 법안에 반영될 가능성이 큽니다. FATF에서 가상자산 산업과 관련해 어떤 규제 방안을 내놓는지 유심히 살펴봐야 하는 이유입니다. 특히 가상자산의 경우 규제 이슈가 있을 때마다 가격이 하락했던 이력이 있어 주의를 기울여야 합니다.

기사 함께 읽기

특금법에 따라 국내 가상자산사업자는 정보보호관리체계(ISMS) 인증 획득 등 조건을 갖춘 뒤 금융정보분석원(FIU)에 신고해야 합니다. 신고 수리를 마쳐야 영업을 지속할 수 있습니다. 2022년 4월 7일 기준 가상자산사업자로 신고를 마친 기업은 33개사가 전부입니다. 신고 요건이 까다롭다는 방증이죠. 향후 FATF 지침서에 따라 국내 디파이 서비스 개발자나 소유자도 이러한 요건을 갖춰 가상자산사업자로 신고해야 하는 상황이 발생할 수도 있다는 게 기사 전문에 담긴 의미입니다(①).

NFT도 예외는 아닙니다. 국내 많은 대기업이 NFT 사업에 발을 뻗었습니다. 현대카드는 멋쟁이사자처럼과 합작법인 모던라이언을 설립했습니다. 모던라이언은 NFT 마켓플레이스 '콘크릿'을 출시했는데, 여기서 다양한 티켓 NFT를 판매하고 있습니다. SK플래닛은 글로벌 블록체인 프로젝트 아발란체와 협업해 OK멤버십에 NFT를 도입했습니다. 하이브는 업비트 운영사 두나무와 손잡고 레벨스를 설립했습니다. 레벨스가 운영하는 NFT 플랫폼 '모먼티카'에서는 하이브 소속 아티스트의 NFT를 확인할 수 있습니다.

여기서 거래되는 NFT는 어떤 목적으로 활용된다고 규정할 수 있을까요? 이들 NFT가 투자나 결제 목적으로 활용된다면 FATF의 지침서에 따라 기존에 NFT 사업을 운영하던 사업자들 역시 가상자산사업자로 신고해야 하는 상황에 놓일 수 있습니다(②).

다음 문단(③)에선 디파이 규제 관련 내용이 나옵니다. 2021년 12월 12일 디파이펄스 기준 디파이에 예치된 자금 규모는 792억 달러(약 96조 6,636억 원)에 달합니다. 시장 규모는 점점 성장하고 있지만 그간 디파이는 중앙화된 주체가 없어 규제 대상에서 제외되곤 했습니다. 그런데 이번에 FATF 지침서가 나오면서 디파이 규제 움직임도 강화될 것으로 전망됩니다.

암호화폐 산업은 전에 없던 분야인 만큼 기존 법안을 그대로 적용하기가 어렵습니다. 기존 법안에 예외 규정을 두거나 새로운 법안을 제정하는 등 당국이 나서서 방안을 강구해야 하죠. 규제 이슈가 불거질 때마다 암호화폐 가격은 요동쳤습니다. 보통은 악재로 작용했죠. 그런데 거꾸로 해석해보면 규제는 암호화폐 산업이 제도권으로 진입된다는 의미이기도 합니다. 장기적 관점에선 제도화가 암호화폐 산업 발전에 긍정적 영향을 줄 수 있습니다. 사업자 입장에선 모호한 상황에서 불안에 떨며 사업을 하는 것보다 관련 규제가 명확히 마련돼 합법적 테두리 안에서 사업 전략을 세우는 편이 낫기 때문입니다.

TIP

▶ 전 세계 디파이 시장 규모, NFT 거래량 등은 어디에서 확인할 수 있을까?

데이터 수집 및 분석 사이트는 다양하게 있습니다. 대표적으로는 댑래이더(DappRadar), 논펀지블닷컴(NonFungible.com), 디파이펄스(Defi Pulse) 등이 있습니다.

〔댑레이더〕 〔논펀지블닷컴〕

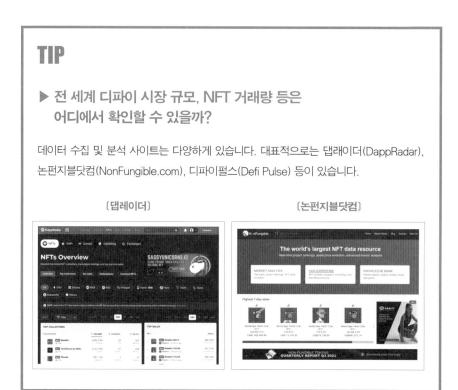

💬 기자의 한마디

암호화폐 산업은 규제에 민감하게 반응합니다. 지난 2018년 박상기 전 법무부장관이 국내 모든 암호화폐 거래소를 폐쇄하겠다고 공표한 뒤 암호화폐 가격은 폭락했습니다. 이처럼 산업에 대한 충분한 이해 없이 규제를 가하면 부작용이 발생합니다. 신산업이 등장했을 때 제도화가 합리적으로 이뤄지는지 지속적으로 관심을 가져야 하는 이유입니다.

美 SEC, 반에크 이어 발키리까지 비트코인 ETF 허용했다

① 미국 증권거래위원회(SEC)가 반에크와 발키리의 비트코인 선물 상장지수펀드(ETF)를 연달아 승인했다.

21일(현지시간) 디크립트는 반에크의 비트코인 ETF가 SEC의 출시 승인을 받았다고 보도했다. 업계에선 이르면 오는 25일부터 거래가 시작될 것으로 전망했다. 티커(종목 코드)는 'XBTF'다.

② 발키리도 암호화폐 자산운용사로는 최초로 SEC의 문턱을 넘었다. SEC는 발키리가 내놓은 비트코인 ETF를 세 번째로 승인했다. 이 ETF는 'BTF'란 티커로 오는 22일 거래가 시작된다.

앞서 승인된 프로쉐어의 비트코인 선물 ETF는 지난 19일 뉴욕증권거래소(NYSE)에 상장됐다. ③ 첫날 거래량 10억 달러(약 1조 1,737억 원)를 넘기며 미국 증시에 성공적으로 데뷔했다. ④ 이에 비트코인(BTC) 가격도 한때 6만 6,909달러(약 7,862만 원)까지 급등하며 역대 최고가를 새로 썼다. 업계에선 ETF 호재가 지속되며 당분간 BTC가 상승세를 연출할 것이라 내다봤다. / 2021년 10월 21일

용어 설명

- **비트코인 선물:** 미래의 특정 시점에 현재 정한 가격으로 비트코인(BTC) 을 거래할 수 있는 상품입니다. 미래에 현재보다 BTC 가격이 상승할 것 으로 예상한다면 매수 포지션(롱 포지션)을, 하락할 것이라 전망한다면 매 도 포지션(쇼트 포지션)을 취해 위험을 헤지할 수 있습니다.
- **미국 증권거래위원회**(SEC, Securities and Exchange Commission)**:** 미국 증 권 업무를 감독하는 최고 기구입니다. SEC는 암호화폐가 증권성이 있다 고 판단할 경우 미등록 증권이라고 보고 규제에 나섭니다.

이 기사는 왜 중요할까?

비트코인(BTC)이 제도권 금융으로부터 인정받았다는 점에서 큰 의미가 있 는 기사입니다. 암호화폐 거래소 제미니를 창립한 윙클보스 형제는 2013년 역 사상 처음으로 비트코인 기반 ETF 상장을 신청했습니다. 그러나 SEC는 암호 화폐 거래의 불안정성, 시세 조작 가능성, 투자자 보호 미흡 등을 이유로 승인 을 거부했습니다. 이후에도 다양한 금융사와 자산운용사가 ETF 승인을 신청 했지만 거절당했습니다. SEC의 강경한 기조가 바뀌기 시작한 건 2021년, 새로 취임한 게리 겐슬러 SEC 위원장이 비트코인 선물 ETF에 긍정적 발언을 내놓 으면서부터입니다. 이후 10월 한 달 동안 3건의 비트코인 선물 ETF가 승인됐 습니다. 그간 SEC로부터 수많은 퇴짜를 맞았던 암호화폐업계는 환호했습니다. BTC 가격은 역대 최고가를 기록하기도 했습니다.

2023년 9월 기준 비트코인 현물 ETF는 아직 한 건도 출시되지 않았지만 업 계에선 승인 기대감이 높아지고 있습니다. 전 세계 최대 자산운용사인 블랙록 이 2023년 미국 증권거래위원회(SEC)에 비트코인 현물 ETF 출시 신청을 했고, 경쟁사인 피델리티, 반에크, 인베스코, 위즈덤트리 등도 잇따라 출사표를 던졌습니다. 같은 해 8월 그레이스케일이 비트코인 현물 ETF와 관련해 미 SEC와의 소송에서 이긴 점도 주목할 만합니다. 그레이스케일은 2022년 자사 펀드인 GBTC를 비트코인 현물 ETF로 전환하려 했지만 SEC가 승낙하지 않았습니다. 이에 그레이스케일은 SEC를 상대로 소송을 제기했는데, 법원이 그레이스케일의 손을 들어준 겁니다. 비트코인 현물 ETF가 곧 출시될 것이라는 장밋빛 전망에 힘이 실립니다.

최근에는 이더리움 선물 ETF 출시 신청도 이어지고 있습니다. 이처럼 암호화폐를 기반으로 한 다양한 금융상품이 등장하면 기관 투자자 유입이 활발해질 것으로 예상됩니다.

기사 함께 읽기

지난 2013년부터 8년간 SEC가 비트코인 ETF 승인을 거부해왔다는 점을 고려하면 기사 전문에 담긴 내용이 상당히 놀라운 사실이란 점을 알 수 있습니다. 다만 주목할 점은 '현물'이 아닌 '선물' ETF라는 겁니다(①).

현물은 일반 암호화폐 거래소에서 거래됩니다. 업비트, 빗썸 등에서 비트코인(BTC)을 사면 현물거래를 하는 것이죠. 선물은 일반 거래소에서 거래하기 어렵습니다. 바이비트나 바이낸스 같은 해외 암호화폐 거래소에서 비트코인 선물거래가 가능하긴 하지만 보통 기관투자자는 시카고상품거래소(CME) 등에서 비트코인 선물을 거래합니다. 이번에 승인된 비트코인 선물 ETF는 CME의 비트코인 선물 가격을 추종하는 상품입니다.

SEC는 왜 현물 ETF는 승인하지 않으면서 선물 ETF는 승인한 걸까요? CME는 일반 민간 암호화폐 거래소와 달리 연방의 까다로운 규제를 받습니다. SEC 입장에서는 민간 거래소보다 CME가 관리하기 수월할 겁니다. 또 선물거래는 일반거래와 달리 증거금이 필요합니다. 증거금이란 장벽이 있어 투자자를 제한해 투자자 보호가 가능합니다. 이러한 관점에서 SEC는 비트코인 현물에 비해 비트코인 선물이 안정적 자산이라고 판단한 것으로 풀이됩니다.

암호화폐 전문 자산운용사가 비트코인 선물 ETF 승인을 받았다는 점도 주목할 만합니다(②). 발키리는 비트코인(BTC), 폴카닷(DOT), 알고랜드(ALGO), 트론(TRON) 등의 암호화폐 펀드를 운영하고 있는데, 2021년 7월에 성과를 인정받아 1,000만 달러(약 113억 원) 규모로 투자를 유치하기도 했죠. SEC는 발키리가 전통 금융사와 견줄 만큼 ETF 운용능력이 있다고 인정한 것으로 보입니다.

시장의 폭발적 관심을 확인할 수 있는 대목이 다음 문단에서 나옵니다. 최초의 비트코인 선물 ETF가 상장 첫날 10억 달러 넘게 거래됐다는 사실은 그만큼 관련 상품에 대한 시장의 수요가 컸다는 방증입니다(③). 프로쉐어의 비트코인 ETF가 미국 증시에 화려하게 입성하면서 전 세계 금융사의 관심도 높아졌습니다. 이번 일을 기점으로, 앞으로 더 많은 암호화폐 기반 금융 상품이 나올 것이란 전망이 나왔습니다. 기관 유입이 활발해질 것이란 기대감이 확산되면서 당시 비트코인 가격도 크게 상승했습니다(④).

비트코인 선물 ETF에 투자하기 전에 먼저 비트코인 선물 ETF는 현물 투자와 달리 추가 비용이 발생한다는 점을 숙지해야 합니다. 거래 수수료와 더불어 프로쉐어, 반에크, 발키리 등 자산운용사에 운용 수수료를 지불해야 합니다. 또 선물 상품은 롤오버 비용 위험도 있습니다. 선물계약은 1개월 또는 3개월 정도 만기가 있습니다. 만기가 다가오면 차월물 선물계약으로 재투자해야 합니다. 이처럼 만기를 갈아탈 때 발생하는 비용을 롤오버 비용이라고 합니다.

💬 기자의 한마디

SEC의 비트코인 ETF 승인은 업계의 숙원이었습니다. 비록 선물 ETF이긴 하지만 기관투자자가 투자할 길이 열렸다는 점에서는 긍정적인 움직임입니다. 이번 사건을 신호탄으로, 향후 암호화폐가 제도권으로 진입하는 속도가 더욱 빨라질 것으로 보입니다.

⚬━ NFT, 메타버스

페이스북, '메타'로 사명 변경하고
NFT 사업으로 영토 확장

① 페이스북이 '메타(Meta)'로 사명을 바꾸고 메타버스 사업에 진출한다. 메타버스 플랫폼 안에서 대체불가능한토큰(NFT)을 지원하겠다는 계획도 내놨다.

28일(현지시간) 주요 외신을 종합하면 페이스북은 '페이스북 커넥트 증강·가상현실 컨퍼런스'를 개최하고 메타버스 중심 기업으로 거듭나겠다고 밝혔다. 페이스북은 1억 5,000만 달러 규모로 펀드를 출범해 메타버스 사업에 적극 투자할 방침이다.

이날 페이스북은 메타버스 생태계 안에서 NFT 마켓플레이스를 운영하겠단 뜻도 내비쳤다. 비샬 샤(Vishal Shah) 페이스북 메타버스 제품 책임자는 "② NFT를 보다 쉽게 거래하거나 전시할 수 있게 될 것"이라며 "③ 최대한 많은 크리에이터가 메타버스에서 비즈니스를 구축할 방법을 제공할 것"이라고 전했다. / 2021년 10월 29일

용어 설명

- **메타버스:** 메타(Meta)와 유니버스(Universe)의 합성어로, 가상공간에서의 활동이 현실세계에서의 활동과 연동된 생태계, 플랫폼을 말합니다.
- **NFT:** Non-Fungible Token의 줄임말로, '대체불가능한토큰'으로 번역됩니다. A가 보유한 1BTC는 B가 보유한 1BTC와 동일한 가치로 교환이 가능합니다. 이러한 특성을 '대체가능한' 특성이라고 합니다. 반면 A가 갖고 있는 NFT를 B가 소유한 NFT와 동등한 가치로 교환하기는 어렵습니다. 각각의 NFT마다 고유한 데이터를 담고 있기 때문입니다. 이러한 특성을 '대체불가능한' 특성이라고 합니다. NFT의 발행 내역, 거래 이력 등은 블록체인 위에 기록돼 위·변조가 불가능합니다.
- **NFT 마켓플레이스:** NFT를 사고팔 수 있는 플랫폼입니다. 세계 최대 NFT 마켓플레이스는 '오픈씨(OpenSea)'가 있습니다. 오픈씨는 누구나 손쉽게 NFT를 발행해 플랫폼에 올릴 수 있는 오픈마켓 형태입니다. 반면 거래소가 주도적으로 NFT를 선별해 거래할 수 있도록 하는 NFT 마켓플레이스도 있습니다. 슈퍼레어(SuperRare), 니프티게이트웨이(NiftyGateway) 등이 대표적입니다.

이 기사는 왜 중요할까?

사명을 바꾸는 일은 상징적 행위입니다. 기업이 앞으로 추구할 사업 방향을 단적으로 보여줍니다. 비전을 제시하는 데서 나아가 그것을 이루는 데 진심이란 점을 공표하는 행위이죠. 페이스북은 메타로 사명을 바꾼 뒤 다음 먹거리로 메타버스를 지목했습니다. 그만큼 다가올 미래에는 메타버스 산업이 중요해질 것이라고 판단한 겁니다. 이러한 글로벌 기업의 행보는 향후 성장 가능성이 큰 분야를 엿볼 수 있다는 점에서 주의 깊게 살펴볼 필요가 있습니다.

메타는 사명 변경을 발표하는 자리에서 NFT 관련 사업에도 진출하겠다고 언급했습니다. 메타버스와 NFT는 어떤 관계가 있는 걸까요? NFT를 빼놓고 메타버스를 이야기하기 어려울 만큼 NFT는 메타버스 생태계에서 핵심 기술로 부상하고 있습니다. NFT는 메타버스에서 소유권을 증빙하는 수단으로 주목받고 있습니다. 소유권 증명이 가능해지면 이를 기반으로 한 경제 활동이 가능해집니다. 기존에 사고팔기 어려웠던 자산을 NFT로 발행하면 거래할 수 있죠. 메타버스 내에서 NFT를 기반으로 경제 활동이 이뤄질 수 있게 되는 겁니다.

물론 NFT 없이도 제페토나 로블록스 같은 메타버스 플랫폼은 원활히 운영되고 있습니다. 그런데 만약 플랫폼에서 거래되는 재화의 가치가 커진다면 어떨까요? 수십억 원을 호가하는 거래가 이뤄지려면 '신뢰'가 중요해집니다. 마냥 플랫폼만 믿을 수 없기에 소유권을 증빙할 수 있는 수단이 필요하죠. NFT가 메타버스와 맞물려 주목받는 배경입니다.

기사 함께 읽기

메타는 지난 2019년 스테이블코인 발행 계획이 담긴 '리브라(Libra)' 백서를 공개했다가 전 세계 금융당국의 질타를 받았습니다. 메타 같은 거대 플랫폼 기업이 전 세계에 통용되는 암호화폐를 발행한다면 그 영향력은 가늠하기 어려울 겁니다. 메타는 계획 일부를 수정하고 프로젝트명을 리브라에서 '디엠'으로 바꾸는 노력까지 했습니다. 그러나 2022년 4월 복수의 외신에 따르면 메타는 디엠 사업을 접기로 했습니다. 대신 인앱 형태의 토큰을 준비 중인 것으로 알려졌습니다. 가상자산 분야에서 기회를 포착했음에도 규제당국의 반발에 부딪혀 난항을 겪고 있는 셈입니다. 그런 메타가 이번엔 메타버스로 눈을 돌렸습니다. 그러면서 NFT도 함께 언급했습니다. 일찍이 암호화폐 관련 사업을 준비했던 경험이 있는 만큼 메타버스, NFT, 암호화폐 등의 상관관계에 대해서도 충분히 고민하고 사업 전략을 세운 것으로 풀이됩니다(①).

다음 문단에서 메타 특징이 두드러집니다. NFT를 발행해 거래하는 데서 그치지 않고, 전시할 공간도 마련하겠다는 겁니다(②). 실제 전 세계에는 수많은 NFT 마켓플레이스가 있습니다만 보유한 NFT를 자랑할 공간은 마땅치 않습니다. 이에 최근에는 이러한 욕구를 노린 프로필 사진 NFT(PFP NFT, Profile Picture NFT)도 부상하고 있죠.

소셜미디어를 운영하고 있는 메타는 사람과 사람 사이를 '연결'하는 비즈니스의 본질을 누구보다 잘 알고 있었습니다. 페이스북숍, 인스타그램 쇼핑 기능 등이 단적인 예입니다. 여기에 NFT를 적용하면 다방면으로 사업 영역을 확장할 수 있습니다(③). 실물자산에서 나아가 가상자산을 거래할 수 있게 되는 겁니다. 이를테면 사진, 디지털 아트, 메타버스 내 공간 아이템 등을 NFT로 만들어 판매할 수 있습니다.

이후 메타는 인스타그램에 폴리곤 기반 NFT 연동 서비스를 내놓는 등 다양한 각도에서 사업을 모색했으나 실적 부진이 이어지면서 결국 2023년 3월 페이스북과 인스타그램에 NFT를 통합하는 계획을 중단하기로 했습니다. 마크 저커버그 메타 CEO는 2023년을 효율성의 해로 선포하고 대규모 인력 감축을 진행하기도 했습니다.

💬 기자의 한마디

블록체인 업계에선 NFT와 암호화폐를 기반으로 메타버스 내에서 경제 생태계가 활성화돼있습니다. 디센트럴랜드, 더 샌드박스 등이 대표적입니다. 메타가 메타버스 사업 진출을 본격화한 이후 이들 플랫폼이 발행한 암호화폐 디센트럴랜드(MANA), 샌드박스(SAND) 가격이 급등하기도 했죠. 메타는 당분간 이 분야 사업을 접겠다고 선언했지만 이들 플랫폼은 계속 영향력을 넓혀가고 있습니다. 더 샌드박스는 사용자가 직접 아이템 NFT와 게임을 제작할 수 있는 프로그램을 만들어 배포했는데요. 사용자는 이 툴을 활용해 더 샌드박스 생태계에서 수익을 창출할 수 있습니다. 실제 이를 전문으로 하는 직업인도 생겨나는 추세입니다.